地域間共生と技術

技術は対立を緩和するか

吉野 孝 [編著]
早稲田大学 地域・地域間研究機構

綾部広則…前嶋和弘…須田祐子…山本達也
詫摩佳代…福田八寿絵…太田 宏…森村将平
モルタ・アリン…有村俊秀…小林直人…須賀晃一

早稲田大学出版部

序

　1980年代末に米ソ冷戦構造が終焉し，また経済のグローバリゼーションが進む中で，西欧諸国，東欧諸国，アジア諸国，さらにはある程度まで中東諸国が少しずつ接近し，地域間の共生が進むと思われた。たとえば，ソ連の解体後，ロシアは西欧諸国と協調路線をとり，1998年には先進国首脳会議（G7）に加わり，2014年のクリミア侵攻によりG8から排除されるまで，西欧諸国と対話する姿勢を維持した。また，1980年代以来，経済改革開放政策を採用していた中国は，1989年の天安門事件で世界から批判を受けたあと，世界と協調する立場をとった。同国は1990年にG20に加わり，2001年には世界貿易機構（WTO），アジア太平洋経済協力（APEC）に加盟し，2008年には北京夏季オリピックを開催した。

　しかし，最近，地域間共生の動きは停止している。たとえば，中国は習近平時代になると，従来の協調方針を変更した。同国は2017年から，中国からユーラシア大陸を経由してヨーロッパにつながる陸路をつうじた広域経済圏（一帯一路）の構築を開始し，アメリカとの間で技術覇権競争に突入した。さらにロシアは2022年2月にウクライナ侵攻を開始した結果，世界との協調体制は瓦解し，食糧危機，エネルギー危機が発生した。1年半が経っても戦闘が終結する見込みはない。この侵略のあと，中国は一貫してロシアを支持し，また，2022年10月の党大会で総書記3期目に入った習近平は「中国式現代化ビジョン」を発表し，経済の近代化を欧米の政治経済規範や文化心情から切り離し，中国の価値と利益に適合する一連の制度と規範を構築することを提案した。

　なぜ米ソ冷戦終焉以降続いてきた地域間共生の動きは，停止してしまったのであろうか。いくつかの理由を挙げることができる。第1の理由は，経済のグローバリゼーションの進展とともに，中国を含む途上国政府は自

国を民主化・リベラル化する誘因を失ってしまったことである。というのは，経済のグローバリゼーションにより生産拠点が先進国から途上国に移ると，途上国における雇用が増大して生活水準が上昇した結果，途上国はさらに民主化・リベラル化を進める必要性がなくなってしまったからである。第2の理由は，豊かになった途上国，とくに中国は，政治の世界のリベラル秩序を主導してきたアメリカが「衰退」しはじめたとみなし，これまで受け入れてきた先進諸国の秩序や価値観に異議を申し立てるようになったことである。途上国がこのような認識をもつ背景には，経済のグローバリゼーションにともなう産業の空洞化，ポピュリスト政治の台頭などの先進諸国の経済の低迷や政治の混乱などがあったことはいうまでもない。

　このことは，地域間共生に関する重要な疑問を提示する。これまで多くの途上国，そしてロシアと中国が，デモクラシーや人権などの西欧型価値観，経済のグローバリゼーションをある程度まで受け入れたのは，西欧中心の世界における自国の発言力を高め，経済的な豊かさを手に入れるためであった。そして，このような誘因と行動様式が国家間および地域間の共生を促進してきたことに疑いはない。しかし，もはやこのような誘因や行動様式に多くを期待することができないとするなら，国家と地域は政治・経済以外のところに共生を可能にし，さらには共生を促進する別の要因を探さなければならない。

　さて，そのような主要な要因の1つとして挙げられるのは，科学技術であろう。科学技術と社会は相互関係にあり，社会が科学技術に影響を及ぼすこともあれば，科学技術が社会に影響を及ぼすこともある。また，科学技術は国から国へ，地域から地域へと伝播する過程で，国と国，地域と地域の距離を縮めることもあれば，遠ざけることもある。たとえば，ルネッサンスの3大発明といわれる活版印刷，羅針盤，火薬も両方の効果をもっていた。活版印刷は離れた国や地域での知の共有を可能にし，羅針盤は国家を越える人々の移動を可能にしたものの，火薬は軍事力をつうじて近代国家の形成を促進する過程で，国家間の対立を深めたのである。

それでは，現在，地域間の協調を促し，地域間の共生を可能にする潜在力をもつ科学技術とは何であろうか。恐らく，それらは情報，医療，環境に関わる科学技術であり，とくに重要なのはその成果としての技術であろう。情報技術には，個人が利用するインターネットやSNS，企業や政府が利用する巨大データの処理・管理技術などが含まれる。医療技術には，医薬品・医療技術の開発，疾病対策をめぐる国際協力の推進，グローバルガバナンス体制の構築などが含まれる。そして，環境技術には，化石燃料に代わる代替エネルギーの開発と利用，世界規模での排出権取引システムの開発と普及などが含まれる。かつての技術が国と国，地域と地域の距離を縮めることもあれば，遠ざけることもあったのと同じように，現在の情報技術，医療技術，環境技術は国家間および地域間の共生を大きく左右する可能性がある。

　本書の目的は，現代の科学技術がどのようなものであり，地域間共生とどのような関係があるのか，また，それらの成果としての技術がどのようなものであり，どのような意味で地域間の共生を促進あるいは阻害するのかを分析し，地域間の共生に対する技術の影響と効果を多面的に考察することにある。

　第Ⅰ部は，科学技術の現代的特性に目を向ける。

　第1章「現代の科学技術と地域間共生」では，現代科学の特徴に光を当てながら現代科学と地域間共生の関係が検討される。まず，西欧各国においては，19世紀以降，科学教育が進展し科学者育成が進むことにより科学の重要性が認識され，20世紀に入ると，科学と政府の結びつきが強まり，科学が国家間の競争を助長する傾向が強まったことが論じられる。次に，第二次世界大戦後，高エネルギー物理学の領域において欧州合同原子核研究機構が設立されて粒子加速器が共同開発され，1970年代には米ソのデタントの中で「世界平和のための世界加速器」というスローガンのもとで研究活動が進んだものの，1980年代に入ると，米ソ冷戦の激化により，この試みが挫折したことが明らかにされる。最後に，現代科学は，2つの特徴

（政府主導のヒト・モノ・カネの総動員活動，科学者集団内部の競争・対立の存在）から，通常時には国家間・地域間の協調を生み出さないものの，人類共通の脅威が出現した場合，国家間・地域間の協調と共生を促進する可能性があると指摘される。

第Ⅱ部は，地域間共生と情報技術の関係に目を向ける。

第2章「アメリカ外交におけるインターネットの役割とその変化」では，アメリカにおけるオンライン空間をめぐる理念とその揺らぎが論じられる。まず，オバマ政権時には国家を超える普遍的な人権として「接続する自由」の確保という理念が強調され，これがクリントン国務長官の「インターネット・フリーダム」演説，国務省の「21世紀ステートクラフト」という政策指針として具体化されたと論じられる。しかし，ロシアや中国が自由なオンライン空間を標的にしてプロパガンダを行うようになると，両国の「シャープパワー」に対抗するために「つながらない世界」という理念が復権し，サイバー軍の設置やオンライン上の情報収集などの対抗策がとられていることが明らかにされる。大規模サイバー攻撃へのさいの対応のため，連邦議会で何度か提案された「インターネット切断スイッチ」もこの流れに位置する。最後に，「つながる自由」という発想はインターネットをつくりあげたアメリカ産業に特有のものであり，インターネットは「自由で単一で万国共通」というのは幻想であったのではないかという疑問が提示される。

第3章「越境データをめぐる国際政治」では，国・地域のデータの取り扱いをめぐるルールの差異が国家間および地域間の対立の原因となることが論じられる。まず，アメリカ，EU，中国のデータ取り扱いルールがそれぞれ「データの越境移転の自由」「個人の基本的権利としてのデータ保護」「国家によるデータの管理」を重視することが明らかにされる。次に，EUとアメリカの間では「データ戦争」を回避するため2000年，2016年，2022年の3度にわたり合意形成がなされなければならなかったこと，環太平洋パートナーシップ協定の交渉ではアメリカがデータの自由な流通に固

執したこと，アメリカ離脱後の後継協定にもアメリカの選好が反映されていること，さらに，インド太平洋経済枠組の交渉で，アメリカが自国ルールに固執すれば，中国を排除する可能性があると論じられる。最後に，サイバー空間を律するグローバルなルールがない状態が続くと，ユーザーが集合的にもつ信頼が失われサイバー空間の利用価値が低下する可能性があり，それを救うのが危機感の共有であると指摘される。

第4章「インターネットをめぐる国際環境の変化と国際社会の分断」では，インターネットと政治の関係を歴史的に辿りながら，インターネットによる社会分断の現状が分析され，政治体制とインターネットの関係が論じられる。まず，「アラブの春」の事例に見られるように民衆がインターネットを効果的に利用した後，政府がインターネットをコントロールする力を取り戻したこと，そして，現在ではロシアとウクライナの戦争をめぐり，インターネットが社会を分割する「スプリンターネット」と称される現象が起ころうとしているのではないかいという懸念が表明される。次に，権威主義体制と民主主義体制の間での競争が激しくなる中で，権威主義体制によるインターネットのコントロールが強化されていること，自由民主主義度が高い国ほどインターネットを含む先端技術開発が民生に利用されるのに対して，非民主主義国ではそれが「監視国家」の強化に利用される傾向があることがデータによって示される。最後に，地域間共生にはインターネットが「1つのインターネット」であり続けることが必要であると指摘される。

第Ⅲ部は，地域間共生と医療技術の関係に目を向ける。

第5章「グローバル保健ガバナンスの現状と課題」では，新型コロナウイルス感染症を中心にグローバル保健ガバナンスの現状と課題が論じられる。まず，1903年に史上初の世界衛生協定が締結されて以降，国際的な保健協力が進められ，米ソ冷戦時代においても両国がポリオワクチンの開発において協力したことが明らかにされる。次に，近年の保健ガバナンスの特徴として，保健分野のグローバル化と課題の多様化にともないアクター

が多様化したこと，保健問題が安全保障上の課題と位置付け直された結果として，保健外交が大国の影響力行使の場になったと論じられる。そして，新型コロナウイルス感染症への対応をめぐり，政治的理由から米中対立が表面化し，アクターの多様化と WTO の求心力の低下により国際保健規則が履行されず，グローバルな協力が地域協力，二国間協力，有志間協力に移行したことが説明される。最後に，保健ガバナンスが重層化する傾向は不可避であるとしても，それらはグローバルな協力を補完するものであり，各レベルの特徴を理解しそれらのバランスをとりながら，次の危機に備える必要があることが強調される。

　第 6 章「EU の医科学研究政策とジェンダー戦略」では，EU の医科学研究政策がジェンダーの視点から大きく展開してきたことが論じられる。まず，EU では1957年の欧州共同体設立条約採択以降，男女平等待遇が基本的価値として位置付けられており，現在，ジェンダー政策をめぐる情報提供，協議・決定，実施において，欧州男女共同参画研究所，欧州労働組合総連合，ビジネス欧州などの団体が積極的に関与していることが明らかにされる。次に，EU では1990年代末に科学技術政策の中でライフサイエンス部門が強化されたこと，これを契機に医療，健康，医科学研究の分野でジェンダー平等重視の方針が推進されたこと，そして，新型コロナウイルス感染症（以下，COVID-19と略す）をめぐり，ジェンダー平等の視点から医療，介護の問題点だけではなく，新しいケアの方向が示されたことが指摘される。最後に，ジェンダー平等が医療・福祉・介護，教育，雇用・労働，社会保障など多くの公共政策レベルで相互に関連しており，ジェンダー平等の視点を研究や政策に取り入れることで，これらの政策レベルに新しいイノベーションの可能性が拡がり，その影響が EU 以外の地域にも及ぶことが強調される。

　第Ⅳ部は，地域間共生と環境技術の関係に目を向ける。

　第 7 章「エネルギー転換と技術の地政学とガバナンス」では，化石燃料から再生エネルギーへの転換の過程の諸側面に光が当てられる。まず，政

府や政府間機関が気候変動対策を議論し，主要国では再生エネルギー開発競争が始まっていることが指摘される。次に，化石燃料の時代の戦略（石油のサプライチェーンの確保の重要性）にしたがい，ウクライナ侵略後のロシアがエネルギー資源を武器にEU諸国に自国の要求を認めさせようとしたものの，EU諸国が譲歩しなかった結果，再生エネルギーへの転換が加速されたと論じられる。さらに，クリーンエネルギーの生産に不可欠な金属（リチウム，コバルト，ニッケルなどのレアメタル）の獲得競争が起こる一方，それらの生産と加工工程で環境汚染と労働搾取が発生していることが指摘される。最後に，グローバル規模の循環型経済の確立や企業による原材料の責任ある調達を含め，気候変動回避のために，国連を中心とした国際社会のマルチレベルの取り組みとクリーンエネルギー開発のための地域間協力が不可欠であると論じられる。

第8章「カーボンプライシングと地域間関係」では，カーボンプライシングの概要と国際的動向に焦点が合わせられる。まず気候変動対策としてカーボンプライシング（二酸化炭素の排出に対する価格付け）の世界的な拡がりが注目されていること，その手法に炭素税，排出権取引，クレジット取引があることが概説される。次に，主要国のカーボンプライシング導入状況，実効炭素税率の差異が説明され，また税率差異がもたらす効果（炭素税低税率国または炭素税非導入国への工場移転とそれにともなう排出量増加）を避けるため炭素国境調整措置が採られていることが説明される。さらに，日本におけるカーボンプライシングの展開（カーボン・クレジット市場とGX-ETSの創設，水素・アンモニアの活用，二酸化炭素分離回収・貯留・利用技術）に光が当てられる。最後に，アジア・オセアニアで行われている二国間クレジット，水素・アンモニアの活用，二酸化炭素分離回収・貯留・利用技術を事例に日本のカーボンニュートラル戦略が紹介され，それを達成するためには，国を越えた地域間協力が不可欠であると論じられる。

第V部では，地域間共生と科学技術政策の関係に目を向ける。

第9章「イギリスの近年の科学技術・産業とイノベーション政策」では，

イギリスにおける科学技術と産業の関係の特徴と EU 離脱後の科学技術政策の動向が論じられる。まず，イギリスの大学の学術研究のレベルが歴史的に高く，研究成果を重視する評価システムが研究レベルの維持に貢献していることが指摘される。次に，イギリスではこれまで科学技術研究の成果が産業に積極的に取り込まれることが少なかったものの，最近ではイギリスで重視されているライフサイエンス産業と金融サービス業への科学技術の成果の応用が著しいことが明らかにされる。さらに，2017年以降，イギリス政府により包括的で多額の資金を投入する「産業戦略」「研究開発ロードマップおよびイノベーション戦略」「イノベーション戦略」が発表されたこと，地球温暖化防止と環境保護を目的とする「ネット・ゼロ戦略」では研究開発が大学を中心に進められていることが明らかにされる。最後に，EU 離脱後，イギリスは「サイエンススーパーパワー戦略」を提言し，研究開発において英語圏諸国，スイス，日本などと連携する「グローバル化」を志向しはじめたことが明らかにされる。

第Ⅵ部は，結論にあたる。

第10章「グローバルな公共圏の創生に向けて」では，問題点が整理され，問題解決の新しい発想が提示される。まず，情報・医療・環境に関わる技術はそれぞれ，サイバー空間における情報獲得と伝達の迅速性・利便性，苦しみからの解放と健康，環境悪化の抑制などの新しい便益を提供するものの，それらが安全や治安維持などの旧来型の公共財とは異なる結果，誰がどのような仕組みに基づいてどの程度のコストを支払うかのルールが存在しない。また，ある国や地域が，サイバー空間の安全，人間の健康，地球環境の保全を確保しようとしても，他の国や地域を拠点とするサイバー犯罪の蔓延，他の国や地域からの感染症の拡大，他の国や地域からの温室効果ガス排出による気候変動の加速化といったマイナスの影響を受ける可能性がきわめて高い。次に，これらの問題を解決するためには，「グローバルな公共圏」という概念のもとに，政府・企業・個人が情報・医療・環境に関わる新しい技術が「グローバルな公共財」を創出していることを認

識し，国家・企業・個人が新しいルールのもとにこれらの技術が創出する便益を適正なコスト負担のもとによりよく享受する仕組みをつくることを提案する。

早稲田大学地域・地域間研究機構長　吉野　孝

目　次

I　地域と技術

1 現代の科学技術と地域間共生

綾部 広則

1 はじめに

科学技術は，良きにつけ，悪しきにつけ国家間や地域間の関係に大きな影響を及ぼす。しかしこれまでの歴史を振り返れば，科学技術は国家や地域間の競争と対立を促進する面が大きかったのではないか。そのことは，第一次世界大戦で化学研究の成果によって生まれた毒ガスが戦局の行方を左右するほどの力を持ったことや，第二次世界大戦中に開発された原子爆弾が，いまなお核兵器というかたちで世界の行方を左右することになっていることをみれば明らかであろう。民生分野においても，半導体をめぐる最近の動きをみれば，科学技術は，国家間・地域間の協調・共生を促すどころか，競争・対立を生む要因になっているといえる。否，科学技術の国際競争力や，そのためにイノベーションをいかに活性化するかという話題が頻繁に取り上げられるのも，国家間・地域間の競争・対立があってのことである。

とはいえ，科学技術は国家間・地域間の競争や対立を生むだけではない。「科学に国境はない」という言葉がいまなお，さまざまな媒体においてみられるように，とりわけ科学は，国家間や地域間の協調や共生を促進すると理解されている感がある。確かにニュートン力学が日本であれ，アメリカであれ適用可能なように，知識レベルでみれば科学に国境はない。だが，

科学者というヒトや実験装置などのモノ，研究資金（カネ）といった側面をみれば，科学は国境によって分断されている。「科学に祖国なし」と述べたパストゥールも，この言葉に続けて，「科学者は祖国をもっている」（パストゥール（竹内信夫訳）1981：351）と述べている。

　では，科学技術は，国家間や地域間の協調や共生を促進する面はないのか。この点について，歴史を振り返りつつその可能性と現実を明らかにするのが本稿のねらいである。具体的には，まず，科学技術が国家間・地域間の競争・対立をどのように助長させてきたかについて簡単に振り返る。その上で，次にいわばそれらの反動として現れた国家間・地域間の協調・共生を促進する動きとして，高エネルギー物理学の例をとりあげてやや詳しくみる。

　ここで高エネルギー物理学を取り上げるのは，高エネルギー物理学者たちが，欧州合同原子核研究機構（以下，CERN と略す）の設立を成し遂げたことや「世界平和のための世界加速器」（Kolb and Hoddeson 1993：104）というスローガンを掲げて活動してきた実績があるからである。後述のようにそうした試みは道半ばで挫折を余儀なくされたが，そうした取り組みのプロセスをみることは，科学技術における国家間・地域間を考える上で何かのヒントになるのではないか。こう考えて高エネルギー物理学を事例として取り上げるのである。

　なお，以下本稿で対象とするのは，主に科学である。これは技術が主に私企業によって担われているケースが多く，企業という組織によって分断されていることが多いためである。また科学は情報，医療，環境といった分野にまたがるが，それら個々の分野に関する詳細は他章を参照いただきたい。

2　科学の制度化と国家間・地域間競争・対立の進展

(1)　科学の制度化とは何か

さて，科学が競争・対立を促進するようになったのは，科学が本格的に「制度化」（廣重2002）された19世紀後半になってからである[1]。

ここでいう制度化とは，科学が1つの社会制度として確立することである。たとえば，現在では，科学が学校で教えられ，科学を学びたいと思えば，誰でも学校で学ぶことができるが，そうなったのは，科学を学ぶことができる学校という制度が存在するからである。もちろんそれは，科学が社会的に有用であると認識されるようになったためである。教育だけではない。科学者という職業が生まれたのも（Scientist という言葉がヒューウェル（William Whewell, 1794-1866）によって1834年に考案されたこと自体が，科学の制度化を物語るものである），19世紀になって研究が社会的に有用なものだとみなされて制度化したためである。それゆえ，科学の制度化を第2の科学革命ということもある。

このようにいえば，中世の大学でも自然に関する科目は教えられていたのではないか，という反論がでるかもしれない。確かに西欧中世の大学の哲学部（学芸学部）にあった，自由7科には算術，幾何学，天文学，音学という自然に関する科目が設置されていた。しかしそれらはあくまでキリスト教の信仰との関係で設置されたのであり，現在のように信仰とは関係なく行われていたわけではなかった。いまのように脱宗教化した科学となるのは，18世紀の啓蒙主義以降のことである。

したがって，偉大な科学者の祖先として引き合いに出されるコペルニクスやガリレオ，ニュートンらにしても，現在のように職業として科学研究を行っていたわけではなかったわけであるから，彼らを科学者と呼ぶのは相応しくないという意見もある（村上1994）。

(2)　フランス―エコール・ポリテクニクの誕生と制度化の始まり

　科学が制度化する大きな契機となったのは，1789年に起こったフランス革命である。なぜ，フランス革命によって科学の制度化が起こったのか。それはフランス革命を契機にエコール・ポリテクニク（École Polytechnique）と呼ばれる世界初の本格的な高等技術者養成機関が誕生したからである。

　エコール・ポリテクニク（1794年の設立時は公共事業中央学校（École Centrale des Travaux Publics）と呼ばれたが，95年にエコール・ポリテクニクに改称）が誕生したことで，科学や技術は学校に行けば学べるものとなった。それまで何か技術を身につけようとすれば，ギルドに入るぐらいしかなかったが，エコール・ポリテクニクができてからは，基本的には学校で誰でも科学や技術を学べるようになったのである。

　しかもエコール・ポリテクニクではつまり機械を学ぶための前段階として力学を，その前段階として例えば解析学をといったように，現在の理工系学部と同様の科学と技術を結び付ける一貫したカリキュラムが作られた。

　エコール・ポリテクニクの仕組みは海外にも波及し，ドイツのテーハー（TH：Technische Hochschule）やアメリカのマサチューセッツ工科大学のモデルとなった。

(3)　ドイツ―科学の制度化の進展

　こうして始まった科学の制度化は，19世紀になると本格化していく。その点で大きな進展を示したのがドイツであった。ドイツもエコール・ポリテクニクに倣ってテーハーを設立したが，それに加えてドイツでは，大学において新しい動きが起こった。

　1つは，1810年にベルリン大学という近代大学が生まれたことである。ベルリン大学が誕生する以前にも各領邦国家に大学は存在したが，財政基盤の弱さなどから，18世紀末から19世紀初めにかけてドイツでは20もの大学が閉校または他大学への吸収を余儀なくされた。こうしたドイツの大学

の危機を救ったのがベルリン大学の創設であった。

　ベルリン大学が近代大学だといわれる所以は，学問の自由を掲げたことであったが，それは大学が純粋学問を追求する場であると考えられたからであった。いいかれれば，ベルリン大学が生まれたことで，大学とは教育ばかりでなく，学問研究の舞台でもあるという，現在では常識となっている理念が打ち出されたのである。

　もう1つは，ギーセン式教育システムとよばれる新しい科学教育の方法が生まれたことである。これは1824年に員外教授としてギーセン大学に着任したリービッヒ（Justus von Liebig, 1803-1877）によって開発された学生実験を主体とした新しい科学教育システムであり，科学者を大量に育成する画期的な仕掛けであった。つまり最初は教員の指導の下，学生は見よう見まねで実験を行うが，徐々に自身でオリジナルな研究を行い，最終的に博士号を取得する今日の理工系研究者の養成システムが作られたのである。それまでは科学者になるための制度的な仕掛けは確立していなかったが，ギーセン式教育システムができたことで，このコースを通過すれば，誰でも一応，科学者になる道が開けたのである。先に述べたように科学者という言葉がヒューウェルによって1834年に考案されたのも，こうした背景があってのことだった。

(4) イギリス─産業の科学化の始まり

　一方，科学技術の制度化にともなって科学と産業の結びつきも強まった。もちろん，科学の中でも，化学は産業との結びつきが深い分野であったが，化学者が産業界で働くケースは稀であった。こうした状況が一変するのは，19世紀半ばに合成染料工業という新しい工業分野が生まれたことであった。これにより産業界で科学研究が進むことになったのである。

　その口火はイギリスで切られた。1856年にパーキン（William Henry Perkin, 1838-1907）がアニリン色素を発見したからである。当時，イギリスはインド藍（インディゴ）など天然染料に依存していたが，パーキンが

アニリン色素を発見したことで，輸入に頼らずとも，自国内で人工的に合成できることがわかったのである。のちに赤，青などのアニリン染料が発見され，結果的に天然染料は合成染料によって駆逐されることになった。

このように合成染料分野の先駆けはイギリスで成し遂げられたが，しかし，19世紀末までにその主導権はドイツに奪われていく。そうなったのは，イギリスとドイツの高等教育体制の違いにあった。ドイツはテーヒーや大学を通じて有機化学を担える人材を多数輩出していたのに対し，イギリスは，19世紀前半まで政府が大学や研究機関に投資することはほとんど行われていなかったからである。メカニックス・インスティチュート（Mechanics' Institute）運動にみられるように，イギリスで科学はあくまで民間の自発的活動に任されており，ドイツのように大学レベルでの科学者・技術者教育は十分に確立していなかった。そのためイギリスは，染料工業分野での主導権をドイツに譲らねばならなかったのである。したがってのちに政府が科学にテコ入れするのも当然の成り行きであった。

(5) アメリカ―緊密化する科学と産業

こうした産業と科学の結びつきをさらに強固なものにしたのが，アメリカであった。

19世紀前半までのアメリカでは科学教育は十分に確立していなかったが，南北戦争をきっかけとして「工業国への脱皮を図るべく高等教育の拡充が進んだ」（古川2018：215）のであった。

その大きな一歩となったのが，モリル法（Morrill Act）の制定であった。モリル法の制定によってイリノイ，ウィスコンシン，カリフォルニアなどに土地付与大学（land-grant college）が相次いで誕生した。土地付与大学は農学と機械技術を教えることをねらった実用主義的な色彩の強い大学であったが，アメリカでは，そうした実用主義的な大学以外にも，ジョンズ・ホプキンズ大学のように，ドイツの研究型大学の理念を受け継いだ大学院大学も作られ，それはのちにアメリカで産業が科学化する際に大きな

役割を果たすようになる。

　周知のように世紀転換期のアメリカでは不況により国内の企業が合併を余儀なくされた。その結果，生まれた大企業群は激烈な特許競争を勝ち抜くために社内に研究体制を構築する必要性に迫られた。それは産業界における研究者のポスト増を招いた。そうした需要に応えるだけのドクターを供給できたのは，大学院大学があったからである。

　もちろん，社内に研究体制がつくられたといっても既存の製品や製造工程の改良を行うだけの企業が多かったが，しかし，次第に高度化し，ジェネラル・エレクトリック（以下，GE と略す）のように民間企業の中にも基礎研究を行い始めるところが出てきた。

　ただし，GE が研究所を作った1900年頃は，研究員はまだドイツ留学組で占められており，また GE の基礎研究も必ずしも実利的目標（新電球の開発）から切り離されていたわけではなかった。

　実利的目標から離れた基礎科学の成果で会社の規模を倍にするほどの成功を収めたのが大手化学メーカであるデュポンであり，それはカローザス（Wallace Carothers, 1896-1937）によるナイロンの発明によって成し遂げられた。またそれは企業研究者という新しいタイプの科学者が生まれたことを意味した。こうして産業にとって科学は必要不可欠な構成要素となったのである。

(6) 科学と政府・ナショナリズムとの結びつき

　このように科学が制度化するにつれて，科学とナショナリズムの結びつきも強まっていく。科学が制度化される19世紀以前には，科学には国境という概念は希薄であった。しかし19世紀になって科学の制度化が始まると次第に科学においても国家という枠が意識されるようになっていく。そして20世紀に入ると科学と国家の結びつきも強まっていった。

　そのことはたとえば，パストゥール（Louis Pasteur, 1822-1895）が1888年に開所したパストゥール研究所の開所式で，「科学に祖国なしといえど

も，科学者は祖国をもっているのです。彼の業績が世界中に及ぶとしても，その成果をもち帰るべきはこの祖国に対してであります。」（パストゥール（竹内信夫訳）1981：351）と述べたことからもわかる。

　パストゥールのような個人だけではない。イギリスでも1867年のパリ万国博覧会で受賞品目数が惨憺たる結果に終わると，その責任は科学教育の不備にあるとされ，政府が科学を援助し始めた。

　とりわけこれらフランスやイギリスにとって脅威だったのは，ドイツの躍進であった。というのも，1871年にドイツ帝国が誕生するとドイツは物理学関連の研究所を相次いで誕生させたからである。最初は大学の付属であったが，1887年には教育の負担を軽減するために大学から独立した帝国物理学・技術研究所（Physikalisch-Technische Reichsanstalt：以下，PTRと略す）を設立した。これに呼応してイギリス，アメリカもそれぞれ大規模な先端的研究所の設立を進め，イギリスでは，1900年にPTRをモデルに国立物理学研究所（NPL：National Physical Laboratory）が，アメリカでは1901年に国立標準局（NBS：National Bureau of Standard）がそれぞれ設立された。そうすると今度はドイツが1911年にさらに大規模なカイザー・ヴィルヘルム協会（KWG：Kaiser-Wilhelm-Gesellschaft zur Förderung der Wissenschaften）を設立する。日本で1917年に理化学研究所が誕生したのもこうした欧米での研究所設立ブームがあったからである。

　ともあれ，こうしてみれば，19世紀以降，科学は国家間や地域間の競争や対立を助長する道具になっていた感が否めない。しかしその一方で，第二次世界大戦後になると，それらを緩和させようとする動きが現れるようになる。そのひとつの例として次に，高エネルギー物理学をとりあげてやや詳しくみてみたい。

3 科学による国家間・地域間の協調・共生の試み
—— 高エネルギー物理学の例

(1) 高エネルギー物理学とは何か

国家間や地域間の競争や対立を緩和させようという動きは高エネルギー物理学に限ったことではない。パグウォッシュ会議のような科学者の平和運動もある。しかしそれらは概してヒトを中心とした運動である。これに対して高エネルギー物理学の試みは、モノやカネをも動員した運動であるという点でそうした運動とは異なる特徴がある。両者の最大の違いは、ウィルソンが「フランスは NATO から撤退することはあっても、CERN から撤退することはあり得るのだろうか」（Wilson 1975）と述べたように、モノやカネを動員した活動は、ヒトを中心とした活動に比べて永続性を持つという点である。

さて、高エネルギー物理学とは、高エネルギー粒子を用いて物質の構造や粒子間の相互作用などを研究する分野である。身の回りの物質が何から構成されているかを調べるためには、物質の中身を調べる必要があるが、そのためには物質を何かに衝突させて（あるいは物質同士を衝突させて）破壊する必要がある。だが衝突が弱ければ物質は破壊されない。したがって、きちんと破壊するためには物質の運動エネルギー（端的にいえば速度）を高める必要がある。そのために用いられるのが粒子加速器（あるいは単に加速器とも呼ばれる）である。

(2) 加速器の歴史

加速器は、コッククロフト（John D. Cockcroft, 1897-1967）とワルトン（Ernest T. S. Walton, 1903-1995）、ヴァン・デ・グラフ（Robert J. Van de Graaff, 1901-1967）、ローレンス（Ernest O. Lawrence, 1901-1958）らによって1930年代初めに誕生した（Livingston 1969=1972）。中でもめざましい進

展を遂げたのは，ローレンスによって1932年に発明されたサイクロトロンであった。サイクロトロンは，高電圧を用いずとも高いエネルギーを持つまで粒子を加速できるという利点を持っていたため，1930年代から40年代にかけてポピュラーな装置となった。しかし巨大な円盤状の電磁石が必要だったことなどから，46年に完成した184インチのシンクロ・サイクロトロンをピークに，高エネルギー物理学では，シンクロトロンと呼ばれる新しい加速器に取って代わられていった。シンクロトロンであれば，サイクロトロンのように巨大な電磁石を必要としないためである。

　最初のシンクロトロンは，アメリカのブルックヘブン国立研究所（BNL）の Cosmotron（2.2GeV。のちに3.3GeV^2）で1952年に完成した。しかし2年後にはカリフォルニア大学（バークレー）で Bevatron（6.2GeV）が，さらに3年後の57年にはソ連のドゥブナ合同原子核研究所（JINR）で10GeV の陽子シンクロトロン（Synchrophasotron）が完成し，それは直径66mに達した。

　また粒子を衝突させる方法においても革新的な方法が誕生した。それまでは静止した固定標的に加速器で加速された粒子を衝突させていたが，粒子どうしを反対方向から正面衝突させる衝突型加速器（以下，コライダー）が誕生した。こうすることによって，固定標的に衝突させるよりもより効率的に反応エネルギーを利用できる。こうして70年代以降はコライダーがエネルギーフロンティア型の高エネルギー物理学研究における主流の装置となったのである。

　コライダーにも陽子と陽子を衝突させるもの（陽子・陽子コライダーという）から，陽子・反陽子，電子・陽電子，電子・陽子コライダーなどさまざまなタイプのものがあるが，大別すれば，レプトン・コライダー（主に電子・陽電子を衝突させるもの）とハドロン・コライダー（主に陽子・反陽子や陽子・陽子を衝突させるもの）の2つがある（重イオンコライダーもあるが割愛）。このうち，GeV 級の本格的なレプトン・コライダーの運用を開始したのは，スタンフォード線形加速器センター（SLAC）の SPEAR

（4GeV）で1972年のことであった。その後，74年には西ドイツのドイツ電子シンクロトロン研究所（DESY）でDORIS（3.5GeV）が，78年には同じくDESYがPETRA（22.5GeV）の運転を始め，アメリカでも80年にSLACがPEP（18GeV）の運用を開始した。日本でも高エネルギー物理学研究所（KEK）が86年にTRISTAN（30GeV）の運転を開始し，一時期世界一の性能をもつ加速器となった。

　一方，最初にハドロン・コライダーの運転を始めたのはCERNが1971年に運用を開始した陽子・陽子コライダー（ISR［交叉貯蔵リングともいう］，30GeV）であった。その後，CERNは，76年に運転を開始したSPSという陽子シンクロトロンを改造して，81年にSp$\bar{p}$S（315GeV）という名の陽子・反陽子コライダーの運転を開始した。一方，アメリカでは，86年にフェルミ国立加速器研究所（以下，FNALと略す）が陽子シンクロトロンを改造したTevatron（900GeV）の運用を開始した。

　このように加速器の歴史はスケールアップの歴史であった。それはより微細な粒子の構造を把握しようとすれば，より高いエネルギーの粒子が必要となるからである。そのためにはどうしても加速器の物理的なサイズを大きくせざるを得なかったのである。

　もちろん，高いエネルギーの粒子は，宇宙から飛来する宇宙線にも含まれる。したがって，加速器に頼らずとも，宇宙線を利用すれば素粒子物理学の研究を行うことは可能である。実際，加速器が主流になる以前は，宇宙線を用いた研究が主流であり，現在でも，スーパーカミオカンデ（神岡鉱山地下に設置された観測装置。小柴昌俊（1926-2020）が旧カミオカンデ（1983年運用開始）でノーベル賞を受賞したことで有名）など宇宙線研究は健在である。しかし宇宙から飛来する高エネルギー粒子はいつ飛来するかがわからないという問題があるため，人工的に高エネルギー粒子を発生させることができる加速器を用いることが主流となったのである。

(3) 加速器の巨費化と国際共同事業化

　いうまでもなく，加速器のサイズを大きくすれば，それだけコストは増える。小柴昌俊によれば，1983年に運用開始した旧カミオカンデは「掘り賃が1億何千万円かで，装置の設備費が2億7,000万円くらい，全部で4億円くらいだった」（小柴2004）が，スーパーカミオカンデは100億円にもなっている。2008年に完成したCERNのLHC（Large Hadron Collider）は加速器と測定器をあわせて約5,000億円であり（近藤2017：12）[3]，LHCを4倍にケールアップしたFCC（全長100km，2019年1月発表）は90億ユーロ（1兆3,000億円）程度になると見積もられている（CERN 2019）。

　このように加速器をスケールアップせざるを得ないのは，加速器のサイズを大きくしなければ必要なエネルギーを得ることができないという物理的要因に加えて，最初に発見した者のみに価値を認める科学者コミュニティの規範もある。これにより，加速器の物理的寿命が来ないうちに最先端の装置に改良する必要が生まれる。したがって，加速器のコスト（建設費用と運転費用）の増大に拍車がかかるのも当然のことであった。

　もちろん，費用が巨額になったのは，高エネルギー物理学だけではない。やや技術的応用の色彩が強いが，核融合研究や宇宙科学においても高エネルギー物理学と同じく費用が巨額化し，これらの分野はビッグサイエンスと呼ばれている。

　例えば核融合研究では，現在，ITER計画（国際熱核融合実験炉計画）が進行中であるが，1兆5,000億円程度かかる見込みである[4]。

　国際宇宙ステーションではさらに巨額の費用が掛かっており，2013年までにアメリカが7兆6,800億円（731億ドル），日本が8,260億円，欧州が9,000億円（71億ユーロ），カナダが1,500億円（18億カナダドル）支出している[5]。

　このように費用が巨額になると，当然のことながら，一国で装置の全費用を負担することには限界がある。それがはっきりと科学技術政策上の話題にのぼるようになったのは冷戦終結頃からである。実際，1992年には

OECD がメガサイエンスフォーラム（OECD はビッグサイエンスのことをメ
ガサイエンスと呼んだ）を立ち上げて，ビッグサイエンスにおける各国の
費用分担等の問題が真剣に議論された（詳細は OECD 1993；1995a；1995b）。

(4) CERN の誕生と加速器の国際共同事業化のはじまり

　もちろんこうしたビッグサイエンスに関する問題は，すでに約半世紀前
から認識されており，たとえば欧州ではすでに1954年に欧州諸国の国際協
力によって CERN が誕生していた。

　CERN はスイスとフランスの国境にまたがる加速器を持つ高エネルギ
ー物理学の研究施設であるが，この構想が立ち上がったのは，1949年のこ
とであった。

　以下，CERN の公式説明[6]によれば，CERN の構想が生まれたのは，第
二次世界大戦後，ヨーロッパの科学の地位低下を問題視したフランスのラ
ウール・ドートリ（Raoul Dautry, 1880-1951。フランス原子力委員会委員長），
ピエール・オージェ（Pierre Auger, 1899-1993。原子核・宇宙線物理学者），
ルー・コワルスキー（Lew Kowarski, 1907-1979。ロシア生まれの原子物理学
者），イタリアのエドアルド・アマルディ（Edoardo Amaldi, 1908-1989。原
子核物理学者），デンマークのニールス・ボーア（Niels Bohr, 1885-1962）ら
が，欧州に原子物理学の研究所を作ることを思いついたことに始まるとい
う。彼らはこのような研究所ができれば，欧州の科学者の一体化のみなら
ず，増大する施設の費用を分担することができるようになると考えたから
であった。

　こうした背景があってフランスの物理学者ルイ・ド・ブロイ（Louis Vic-
tor de Broglie, 1892-1987）は，1949年12月 9 日にスイスのローザンヌで開
催された欧州文化会議（the European Cultural Conference）で，欧州に原子
物理学の研究所を設立することを提案した。アメリカの物理学者でノーベ
ル賞受賞者のイシドー・ラビ（I・I・Rabi, 1898-1988）がド・ブロイの提案
を後押ししたこともあって，1951年12月にパリで開催されたユネスコの政

府間会合では，欧州原子核研究理事会（Conseil Européen pour la Recherche Nucléaire）の設立に関する決議が採択された。こうして 2 か月後に11か国が暫定的な協議会を設立する協定への調印がなされ，52年10月には建設地がジュネーブに決定する。恒久的な組織を設立するための条約の審議も始まり，1954年 9 月29日に CERN は正式に発足したのである（理事会は解散したが，CERN の名前は研究所の名前として引き継がれた）。

(5)　CERN はなぜ誕生したか

なぜ1949年にド・ブロイが提案してからわずか 5 年という短期間で CERN が設立されるという成功を収めたのか。

その理由については，コワルスキー（Kowarski 1961）やクリーゲ・ペストル（Krige and Pestre 2000）らの説明があるが，それらを筆者なりにまとめれば，CERN を短期間で設立できたのは，第 1 に，比較的実利的目的から離れた高エネルギー物理学を対象としていたこと，第 2 に高エネルギー物理学で欧州がアメリカの後塵を拝しており，ともかく最先端の実験装置を渇望していたことがあった。これらに加えて，一国ではそれを実現できるような状態ではなかったことや，科学政策が未整備であったため，各国の行政官たちが高エネルギー物理学のことについてよく理解していない状態だったことも CERN 設立の追い風になった。いいかえれば CERN の設立にとってたまたま有利な条件が揃っていたことで比較的順調に設立に漕ぎつけたのであった。

したがって，その後，科学技術政策が徐々に各国政府の中でも認識され，高エネルギー物理学のそれにおける役割や意義が理解されるようになると，ビッグサイエンスの国際共同事業化は CERN の設立のようには順調に進まなくなるのも当然のことであった[7]。

(6)　世界平和のための世界加速器構想

とはいえ，高エネルギー物理学者たちは CERN が設立され，欧米で科

学政策が整備されていった後も，国際共同事業の歩みを続け，「世界平和のための世界加速器」（Kolb and Hoddeson 1993：104）という構想を打ち出すことになる。

　そのことは，のちに FNAL の所長を務めることになるウィルソン（Robert Rathbun Wilson）の次の言葉にもみられる。

　　「このような国際的な研究所が持つ最大の力は，物理科学における我々の共通の文化を発展させることであろう。しかし，国家規模の場合と同様，粒子，加速器，社会は再び相互作用し，今度は国際的な調和の力となる可能性がある」（Wilson 1968：495）。

　その後もウィルソンは，「このような事業は，人類の生存に必要な国際生活の経験を，暗闇の中のろうそくとして提供するかもしれない」（Wilson 1975：120），「世界研究所の建設と運営は，自然を探求するだけでなく，平和の要素を探求することになるかもしれない」（Wilson 1978：13）と繰り返し世界平和のために世界加速器がいかに必要かを力説している。

　ウィルソンだけではない。ラブキン（Lubkin 1976）によれば，CERN 事務局長を務めたワイスコフ（Victor F. Weisskopf, 1908-2002）も「超大型加速器に関する世界的な共同研究は，単なる科学的なメリットだけでなく，競争や争いを超えた人類共通の価値観の象徴として，またイデオロギーの境界を越えた集中的な国際協力の例として重要な意味を持つだろう」と述べたという。

　もちろん，こうした「世界平和のための世界加速器」という構想を実現するには困難な道が待ち構えていた。

　第 1 に1960年代はアメリカがアポロ計画を立ち上げてソ連とのミサイルギャップに対抗するなど，米ソの対立が高まっていたからである。

　第 2 に，高エネルギー物理学の内部でも，「世界平和のための世界加速器」構想にとって不利な状況があったことである。前述のようにこの時期

には，CERN が ISR（交叉貯蔵リング）を，アメリカが NAL（FNAL の前身）をそれぞれ建設中であった。このように重要な国内計画が各国で進んでいる中で，それらを後回しにしてまで，「世界平和のための世界加速器」構想に注力しようとするインセンティブは働きづらかった。

　しかしながら，ウィルソンは，1960年 8 月に開かれた第10回ロチェスター会議で，非公式会合にハイゼンベルグ（Werner K. Heisenberg, 1901-1976）やオッペンハイマー（John Robert Oppenheimer, 1904-1967）を含む有力な物理学者30名ほどを呼びよせ，10億ドルというコストで1000GeVの加速器を作ることができるという結論を導き出している（Wilson 1961：1603）。こうしたウィルソンの努力の甲斐もあってか，1961年 6 月にCERN がソ連，国際純粋・応用物理学連合（以下，IUPAP と略す，1922年設立）らを呼んで行った非公式会合では，CERN，アメリカ，ソ連の 3 か国が協力して国際加速器をつくるという合意が得られたという（Kolb and Hoddeson 1993：105）。

(7)　VBA と ICFA の誕生

　このように60年代は「世界平和のための世界加速器」を実現するには不利な状況であったが，70年代に入るとこうした状況に変化が現れ始める。最大の理由は，米ソ間でデタントが生まれたことであった。エネルギー分野でも，73年 6 月のニクソン米大統領とブレジネフソ連書記長の会談で，世界のエネルギー問題に協力して取り組む協定が結ばれ，その中に物質の基本的性質に関する基礎研究が含まれた（Kolb and Hoddeson 1993：106f）。

　こうした変化を受けて，高エネルギー物理学者たちも「世界平和のための世界加速器」の実現化に向けた取り組みを本格化していく。75年 3 月にはニューオリンズに素粒子物理学の世界的リーダー格の研究者が50人ほど集まり，高エネルギー物理学の将来展望に関するセミナー（Seminar on Future Perspectives in High Energy Physics）が開かれた。それまで構想だけでなかなか実現しない状況に苛立ちがつのっていたこともあって（Kolb and Hoddeson 1993：107），セミナーでは，「数 TeV の領域に突入するためには，CERN のような世界規模の研究所が必要であり，かつ望まれているという熱弁で議論が中断するほどであった」（Wilson 1984：9））という。レーダーマン（Leon M. Lederman）は，そのための加速器を VBA（Very Big Accelerator）と呼んだが，この VBA が世界平和のための世界加速器であった。

　こうして VBA という名で世界平和のための世界加速器を具体化する動きが加速していく。76年5月にソ連のセルプホフで開かれたセミナーでは，IUPAP に対して VBA を検討するための公式の委員会を設立するよう勧告がなされ，7月にソ連のトビリシで開かれたロチェスター会議で，IUPAP の粒子と場委員会は，この新しい委員会を後援することに同意し，その委員会は ICFA（International Committee on Future Accelerator. 78年に on が for に変わる）と名付けられた。

(8)　SSC 計画の誕生と「世界平和のための世界研究所」構想の挫折

　こうして ICFA を舞台に VBA という名の「世界平和のための世界研究所」が実現するかにみえた（Kolb and Hoddeson 1993：109；山口1978）。ICFA ではさまざまな会議を通じて VBA の構想が具体化され，79年10月にスイスのレ・ディアブルレで開かれた会議では20TeV ×20TeV の陽子コライダーをつくることになった（Kolb and Hoddeson 1993：110）。

　ところが，ICFA の VBA 構想は挫折を余儀なくされることになる。なぜなら各国・各地域が自分たちの計画を優先したからである。CERN は SppS と LEP 計画に，ドイツの DESY は PETRA 計画に取り組んでいた。アメリカは，ブルックヘブン国立加速器研究所（BNL），SLAC，FNAL がそれぞれ ISABELL，PEP，TEVATRON の計画を行っていた。

　中でもアメリカは70年代末になると国内計画を優先するようになっていった。そうなったのは，高エネルギー物理学におけるアメリカの地位が低下していると考えられたからである。そこでアメリカは世界平和のための

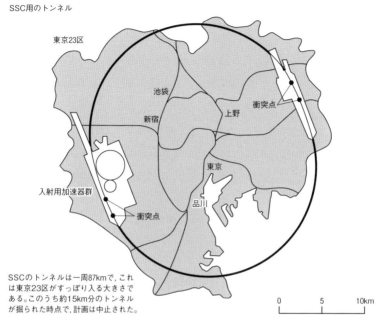

図1　SSC の概念図

SSC用のトンネル

東京23区

池袋

新宿

上野

衝突点

東京

品川

入射用加速器群

衝突点

SSCのトンネルは一周87kmで, これは東京23区がすっぽり入る大きさである。このうち約15km分のトンネルが掘られた時点で, 計画は中止された。

0　　　5　　　10km

注　SSC のメインリングを東京23区に当てはめたもの
出典　平田・古郡［2003：27］

世界研究所の設立をめざした VBA を国際協力よりも独力で建設する方向に傾いていったのである。

　しかも81年にレーガン政権が登場したことで, 米ソの対立が深まり, 世界平和のための世界研究所という構想はますます遠のくことになった。

　こうして82年1月にエネルギー省（DOE）およびアメリカ科学アカデミー（NAS）の高エネルギー物理学諮問委員会（HEPAP）の小委員会が出した報告書（USDOE 1982）では, 世界的な加速器プロジェクトに関する ICFA の予備的作業を有意義なものだと評価しつつも, ICFA のプロジェクトに多額のアメリカ資金を投入することは推奨しないとした（USDOE 1982：57；Kolb and Hoddeson 1993：115）。その代わりにアメリカが立ち上げたのが SSC 計画であった。

SSC とは Superconducting Super Collider の頭文字をとったもので，超電導超大型コライダーということになる。アメリカ・テキサス州ダラス近郊のワクサハチに世界最強の粒子加速器（20TeV の陽子・陽子コライダー）を建設しようとする計画で，1982年6月から7月にかけてアメリカ・スノーマスで開かれたアメリカ物理学会粒子と場の部会（APS-DPF）においてデザートロン計画として誕生した[8]。SSC が ICFA の VBA と同じ性能である20TeV の陽子・陽子コライダーであったということは，アメリカ単独で VBA を作ることを意味した。しかも周長87km という東京23区がほぼその中に納まる規模の加速器であったことから，「究極の加速器」［森1992：22］と呼ばれた。SSC 計画は，87年1月にはレーガン大統領によって建設のゴーサインが出され，SSC 誘致のために35州もが名乗りをあげるなど，あとは完成に向けて残された技術的細部を詰めるだけの状況になったかと思われた。

　ところが80年代末になると黄色信号が灯り始める。議会下院がコストを問題視し始めたからである。事実，86年3月の見積時点では30億ドルだった SSC の建設コストは，89年になると倍の60億ドル近くにまで増加していた（加速器の基本設計を変更したこともあり93年時点では110億ドルとなった）（近藤 2015：2）。そこで建設コストの3分の1を海外から調達することが試みられた。アメリカ単独での建設ではなく，国際協力へと舵を切ったのである[9]。

　しかし海外からの資金調達は難航した。CERN は LHC 計画を進めていたため，SSC 計画に協力する意思はなかった。インド，ロシア，中国から合計4億ドル程度の協力が見込まれていたが焼け石に水だった。そうした中，高額の資金協力が見込まれたのが日本であった。こうして90年に入るころから日本に対してたびたび資金協力の要請がなされた。

　しかし日本の協力は難航した。まず高エネルギー物理学を所管する文部省の予算では対処することが困難であった。アメリカからの要請額は，最終的に15〜17億ドルであったが，科学研究費補助金の約3年分（93年度で

736億円）に相当するものであった。こうしたことから，SSC計画に資金協力することに対しては，日本国内でスモールサイエンスを圧迫するものだといった反対論が起きた（詳しくは綾部1996）。

　しかし90年にブッシュ大統領から海部首相あての親書を携えた代表団一行が来日し，さらに日米首脳会談でもSSC計画に対する参加協力要請がなされると，自民党でも国際貢献税を設けて資金協力してはどうかといった構想（国際貢献税構想）が出されたが，財界などから反対論が噴出し実現することはなかった。このように日本が玉虫色の態度を示しているうちに93年10月にアメリカでSSC計画に対する中止の決断がなされたのであった。

4　むすび

　以上のように19世紀に制度化されて以降，科学は国家間・地域間の協調・共生を促進するというよりは，むしろそれらの競争・対立を助長することに寄与してきた。しかしながら，その一方でCERNやICFAのVBA構想のように科学による国家間・地域間の協調と共生を促進する試みも行われてきたが，上に述べたように限定的かつ不完全な形でしか実現できていない。ではなぜ，科学による国家間・地域間の協調と共生を促進する試みが限定的かつ不完全な形でしか実現できなかったのか。この点について若干の考察を行うことでむすびに代えたい。

　科学による国家間・地域間の協調と共生を促進する試みが限定的かつ不完全な形でしか実現できなかったのは，何よりもまず，制度化されて以降の科学がヒトのみならず，モノやカネを動員して行われる活動となっているからである。国家間・地域間の協調と共生につながるような科学の国際協力といえば，ヒトである研究者の人的・知的交流と考えられがちだが，現代科学はヒトのみならず，モノやカネを総動員した活動であるから，もはやそうした前提は成り立たない。そしてモノやカネの主たるスポンサー

は政府であるから，現代科学は基本的に国境や地域によって分断されている。人的交流という点だけみれば，国家間・地域間での協調・共生が実現しているようにみえるかもしれないが，モノやカネという要素を加えれば，現代科学は競争・対立状態にあるのである。とりわけビッグサイエンスではそうした傾向が非常に顕著である。

　科学による国家間・地域間の協調と共生を促進する試みが限定的かつ不完全な形でしか実現できない第2の理由は，科学者集団内部における競争・対立の存在である。「パブリッシュ・オア・ペリッシュ」[10]といわれるように，現代科学においてはいかに質の高い論文を多く生み出したかによって研究者の評価がなされている。とくに若手研究者はそうしなければパーマネントの研究職にありつけない状況となっている。しかも現代科学は個人的営みではなく，集団的営みとなっている。そのことは例えばCERNのLHCで行われたヒッグス粒子に関する論文（Aad et al. 2015）の著者は5,154名にのぼったことからもわかる。これはいささか極端なケースだとしても，高エネルギー物理学では，1,000名規模の共著者による論文も少なくない。つまり現代の科学は集団間での業績競争となっているのである。ビッグサイエンスはまさにその典型例であり，だからこそ，VBAのような世界加速器を建設しようとする動きがある一方で，国内計画を手放そうとしなかったのである。

　このように現代科学が国家間・地域間の競争・対立の縮図となっていることに鑑みれば，現代科学が国家間・地域間の協調と共生の実現に寄与する可能性については悲観的にならざるを得ない。確かにCERNを成功例とみなし，同様の試みを追求することで，現代科学が国家間・地域間の協調と共生に寄与する可能性も考えられるが，そのCERNでさえ，2022年2月のロシアによるウクライナ侵攻後，ロシアを排除する動きが現れていることをみれば[11]，ますます悲観的にならざるを得ない。

　ただし，現代科学が，国家間・地域間の協調と共生の実現に寄与する可能性がまったくないというわけではない。1つ考えられるのは，人類共通

の脅威なるものが出現した場合である。その場合には，その対処のために科学における国家間・地域間の協調と共生が進む可能性はある。もっとも，何が人類共通の脅威であるかを見定めることは容易ではないし，仮にそうしたものが出現しても，国家間・地域間での負担の押し付け合いになる可能性は否めないが，詳細な検討は他の機会に譲りたい。

注

※ URL の閲覧日は2023年4月26日である。

1　特に断りのない限り，本節の記述は古川［2018］にもとづくものである。

2　eV（エレクトロンボルト）とは，1ボルトの電位差で電荷 e が得るエネルギー量のことであり，$1\text{TeV}=10^3\text{GeV}=10^6\text{MeV}=10^9\text{KeV}=10^{12}\text{eV}$ の関係がある。なお，記載の数値はビームエネルギーの値である。

3　ただし近藤［2017：12］によれば，人件費を含む1994年から要した LHC の総コストは約100億ドルと概算しているという。

4　ITER, Frequently Asked Questions, ITER ウェブサイト, https://www.iter.org/faq#collapsible_5.

5　「付録1 国際宇宙ステーション（ISS）計画概要」, 文部科学省ウェブサイト, https://www.mext.go.jp/component/b_menu/shingi/toushin/__icsFiles/afieldfile/2014/09/29/1352168_2.pdf. なおここに示した数字は，建設コストに加えて運用コストまでを含むものである。

6　以下，本項の CERN が設立するまでの経緯に関する説明は CERN のウェブサイト〈https://home.cern/about/who-we-are/our-history〉にもとづく。

7　クリーゲ・ペストルによれば，10年後に欧州宇宙研究機構（the European Space Research Organization：ESRO）を設立しようとしたときは，加盟国が警戒し，多くの制限が設けられたという［Krige and Pestre 2000：535］。

8　以下 SSC 計画の詳細については，Riordan et al.［2015］, 近藤［2015］, 平田・古郡［2003］をみよ。

9　ただし，87年1月にレーガン大統領が SSC 計画を承認した時点で，費用の3分の1は連邦政府の外から負担することになっており，特に外国からの負担に期待がかかっていた（Bromley1994：212）。その意味では，

計画当初から国際協力を企画していたといえなくもないが，90年以降に
比べるとその熱意には大きな差がある。
10　この言葉は1942年に初めて使用されたという（山崎2007：chap.1）。
11　CERN 理事会はロシア，ベラルーシとの協力協定を2024年以降，更新
しないことを表明している（https://home.cern/news/news/cern/cern-
council-cooperation-agreements-russia-belarus）。またウクライナの研究
者がロシアの研究者と共著になることに反対したため，250本もの論文が
未掲載となっているという報道もある（読売新聞（東京朝刊）2023年2
月6日）。

参 考 文 献

※ URL の閲覧日は2023年4月26日である。

Aad, G et al.［2015］, "Combined Measurement of the Higgs Boson Mass in
pp Collisions at $\sqrt{s}$ = 7 and 8 TeV with the ATLAS and CMS
Experiments", *Physical Review Letters*, 114, 191803, DOI: https://doi.
org/10.1103/PhysRevLett.114.191803

Bromley, D. Allan［1994］, *The President's Scientists: Reminiscences of a
White House Science Advisor*, Yale U. P.

CERN［2019］, International collaboration publishes concept design for a
post-LHC future circular collider at CERN, CERN ウェブサイト, https://
home.cern/news/press-release/accelerators/international-collaboration-
publishes-concept-design-post-lhc.

Kolb, Adrienne and Lilian Hoddeson［1993］, "The mirage of the "world
accelerator for world peace" and the origins of the SSC, 1953-1983",
Historical Studies in the Physical and Biological Sciences, 24(1), 101-124.

Kowarski, Lew［1961］, *An account of the origin and beginnings of CERN*,
CERN-61-10, CERN, https://cds.cern.ch/record/278089

Krige, John and Dominique Pestre［2000］, "The how and the why of the
birth of CERN", Herman, Armin et. al. eds., *History of CERN*, Vol.1,
Amsterdam: North-Holland, 523-544.

Livingston, M. S.［1969］, *Particle Accelerators: A Brief History*, Harvard U.
P.（山口嘉夫・山田作衛訳［1972］『加速器の歴史』みすず書房。）

Lubkin, Gloria B.［1976］, "Group meets in USSR on Very Big Accelerator",
Physics Today, 29(5), 19, https://doi.org/10.1063/1.3023467

OECD［1993］, *Megascience and its Background*, OECD.

OECD［1995a］, *Megascience Policy Issues*, OECD.

OECD［1995b］, *Patricle Pysics*, OECD.

Riordan, Michael, Lillian Hoddeson, and Adrienne W. Kolb［2015］, *Tunnel Visions: The Rise and Fall of the Superconducting Super Collider*, The University of Chicago Press.

U.S. Department of Energy Office of Energy Research Division of High Energy Physics［1982］, *Report of the Subpanel on Long Range Planning for the U.S. High Energy Physics Program of the High Energy Physics Advisory Panel*, DOE/ER-0128, Jan. 1982.

Wilson, Robert R.［1961］, "Ultrahigh-energy accelerators", *Science*, 133 (3464), 1602–1607.

Wilson, Robert R.［1968］, "The Richtmyer Memorial Lecture—Particles, Accelerators, and Society", *American Journal of Physics*, 36(6), 490–495, https://doi.org/10.1119/1.1974951

Wilson, Robert R.［1975］, "A world laboratory and world peace", *Physics Today* 28(11), 120, https://doi.org/10.1063/1.2998964

Wilson, Robert R.［1978］, Toward A world accelerator laboratory, Fermilab, TM-811, 0102.00, Aug.16, 1978, https://lss.fnal.gov/archive/test-tm/0000/fermilab-tm-0811.pdf

Wilson, Robert R.［1984］, "A world organization for the future of high-energy physics", *Physics Today*, 37(9), 9 and 112.

綾部広則［1996］,「国際共同研究体制下における科学者集団の構造─SSC計画をめぐる日本の高エネルギー物理学者集団における論争過程をもとに」『年報 科学・技術・社会』第5巻, 22-44頁。

近藤敬比古［2015］,「SSC計画の経緯と中止について」(国際リニアコライダー (ILC) に関する有識者会議素粒子原子核物理作業部会 (第6回) 配付資料4), 平成27年1月8日, https://www.mext.go.jp/b_menu/shingi/chousa/shinkou/038/038-1/shiryo/1354422.htm

近藤敬比古［2017］,「CERN (セルン) の概要」, アトラス日本グループ:PUBLIC PAGE, https://atlas.kek.jp/old/public/IntroductionOfCERN2.pdf

小柴昌俊［2004］,「国費を使った事業に求められること」, 国土交通省オンライン講演会第66回 (平成16年1月26日掲載), https://www.mlit.go.jp/kokudokeikaku/iten/onlinelecture/lec66.html

パストゥール (竹内信夫訳)［1981］,「1888年11月14日, パストゥール研

所開設記念式典における演説」『パストゥール 科学の名著10』朝日出版
社，347-351頁。

平田光司・古郡悦子［2003］，「SSC 計画中止にみる大型科学の問題」『総研
大ジャーナル』3号，27-31頁，https://www.soken.ac.jp/outline/pr/pu
blicity/archive/journal/no3/file/243d7da9cfc06ed14bd9e5942ac3f144.pdf

廣重徹［2002］，『科学の社会史（上）』岩波書店。

古川安［2018］，『科学の社会史—ルネサンスから20世紀まで』筑摩書房。

村上陽一郎［1994］，『科学者とは何か』新潮社。

森茂樹［1992］，『究極の加速器 SSC と21世紀物理学』講談社。

山口嘉夫［1978］，「Very Big Accelerator とその国際委員会について」『日
本物理学会誌』33(5)，373-376頁。

山崎茂明［2007］，『パブリッシュ・オア・ペリッシュ—科学者の発表倫理』
みすず書房。

［綾部 広則／早稲田大学理工学術院教授］

II　地域間共生と情報

アメリカ外交における
インターネットの役割とその変化[1]

前嶋 和弘

1　はじめに

　インターネットはアメリカ発の世界史上の大きな技術革新の産物である。インターネットはアメリカの国内政策だけでなく，外交・安全保障の政策過程を大きく変貌させてきた。本章ではアメリカ外交におけるオンライン空間をめぐる理念とその揺らぎについて，論じる。

　アメリカにとってオンライン空間を開放することは少なくともオバマ政権のころまでは外交を動かす価値観であった。当時はソーシャルメディアが爆発的な普及を続ける中，ソーシャルメディアが生みだす「つながり」はアメリカにとって，外交政策上の重要政策案件になりつつあった。この流れからオバマ政権では「インターネット・フリーダム」という外交上のキーワードが多用され，インターネットを使った「21世紀型ステートクラフト」が胎動するようにみえた。従来型の外交手段からソーシャルメディアを活用し，国内外に情報を広める新しい形の外交の模索も始まった。その際には国家を超える普遍的な人権として「接続する自由」の確保という理念が強調された。つまり，「インターネットの自由」はアメリカの進めるイデオロギーそのものだった。

　インターネットの助けを借りて民主主義の推進を支援する一方で，外国政府からのサイバー攻撃を「戦争行為」とみなし，米軍による武力行使も

辞さないという方針も含まれていた。インターネット上でのアメリカと中国，ロシアの激しい覇権争いの先に見えるのは，「サイバースペースでの帝国主義の時代」の幕開けのようにもみえた。

　そして，その覇権争いはロシアと中国の「嘘情報の流布」という形で展開していった。ロシアや中国といった権威主義的な政権はその自由なアメリカのオンライン空間を標的にして様々なプロパガンダを流布させていった。

　この中国とロシアの「シャープパワー」が状況を一変させる。対抗するための対応として，アメリカは自らが強く主張していたはずの「インターネットの自由」というイデオロギーを否定する方向性に進んでいる。「つながらない世界」がより安全であり，自由なはずのサイバー空間が国や地域間で分断されてしまう状態である「スプリンターネット」の有効性すら強調されるようになった。

　世界に「開いた空間」なのか「閉じた空間」とするのか──。インターネットを作り上げたアメリカの変化は情報の在り方をめぐる地域間の差を考える意味でも示唆的である。

2　「インターネット・フリーダム」

　「インターネット・フリーダム」とは簡単にいえば，これまでアメリカが国際社会に訴えてきた「自由」「民主主義」といった理念をインターネット上にあてはめ，オンラインをめぐる国家の市民への干渉などを防ぐことを訴える外交の理念である。アメリカの「独立宣言」などにうたわれている市民的自由をオンライン上に展開し，インターネットの利用でより民主的で自由な社会を世界中に広げていくという狙いがその根底にある。

　外交におけるインターネット上の自由，民主主義との関連については，アメリカ政府は G.W.ブッシュ政権のころから外交政策にどのように位置付けたらよいのかを検討してきた。2006年2月には当時の国務長官のコン

ドリーザ・ライスが「グローバル・インターネット・フリーダム・タスクフォース（Global Internet Freedom Task Force：GIFT）」を設置し，国家による検閲の政治的・商業的影響や，オンライン上での反体制派への抑圧の現状，インターネット上の自由な情報の流れの確保などを分析した[2]。

　ブッシュ政権の流れを引き継ぎ，自由な情報の流れを外交上の政策として理念化していったのが，オバマ政権の「インターネット・フリーダム」である。外交政策におけるインターネットの利用について，2009年11月に上海を訪れたオバマ大統領はタウンホールミーティングで中国の若者たちに向けて「表現の自由と信仰の自由，そして情報へのアクセス，政治参加の自由は，普遍的な権利である」と語っている[3]。

　このオバマの言葉は実際に外交政策の文書や演説に発展していく。クリントン国務長官の2010年1月21日，および2011年2月15日のワシントン市内での演説である[4]。さらには，この演説の一部をサイバースペースでの治安維持などとともに広いコンテキストで政策文書に落とし込んでいったのが2011年5月の『サイバースペースの国際戦略：ネットワーク化された世界の繁栄・安全保障・自由（International Strategy for Cyberspace）』[5]である。

　「インターネット・フリーダム」の理念を最も分かりやすく伝えているのが，2010年1月21日のクリントン国務長官の演説であろう[6]。この演説は，ワシントンのニュースの博物館「ニュージアム（Newseum）」で行われた[7]。この演説でクリントン国務長官が，フランクリン・ルーズベルト大統領が1941年の年頭教書で提唱した「表現の自由」「信仰の自由」「欠乏からの自由」「恐怖からの自由」という「4つの自由」の重要性を強調した。そして，現在，インターネット上の表現の自由は基本的な権利[8]となっており，この4つの自由を実現するために必要な「5つ目の自由」としてインターネット上で人々がつながることを国家が妨害しない「接続の自由（freedom to connect）」を確保する必要性が生まれているとクリントン長官は主張した。この「5つ目の自由」こそ，「インターネット・フリー

ダム（internet freedom）」である。

「接続の自由」とは，インターネットを一種の公共圏，公共的な討論ができる場所のようにとらえ，ちょうどオンライン上での「結社の自由」を自由に行えることを保障することである。人々がネットにアクセスし，人々同士がお互いにつながることを，どんな政府も妨げてはならないという考え方である。1989年のベルリンの壁崩壊で，当時の地下出版活動の貢献が大きかったことを引き合いに，「インターネットは現代の地下出版だ」とクリントン長官は指摘している。

アメリカ政府は「インターネット・フリーダム」（「接続の自由」）を発展させるために，外交，経済，技術面において，必要なリソースを投入していくと宣言した。「インターネット・フリーダム」に外交上のリソースを国務省が高めていくために必要なのが「21世紀型ステートクラフト（21st Century Statecraft）」という方向指針であるとしている。この中には，オンラインを使った草の根の運動を応援するための「シビル・ソサエティ2.0（Civil Society 2.0）」などが含まれている（いずれも後述）。

さらにクリントン長官の演説では，「インターネット・フリーダム」は，民主主義的な動きを促進するだけでなく，商業的な観点からも必要不可欠なものになっているとして，インターネット上の自由市場の動きを確保する点も含まれているとする。そのため，民間セクターとの連携も深める[9]。この演説の10日前の2010年1月12日にはちょうど自社の事業インフラが中国を発信源とする高度なサイバー攻撃の標的にされたことをインターネット検索大手のグーグルが明らかにしたばかりだった。それもあって，商業目的の民間セクターのインターネット・フリーダムの確保も演説では大きなテーマであり，クリントン長官はグーグルを強く支持する姿勢を演説で示した。グーグルへの攻撃の主な目的は中国の人権活動家の個人情報を盗むことにあったとされ，組織的な攻撃に中国当局が関与した可能性が示唆されていた。グーグルは中国市場参入の条件としてこれまで渋々受け入れていた検閲も拒否すると発表し，最終的には同年3月末，中国本土からの

完全撤退，香港への拠点の移動を決めた。

　演説でクリントン長官は，サイバーテロを取り締まる国際的な取り組みの必要性を訴え，2009年にネット規制が強化された国として，ウズベキスタンなどのほか，中国を名指しした。クリントン長官はさらに「中国では現在，多くの人々がインターネットにつながっている。インターネットはすでに，中国において，著しい発展の源泉となっており，素晴らしいことだ」としながらも，「情報への自由なアクセスを制限したり，ネット利用者の基本的な権利を侵害したりする国は，次の世紀の進歩から自らを取り残す危険をおかすことになる」と強く批判した。さらに，「問題は，単一のインターネットと一つの地球規模の社会を持ち，利益をもたらし互いを結びつける共通の知識の集合体を有する惑星に住むのか，それとも情報や機会へのアクセスが居住地や検閲官のきまぐれに左右される分裂した惑星に住むのか，ということである」と皮肉っている。

　2010年の講演から1年後の2011年2月15日に再び，クリントン長官はワシントン市内のジョージワシントン大学で，「インターネット・フリーダム」について再度講演している。2011年の講演もオンライン上の市民的自由の確保が最大のポイントとなっている。2010年の講演はインターネットの検索サイト大手のグーグルに対する規制が大きな問題となっていたときだったが，2011年の講演の方はちょうど「アラブの春」の最中であり，反政府運動のインターネット利用を独裁政権が妨害するケースに対する牽制の意味合いが強かった。

　クリントン長官は「インターネットは人々を解放する力か，人々を抑圧する力かという2つの議論があるが，これは論点が間違っている。エジプトの場合はツイッターでコミュニケーションをとったからではなく，人々がよい未来を求め団結したため，運動が大きくなった。イランがフェイスブックを使って反政府勢力を抑えたのは，イランがそもそも人権を蹂躙する国家だからである」と指摘した。また，長官は「インターネットは21世紀の公共空間だ」「アメリカはオンライン上に集まり意見を表明する『接

続する自由』を支援する」と述べ，各国にインターネット上の自由なアクセスを尊重するよう求めた。また，「インターネット・フリーダムを遮断する国家はやがては行き詰まる」と述べ，政府がインターネット規制を続けている中国やミャンマー，キューバ，ベトナム，イランなどの対応を批判した。中国については，「中国市場に参入するためネット規制を甘受する企業もある。だが，長期的にはこれらの規制が中国の成長や発展を妨げるだろう」と指摘した。イランについては「当局が反対派やメディアのウェブサイトを遮断し，弾圧するために個人情報を盗んでいる」と批判した。

　さらに，この演説でクリントン長官が強調したのは，（1）オンラインを使ったテロ行為への批判，（2）インターネット上の透明性確保と秘密保持，（3）「表現の自由」を保護した上での寛容さの促進，の3点であった。2点目に関連し，前年の講演以後，新展開を見せた内部告発サイト・ウィキリークスの動きについては，「ウィキリークス[10]が行っているのは窃盗である。政府の文章をかばんに入れて持ち出すのと同じ行為である」と厳しくけん制した。

3　「21世紀型ステートクラフト」

　「インターネット・フリーダム」という理念をさらに大きな政策上の方向指針としてとらえたのが，国務省の推進する「21世紀型ステートクラフト」である。国務省によると，「21世紀型ステートクラフト」とは，相互に連関する世界の中で，ネットワーク技術の力を駆使したガバナンスの手法で，既存の外交政策を補完するものであると定義している[11]。政策としては「インターネット・フリーダム」をアメリカの外交の重要課題と位置付け，オンラインを使った草の根の運動を応援する「シビル・ソサエティ2.0」など，通信技術を使った各種外交上のプログラムの支援という形になっている。また規制されている国の市民が，ネットを自由に使えるようにする技術の開発などのための助成も「21世紀型ステートクラフト」の一

部である。

　このうち，「シビル・ソサエティ2.0」は，「21世紀型ステートクラフト」の中核的な位置を占めるものである。「シビル・ソサエティ2.0」とは，オンラインを使った草の根の運動を応援する政策であり，ソーシャルメディアを使った民主主義的な人々のつながりを支援し，民主的なガバナンスの向上，環境問題などの地球規模の課題への対処などを進める[12]。具体的には，「テックキャンプ（TechCamp）」と題する，デジタルリテラシー向上と市民グループの連携を進めるイベントなどを通じて，海外の人々が「つながっていくこと」を促進するものである[13]。「インターネット・フリーダム」演説よりも3カ月前の2009年11月にモロッコのマラケシュでクリントン国務長官が行った演説からスタートしている。2010年11月3，4日にチリのサンチアゴで開かれた「テックキャンプ」では，「21世紀型ステートクラフト」を中心になって進めている技術革新担当上級顧問のアレック・ロス（Alec Ross）のほか，世界銀行や国際開発庁（USAID）関係者，通信技術企業らが参加した[14]。

　その他，国務省が取り組んでいる「21世紀型ステートクラフト」関連の具体的な政策プログラムには次のようなものがある[15]。

・中東や北アフリカの女性に対して，シリコンバレーの女性起業家が通信事業を行う上での各種ノウハウを伝える「テックウィミン（TechWomen）」
・イラクの若者をシリコンバレーでインターン研修をさせる「イラク−シリコンバレー・アントレプレナーシップ（Iraq-Silicon Valley Entrepreneurship）」
・アフリカ東部の市民団体が連携するための携帯アプリケーション開発コンテスト「アプリケーション・フォー・アフリカ（Apps for Africa）」
・選挙の不正がないか市民団体が携帯などでモニターする技術開発「21世紀型選挙（21st Century Elections）」

・コロンビアの市民団体と連携した地雷のオンラインマップづくり
　（Landmines in Columbia）

　一方，2011年5月には『サイバースペースの国際戦略：ネットワーク化された世界の繁栄・安全保障・自由（International Strategy for Cyberspace）』と題する戦略文書がホワイトハウスから発表された。これには「21世紀型ステートクラフト」や「シビル・ソサエティ2.0」という言葉は記載されていないものの，「インターネット・フリーダム」の理想や，外国の市民団体との連携などが包括的にまとめられている。また，軍事同盟国との協力でサイバースペースの安全保障を拡大するとしている。また，他国の政府からのサイバー攻撃に対しては，「武力を使う段階までの最大限の方策を進め，武力行使をしない場合のコストとリスクを注意深く検討する」とし，非常に微妙な記述ではあるが，サイバー攻撃を「戦争行為」と見なし，米軍による武力行使も辞さないとの新方針によみとれる[16]。この方針は，国防総省の報告書にも反映されている[17]。

　インターネット上で規制をかけている国家に対して，実際にアメリカが軍事的な実力行使を行う可能性は2011年の段階でも2023年現時点でも高いとはいえない。もし，あるとすれば，それはアメリカ，あるいは特定の国に対して，これまでにないような破壊的なサイバー攻撃を行った国家やグループに対するものに限られるであろう。その意味で「インターネット・フリーダム」はまだ，あくまでも理念の範囲であるといえる。しかし，それが外交政策や軍事政策に位置付けられたことだけでも画期的であり，同時期（2010年）に組織され，2022年のロシアのウクライナ侵攻時にロシアに対してサイバー攻撃を決行したとされるサイバー軍（United States Cyber Command）の活動につながっていく（詳しくは後述）。

4 その後の「インターネット・フリーダム」

(1) 「インターネット・フリーダム」と「21世紀型ステートクラフト」の推進

「インターネット・フリーダム」を進めるため，国務省は公式的に行っている「21世紀型ステートクラフト」で掲げた各種のイベントを行ったが，それだけでは外交上の単なるＰＲでしかない。さらに実際にインターネットのつながる力で世界を動かすために，アメリカは非公式に様々な形で世界各地の民主化運動に関与しつづけた。世界各地の民主化を支えるためにアメリカは「つながる技術」を提供していった。

代表的な手法は，独裁政府の検閲を逃れるための携帯通信ネットワークや簡易版のインターネット基地局の建設などを国務省が進めてきたとされている。ニューヨーク・タイムズは2011年6月，アメリカ政府が「影のインターネット（shadow internet）」と呼ばれる通信システムを開発中であると報じ，報道各社が一斉に後追いで報じている。「影のインターネット」とは持ち運び可能な小型の無線ネット基地局のことであり，スーツケース程度の大きさで，インターネット基地を作ることができる。世界各国の民主化運動の中で，政府側が検閲したり，インターネット接続を遮断してしまう場合に，この「影のインターネット」を設置し，民主化運動を支援するという形を目指し，開発費として200万ドルを計上した。また，この記事の段階までに最低5,000万ドルをかけてアフガニスタンでの携帯通信ネットワークを構築しつつあることも同時に報じられている[18]。

携帯通信ネットワークや簡易版のインターネット基地局については，かつてアメリカ政府が70年代や80年代に反共組織に軍事援助をしてきた歴史を彷彿とさせる。

図1　ニューヨーク・タイムズが報じた「影のインターネット」の仕組み

「影のインターネット」の構築

"スーツケースの中のインターネット" といわれるプロジェクトは、国の管理によってネットワークが厳しく検閲される、あるいは接続が遮断される国々において、反体制派がコミュニケーションをとることができるかもしれない。

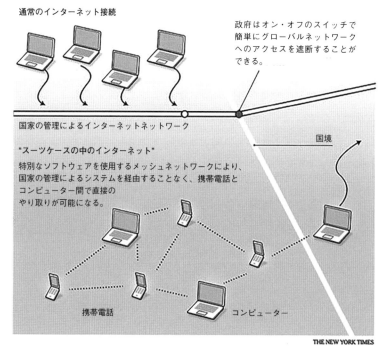

通常のインターネット接続

政府はオン・オフのスイッチで簡単にグローバルネットワークへのアクセスを遮断することができる。

国家の管理によるインターネットネットワーク

国境

"スーツケースの中のインターネット"
特別なソフトウェアを使用するメッシュネットワークにより、国家の管理によるシステムを経由することなく、携帯電話とコンピューター間で直接のやり取りが可能になる。

携帯電話　　　コンピューター

THE NEW YORK TIMES

出典　http://www.nytimes.com/2011/06/12/world/12internet.html?pagewanted=1&_r=1 をもとに筆者作成

(2) 「つながることを拒否する」措置の検討

　一方でアメリカには「接続の自由」とは全く逆方向の動きも出た。サイバー攻撃の間，大統領にインターネットの一部を停止させる権限を与えるという通称「インターネット切断スイッチ（internet kill switch)」法案が連邦議会で議論された[19]。

　オバマ政権がちょうど「インターネット・フリーダム」を外交政策として推進し始めたのと同時期の第112議会（2011年1月から2013年1月）では

「2011年サイバーセキュリティとインターネット・フリーダム法（The Cybersecurity and Internet Freedom Act of 2011)」という法案が提出された[20]。これはインターネットを切断するという「核ボタン」に相当するような措置であり、アメリカ国内にある DNS サーバーのいくつかを停止させることでインターネットが止まる仕組みである。

　サイバー攻撃時の対応については、当時は現職だったジョー・リーバーマン議員（無所属、民主党と同一会派）が長年主張してきたこともあって、この法案のスポンサーとなっている。経済などに与える影響などがあまりにも大きいため、この法案は成立しなかった。ただ、ちょうど同時期の2011年春の革命時にエジプト政府が行ったようなインターネットの基盤となるサーバーの停止をアメリカ政府も行う可能性はゼロではないことが大きな話題となった。というのも、もし、そうなった場合、セキュリティのため、とは言いながらも「インターネット・フリーダム」の理念の下、各国に規制の解除を求めていく姿勢を明確にしているというのは、「ダブルスタンダード」そのものであるためだ。

(3)　「インターネットはグローバルコモンズ」か

　オバマ政権が「インターネット・フリーダム」を外交政策上に推進したことに対して海洋や宇宙、空などの「グローバルコモンズ（global commons)」といえるものにインターネットを位置付けることに対する疑問も生まれた。「グローバルコモンズ」とは地球規模で人類が共有している資産であり、国際公共財のことを意味する。ただ、アメリカと対立する国家にとっては「アメリカの情報覇権を強化するもの」に映りかねない。

　インターネットというアメリカ発の技術で、上述のように現在も基盤となるサーバーのほとんどがアメリカ国内にあり、各種ソフトウエアやインターネット上のプラットフォームもアメリカ企業の独断場である。インターネットの存在そのものがアメリカの意向に左右されているといっても過言ではない。他国にとってみれば、インターネットが「共有地」にみえる

かどうかは，疑問もある。

　そもそも上述した「インターネット・フリーダム」に関する考え方そのものが，欧米の人権や市民的自由，民主主義などの考え方に基づいている。「接続の自由」，そしてクリントン長官が演説で引用したルーズベルト大統領の「４つの自由」は，普遍性を身にまとってはいるが欧米的な政治経済の風土に基づいた考え方である。政治経済の風土の違いがある国にとって，程度の差こそあれ，「自由の獲得は人権や人間の尊厳の闘いだ」という主張は自国に対する挑戦であり，どうしても衝突が起こってしまう。その代表的な国が中国であろう。世界で最も多いインターネット人口を誇り，技術的にも加速度的にキャッチアップを続ける中国にとってみれば，アメリカの「覇権」は挑戦すべき対象になってくる。

　「覇権」については，上述した政策文書で「インターネット・フリーダム」のために軍事的な手段も排除しないとしたアメリカの立場は特筆されるものである。グーグル問題に関して，アメリカの通信関連企業は従来から，インターネットの検閲の問題を非関税障壁として捉えてほしいとアメリカ政府に要望してきた。アメリカの安全保障戦略，外交政策策定者がインターネットについて，国益を拡大するための重要なツールと見なしているように受け取られても仕方がない。インターネットという「領土」やインターネットから生まれる経済的利益を確保するために軍事力を使うとするならば，この政策文書は「オンライン上での帝国主義宣言」に相当するというのは言い過ぎではないかもしれない。保守派シンクタンク「新しいアメリカの世紀プロジェクト（Project for the New American Century：PNAC）」や，PNAC に関連する人々がかつて主張した，アメリカによるサイバースペースの軍事的・経済的支配に関する様々な提案を想起せざるを得ない。

5 中国・ロシアの「シャープパワー」の台頭

インターネット上でのアメリカと中国，ロシアの激しい覇権争いの先に見えるのは，「サイバースペースでの帝国主義の時代」の幕開けのようかもしれない。そして，その覇権争いはロシアと中国の「嘘情報の流布」という形で展開していった。ロシアや中国といった権威主義的な政権はその自由なアメリカのオンライン空間を標的にして様々なプロパガンダを流布させていった。

(1) 「シャープパワー」とは

この中国とロシアの動きを象徴するのが「シャープパワー（sharp power)」という言葉である。シャープパワーは軍事力や経済力などの「ハードパワー（hard power）」でもなく，ジョセフ・ナイ[21]の指摘する文化的な魅力が生み出す「ソフトパワー（soft power）」でもない。その中間のものである。中国とロシアは諸外国に対し，自国の立場や価値観をのませるため世論を操作したり，圧力をかける動きが「シャープパワー」である。民主国家を分断し，弱体化させるシャープ（鋭い）な力という意味から，ワシントンのシンクタンク「全米民主主義基金（National Endowment for Democracy：NED)」が名付けた[22]。

分かりやすい典型例が2016年大統領選挙へのロシアの一連の介入疑惑であろう。トランプ陣営が組織的に共謀したかどうかという点に捜査の焦点はあるものの，それ以前に16年のロシアの選挙介入疑惑はアメリカ国民にとっていまだ大きな影を残している。

(2) シャープパワーの台頭の背景

シャープパワー台頭の背景は権威主義的な国家の代表格である中国やロシアの焦りに他ならない。現在の国際政治は，アメリカの覇権に中国が対

抗する「覇権交代期」になるとの見方がある。確かに中国は軍事力も経済力も一気にも拡大し，アメリカに迫りつつある。しかし，中国には何か大きなものが足りない。それは上述のナイの指摘するソフトパワーであり，理念や文化がもたらす魅力が生むものである。

　例えば，「民主主義」「表現の自由」「人権」などといった理念が第二次世界大戦後のアメリカの覇権に伴い，世界に広がっていった。中国の場合，これに対抗するような世界の人々の心をつかむような理念を打ち立てられずにいる。中国の場合，権威主義的政権であり，インターネットのアクセス制限に代表されるように表現の自由もかなり制限されている。政権に否定的な行動をとる人々の人権は蹂躙されているのが現状だ。

　また，文化についても，第二次世界大戦前からアメリカはハリウッド映画やディズニー，ポップス，ジャズなどに代表されるような誰にでも愛されるようなコンテンツを作り続けてきた。これに対して中国の場合は，自国発の文化産業の育成はアメリカだけでなく，日本やイギリスなどに比べても大きく遅れを取っている。中国は軍事力や経済力などのハードパワーではアメリカに迫っているものの，ソフトパワーでは，アメリカ一極が全く緩んでいない。ここ20年ほど，エネルギー産業の急伸で台頭しているロシアについても同じであり，ロシア発の文化コンテンツの需要は限られている。

　そこで近年，中国やロシアが注目したのが，アメリカなどの民主主義国家の強みである民主主義や開放性などを利用して様々な工作を行い，民主主義国家のソフトパワーを弱めることに他ならない。これがシャープパワーである。外交上の目的を達するために他国に対して様々な工作を行うことは，何も新しいことではないが，シャープパワーの場合，目立っているのが，開放性の象徴であるソーシャルメディアを広範に利用している点である。2016年のアメリカ大統領選挙にロシアが多数の虚偽の広告を組織的にオンライン上に流通させていたのがその典型例である。ロシアは同じことを2016年のイギリスの欧州連合離脱是非を問う国民投票や2017年のドイ

ツの総選挙などでも広く介入してきたといわれている。

　アメリカの開放性を利用し，ロシアは「RT アメリカ」（2005年開局）を，中国は「CCTV[23]アメリカ」（2012年開局，2016年に名称を「CGTN[24]アメリカ」に変更）などをアメリカの CATV・衛星向けに展開しており，併設のサイトのコンテンツからの情報はソーシャルメディア上に拡散し続けている。ソーシャルメディアを使い，世論操作や選挙への介入は民主国家にとってはその根幹を揺るがしかねない重大な脅威となっている。

　また，ソーシャルメディアに限らず，民主主義国家の様々な「ソフト」もターゲットとなっている。例えば，アリババなどの中国の新興企業がアメリカの映画への投資を進めているが，「ローカライゼーション」の名の下，公開する映画のコンテンツは中国国内向けに編集し直させているといわれている。

　さらに，有名なのが中国による教育への介入であり，2004年から始まった「孔子学院（Confucius Institute）」の場合，中国政府の指揮下で，人材や教科書を提供し，アメリカ国内の大学などで中国の言語や文化，歴史を広めるという活動を展開している。孔子学院は世界中で約500，アメリカ国内には約100以上存在する。しかし，孔子学院の場合，「民主主義」など中国の体制に合わないものは教育内容から排除するだけでなく（「天安門事件」や「チベット弾圧」などは全くふれないのはいうまでもない），開設国の中国人留学生を監視し，とくに中国の民主化や人権擁護の運動にかかわる在留中国人の動向を探っている可能性もあるのではないかという批判もある。批判に対応し，テキサス A&M 大学などが近年，学内の孔子学院の閉鎖を決めている。

　また，中国が各種シンクタンクなどに献金をする形で政治に影響を及ぼしているという疑惑も浮上している。シャープパワーの危険性が強く指摘されているのに対応し，2018年3月には連邦議会上院でのシャープパワー対策の公聴会も開かれている。ただ，インターネットに代表されるように開放性をうたった自由な国家の場合，規制を行うことはなかなか難しい。

逆にそもそもその難しさをついたのがシャープパワーの狙いそのものであり，なかなかこの問題は解決しようにない。

　民主主義的で自由な社会であるほど，権威主義諸国のシャープパワーが入り込む余地がある。自由であるほど情報の規制が難しいためでそう考えてみると，シャープパワーは自由な社会が生んだ鬼っ子なのかもしれない。これがこの問題の本質にある。

(3)　シャープパワーへの対抗措置

　シャープパワーへの対抗措置からアメリカもかなりネットの上の自由とは別の方向性を模索するようになった。

　アメリカはインターネットの助けを借りて民主主義の推進を支援する一方で，外国政府からのサイバー攻撃を「戦争行為」とみなし，米軍による武力行使も辞さないという方針がこの10年で明確になっている。前述のサイバー空間における優勢を確保する作戦の実施のためのサイバー軍（United States Cyber Command）は2018年には統合軍に格上げされている。サイバー軍の任務は国防総省の情報システムに関する作戦の実施，陸海空宇宙のあらゆる領域を支援するためのサイバー作戦の実施である。

　サイバー軍は，ロシアのアメリカに対するサイバー攻撃に対する迎撃などに力を入れてきた。そして，2022年からロシアのウクライナ侵攻に対して，ウクライナを支援するためにロシアに対して攻撃，防衛，情報収集などのために，サイバー軍を使った一連の作戦を実施した。これについてはサイバー軍の司令官であり，アメリカ国家安全保障局（NSA）長官であるポール・ナカソネがサイバー軍の関与を認めている[25]。

　一方，トランプ政権の誕生以降，アメリカ的理念の方も大きな曲がり角を迎えている。もちろん「民主主義」や「自由」といった理念はアメリカの国家の根本にあるが，それでもかなり後退した印象もぬぐえない。例えば「自由貿易」から「保護主義」への変化や，非合法移民に対する対応などは開かれたアメリカから「閉ざすアメリカ」に大きく方向転換しつつあ

るようにみえてしまう。バイデン政権になり，変化もみえたものの，かつ
てのような開放的なアメリカというイメージは大きく変わった。

　アメリカの開放性を利用してアメリカ国内で放送を続けてきたロシアの
「RT アメリカ」はトランプ政権時から規制強化の対象となり，バイデン
政権下の2022年に閉局となった。中国の「CGTN アメリカ」はトランプ
政権時の2018年に外国政府のエージェントであることを意味する外国代理
人登録法（Foreign Agents Registration Act：FARA）に基づく外国代理人
登録を指示した。また，2020年には CGTN とその親会社 CCTV を「外国
公館」として指定し，全社員リストの提出などを求めている[26]。

　さらに，アメリカ側のオンライン上の情報収集も明らかになっている。
2013年にはテロ防止を目的に NSA が電話の通信記録とインターネットの
ソーシャルメディアのアクセス情報を大規模に入手していることがエドワ
ード・スノーデン（Edward Snowden）の暴露によって発覚した。アメリ
カ国内ではプライバシー侵害をめぐって大きな話題となった。スノーデン
は，ベライゾン・ワイヤレスの数百万人分の通話履歴入手の第一段，ソー
シャルメディアの情報収集システムである「プリズム（Prism）」という第
二弾に加え，第三弾として，アメリカが中国に対し定期的にハッキングを
行っていたことなどを明らかにした[27]。

　スノーデン問題から派生し，軍事目的の通信傍受システムである「エシ
ュロン（Echelon）」に対する議論も大きくなっている。「エシュロン」と
はアメリカを中心に，イギリス・カナダ・オーストラリア・ニュージーラ
ンドの5か国で共同運営する通信傍受システムであり，無線，電話，ファ
クシミリ，電子メール，各種データ通信を傍受し，アメリカの NSA が一
元的にその情報の収集と分析を行っているとされている。「エシュロン」
の場合，情報分析の対象となるのは，「プリズム」と比べ桁違いに広く多
いとされている。ただ，アメリカ政府は公式に認めていない[28]。

6 地域間共生への示唆

　最後に地域間共生への示唆を考えてみたい。ここ数年のアメリカの対応からみれば，アメリカ外交におけるインターネットの役割とその変化を追っていくと，「1つのインターネットであり続けるのは無理」ということにどうしてもみえてしまう。

　オバマ政権が「インターネット・フリーダム」を外交政策上に推進して以後の10年のオンライン上の国際関係をさらに考えてみると，やはり「スプリンターネット（splinternet[29]）」や「サイバー・バルカン化（cyber-balkanization）」，「インターネット・バルカン化（internet balkanization[30]）」が一気に進んだ。いずれも自由なはずのサイバー空間が国や地域間で分断されてしまう状態を示している。

　分かりやすい例が中国である。中国では多くのアメリカ発の主要ソーシャルメディアが利用できず，様々な情報が検閲の対象となっている。中国国内においてウィキペディアで何かの言葉を調べようとすると，政治絡みの一部のページにアクセスできないのはよく知られている。ツイッターやフェイスブック，グーグルも VPN（virtual private network）などを使わなければ中国からは使えない。中国で使えるのはウエイボー（微博，Weibo）でありバイドゥ（百度，Baidu）であり，全くの別世界である。

　オバマ政権時代のアメリカが主張していた「インターネット・フリーダム」に対して，中国的な「閉じたオンライン＝国内イントラネット」が共存しつつある。ロシアも国内のネット網を世界から遮断する技術を開発したとされている。あい交わらないこの2つは当面共存し，いずれは「インターネット・フリーダム」が少しずつ凌駕していくのかもしれない。この対立は，1990年代にベンジャミン・バーバーが指摘した「ジハード」（民族主義）対「マックワールド」（グローバリズム的資本主義）[31]との関係に似ており，アメリカ側と中国・ロシア陣営の対立がオンライン上に拡大して

いるようにもみえる。

　ただ，アメリカが率いる自由主義陣営も大きく変わった。TikTok など中国アプリの排除に動いているアメリカは同じ自由主義陣営の欧州とも個人情報の取り扱いをめぐり対立し，企業の集めたデータの移転が制限されている。

　上述の「インターネット切断スイッチ」法案については，第112議会以降もほぼ毎議会で提出されている。例えば第116議会（2019年1月から2021年1月）では，上下両院で同じ名前でほぼ同内容の「2020年インターネット切断スイッチ法（Unplug the Internet Kill Switch Act of 2020）」が提出された。内容としては，前の法案と同じであり，アメリカ国内にある DNS サーバーのいくつかを停止させることでサイバー攻撃の時にインターネットが止まる仕組を作るというものであった。下院ではトゥルシ・ギャバード議員（当時）が[32]，上院ではランド・ポール議員が[33]，それぞれ法案のスポンサーとなったが，やはり実際にインターネットを止めることになった場合の影響が大きく，審議は進まなかった。

　フリーダムハウスがまとめた「ネットの自由度」の調査では，2020年版[34]は「不自由」とされた国の割合が35％だった。15年に「自由」とされた国の割合を逆転し，その差は広がる。2022年版[35]では37％まで増えた。オバマ政権時代のアメリカが主張した「インターネット・フリーダム」とは全く逆の動きであり，ネット上の分断が加速し，権威主義的体制の国家だけでなく，自由主義陣営でもネット上の言論やデータ流通の自由度がますます低下する恐れがある。

　今後のアメリカの政治外交がインターネットをどのように運用していくのか。技術の変化の激しさとともに，世界に「開いた空間」なのか「閉じた空間」とするのか――。インターネットを作り上げたのがアメリカの産業であったため，「自由」が強調されたはずである。現状をみると，ウエブやインターネットは自由で単一で万国共通のもの，というのはもしかしたら幻想だったのかもしれない。「つながる自由」という概念そのものがも

しかしたら偶然の産物だったといったら言い過ぎだろうか。

「インターネット・フリーダム」の理念をクリントン国務長官が説いた場所は上述の通り，ワシントンのニュースの博物館「ニュージアム」だった。この博物館は1997年にバージニア州アーリントンに設立された。新設当時，ワシントンに住んでいた筆者は無料だったこともあり，頻繁にこの博物館に通ったものだった。2008年にワシントン市内に移設されると同時に有料化されたが，その後，2019年に廃館となった。運営していた各メディア産業の経営状態が新聞社を中心に悪くなり，資金的な面から行き詰ったことが廃館の大きな理由だ。ただ，インターネット上の自由な情報の流れへの期待が高まった1990年代後半から，その自由さへの懐疑が大きく台頭することとともに消えていったのは，情報の在り方をめぐる地域間の差を考える意味でも示唆的な気がする。

注

1　本稿は，世界政経・国際情勢研究所『国際情勢紀要』第82巻，2012年2月，113-122頁，「「シャープパワー」は自由な社会が生んだ鬼っ子か」（ヤフーニュース，2018年7月31日）などの筆者の過去の論考を基にしながら大幅に加筆修正している。

2　http://www.america.gov/st/freepress-english/2008/July/20080715094516xjsnommis0.3989832.html

3　Anne E. Kornblut and Andrew Higgins (2009), "In China, Obama Presses for Rights," *Washington Post*, Nov.16, 2009

4　http://www.state.gov/secretary/rm/2010/01/135519.htm; http://www.state.gov/secretary/rm/2011/02/156619.htm

5　http://www.whitehouse.gov/sites/default/files/rss_viewer/international_strategy_for_cyberspace.pdf

6　たとえばhttp://www.state.gov/r/pa/prs/ps/2011/02/156623.htm

7　「表現の自由」をうたった憲法修正第一条が「ニュージアム」の壁に刻みこまれており，「インターネット・フリーダム」を論ずる際，クリントン長官はこの壁についても言及している。

8　この演説の中で，「4つの自由」は，フランクリン・ルーズベルトの妻

であり，クリントン長官自身が常に尊敬するとしている妻・エレノア・ルーズベルトが起草した世界人権宣言に大きく影響している点も，クリントン長官は強調している。演説では「インターネット上の人権」という言葉が頻繁に登場している。

9 民間セクターなどが「インターネット・フリーダム」を守る具体例として，企業や人権団体などで2008年秋に構成された非営利団体「グローバル・ネットワーク・イニシアティブ（Global Network Initiative）」の活動をクリントン長官は演説でたたえた。この団体は，マイクロソフト，ヤフー，グーグルなどの企業，非営利団体（Human Rights Watch，Center for Democracy & Technology，Committee to Protect Journalists），大学研究者などで構成されている。

10 ウィキリークス（WikiLeaks）は，匿名により政府，企業，宗教などに関する機密情報を公開するウェブサイトの一つであり，ジュリアン・アサンジが創始した。

11 http://www.state.gov/statecraft/overview/index.htm

12 http://www.state.gov/statecraft/cs20/index.htm

13 http://www.state.gov/documents/organization/150607.pdf

14 http://www.state.gov/statecraft/tech/society/index.htm このイベントの参加者リストには民主党系シンクタンク NDN のサイモン・ローゼンバーグらも含まれており，政治的な色もうかがわせている。

15 http://www.state.gov/statecraft/overview/index.htm

16 http://www.whitehouse.gov/sites/default/files/rss_viewer/international_strategy_for_cyberspace.pdf. p14.

17 http://online.wsj.com/article/SB10001424052702304563104576355623135782718.html

18 http://www.nytimes.com/2011/06/12/world/12internet.html?pagewanted=1&_r=1

19 http://www.washingtontimes.com/news/2011/mar/7/the-internet-kill-switch-rebooted/

20 S.112–413

21 Nye, Joseph S. (2004). *Soft Power: The Means to Success in World Politics*. Public Affairs.など

22 https://www.ned.org/wp-content/uploads/2017/12/Sharp-Power-Rising-Authoritarian-Influence-Full-Report.pdf

23 China Central Television

24　China Global Television Network

25　https://news.sky.com/story/us-military-hackers-conducting-offensive-operations-in-support-of-ukraine-says-head-of-cyber-command-12625139, あるいはhttps://lieber.westpoint.edu/us-offensive-cyber-operations-support-ukraine/

26　https://www.nytimes.com/2020/02/18/world/asia/china-media-trump.html

27　Greenwald, Glenn (2014). *No Place to Hide: Edward Snowden, the NSA, and the U.S. Surveillance State*, Metropolitan Books.

28　https://techcrunch.com/2015/08/03/uncovering-echelon-the-top-secret-nsa-program-that-has-been-watching-you-your-entire-life/

29　破片を意味する英語の「スプリンター」と「インターネット」を組み合わせた造語である。

30　「サイバー・バルカン化」「インターネット・バルカン化」はいずれも20世紀にバルカン半島で民族国家が乱立した様子から作られた造語である。

31　Benjamin R. Barber［1995］*Jihad vs. McWorld*, Ballantine Books.（ベンジャミン・バーバー『ジハード対マックワールド──市民社会の夢は終わったのか』鈴木主税 訳，三田出版会，1997）

32　H.R.116-8336

33　S.116-4646

34　https://freedomhouse.org/sites/default/files/2020-10/10122020_FOTN2020_Complete_Report_FINAL.pdf

35　https://freedomhouse.org/sites/default/files/2022-10/FOTN2022Digital.pdf

［前嶋 和弘／上智大学総合グローバル学部教授］

3 越境データをめぐる国際政治

須田　祐子

1　国境を越えるデータ

　今日，膨大な量のデジタルデータが国境を越えて流れている。越境データのフロー（流れ）は2005年から2014年までの9年間に約45倍増大した（McKinsey Global Institute 2016）。世界で生成されるデータは2018年から2025年までの7年間に5倍以上増大するという予想もあるが（IDC 2018），そのうちのかなり多くが国境を越えて利用されるであろうことは想像に難くない。

　言うまでもなく，デジタルデータの生成と利用を可能にするのは情報技術（IT）である。情報化社会の到来が告げられてからすでに久しいが，ITはもはやバズワードではなく日常生活や日常業務の一部である。周知のように，ITの進歩とコンピューターの普及によって，企業および政府は大量のデータを収集，利用できるようになり，個人はインターネットを経由したデータのやりとりによってさまざまなニーズや欲求を満たすことができるようになった。

　また国際政治経済の観点から重要なことに，ITは地理的距離にかかわりなく瞬時に情報を送ることを可能にし，経済活動のトランスナショナル化を促進してきた。実際，国境を越えるデータのやりとりはトランスナショナルな経済活動の不可欠な一部である。多国籍化した企業は業務に関連

したデータ（例えば，顧客や従業員に関するデータ）を日常的に越境移転して利用する。金融取引はもちろんのこと，グローバルなバリューチェーンを通じた生産も越境データによって支えられている。さらに国境を越えるデジタルプロダクト（デジタル化された音楽や映像など）の取引（配信サービスなど）や電子ネットワークを通じた商取引（電子商取引）では，データを円滑に越境移転し，利用できることが事業の前提条件となる（World Economic Forum 2020；Casalini and González 2019；Casalini, López-González, and Nemoto 2021）。

　加えて近年ではデータ自体の価値が飛躍的に高まっており，デジタルデータは「21世紀の石油」とも呼ばれるようになっている（*Economist* 2017）。これは収集できるデータの量と種類が拡大しただけでなく，データを処理する新しい技術が発展したことによる。例えば，個人の行動に関する非常に大きな量のデータ（ビッグデータ）を収集し，人工知能（AI）を活用して分析すれば，企業や政府にとって有用な行動パターンを抽出することができる。そしてグローバル化に伴い，さまざまなデータが国境を越えて処理されたり利用されたりするようになっている。

　ところが，このような趨勢にかかわらず，越境データを律するグローバルなルールはまだ発展の途上にある。現在のところ，デジタル技術および経済を牽引してきたアメリカ，多くの分野でグローバルなルールづくりの先頭に立ってきた欧州連合（以下，EUと略す），さらに新興デジタル大国として台頭している中国がルールづくりの主導権を争っている状態である。

　以下で見るように，アメリカ，EU，および中国は，それぞれの選好を反映する越境データのルールを国内（域内）で確立するだけでなく国外（域外）にも広めようとしている。その結果，政策が相互に調整されることもあれば，衝突することもある。

2 米欧中のデータ関連政策

(1) アメリカのデジタル貿易戦略と越境データ

アメリカは IT 分野の研究開発をリードしてきただけでなく IT を利用したデジタル貿易でも抜きん出た存在である[1]。これは GAFA（グーグル，アップル，フェイスブック，アマゾン）と総称される巨大プラットフォーム企業がすべてアメリカ企業であることに端的に表れている。

デジタル貿易とは，「デジタルによって，または物理的に届けられる，デジタルによって可能となる財やサービスの貿易」（González and Jouanjean 2017）のことであり，狭義にはデジタルプロダクトの取引を指すが，広義には電子商取引も含まれる。このような越境取引にはデータの国境を越える移転と利用が不可欠である。

そこでアメリカは，デジタル貿易自由化の一環として，データの越境移転の自由およびデータの国内保存の義務化（データローカライゼーション要求）の禁止を自由貿易協定（FTA）交渉で求めてきた（Fefer, Akhtar, and Morrison 2019）。2004 年 1 月に発効した米シンガポール FTA と米チリ FTA 以降，アメリカが貿易相手国と締結したすべての FTA に電子商取引を扱う独立した章が設けられ，電子的送信への関税の不賦課とともにローカライゼーション要求の禁止やデータの自由な国際的流通の確保が規定されている（ジェトロ 2018）。アメリカは，巨大な国内市場へのアクセスを梃子に，自らの選好を反映するルールを貿易相手国に受け入れさせてきたといえるだろう。

(2) EU のデータ保護政策と越境データ

EU はデータ駆動型社会を目指しており，域内におけるデータの自由な流通を推進するとともに，域外とのデータの流通についてもオープンなアプローチをとるとしている（European Commission 2020）。しかし EU は，

データ保護（data protection）を個人の基本的権利として重視する点で，データプライバシーをもっぱら消費者保護の文脈に位置づけるアメリカと一線を画す[2]。

　現在，EU におけるデータプライバシー保護の制度的基礎となっているのは，2016年 4 月に採択，2018年 5 月に施行された一般データ保護規則（General Data Protection Regulation, GDPR）である。GDPR は EU におけるデータ保護を包括的に規定するが，EU 域外すなわち第三国（EU 構成国でない国）や国際組織への個人データの移転は，「当該第三国あるいは領土あるいは第三国内の 1 つかそれ以上の特定されたセクターあるいは国際組織が十分なレベルの保護（adequate level of protection）を確保すると［欧州］委員会が決定した場合，行われることができる」としている。逆に言えば GDPR の規定では，当該第三国で個人データの「十分なレベルの保護」が確保されていないときには EU 域内から個人データを移転することができない。ここでいう「十分なレベルの保護」とは「EU 法の下でと本質的に同等のレベルの保護」のことであると理解されている[3]。

　ただし GDPR には，「十分性の決定」がない場合の移転についても詳細な規定があり，当該第三国あるいは国際組織が「十分なレベルの保護」を確保すると認定されない場合でも，「適切な安全保護措置による移転」が可能であるとしている。

　なお2023年 9 月から適用される EU データガバナンス法（Data Governance Act）は，個人情報を含まない非個人データの域外移転に「十分なレベルの保護」を求める。データガバナンス法は，自発的なデータ共有への信頼を高める枠組みを提供するものであるが，非個人データの第三国への移転については，当該第三国において EU 法によって与えられるのと同じレベルの保護が EU 域内から移転されたデータに対して確保されるべきであるとしている。

(3)　中国のデジタル化と越境データ

　中国のデータ関連政策は，国家によるデータの管理を是認する点でアメリカおよび EU のデータ関連政策と根本的に異なる。

　中国では2010年代後半からデータに関連する法律が制定されているが，そのすべてにデータの国外移転に関する規定が設けられている。2017年 6 月に施行された中国サイバーセキュリティ法（中华人民共和国网络安全法）は，個人情報の安全を理由として，個人データを国内で保存することを通信，情報サービス，エネルギー，交通，水利，金融，公共サービス，電子行政サービスなどを提供する「重要情報インフラストラクチャ」を運営する事業者に義務づける。すなわち「重要情報インフラストラクチャ」運営事業者は「中華人民共和国国内での運営において収集，発生させた個人情報および重要データは国内で保存しなければならない」と規定している。これは典型的なデータローカライゼーション要求である。その一方，データの中国国外への移転については，個人データや重要データを「国外に提供する必要のある場合」には，政府機関が行う「安全評価」をクリアしなければならないが，評価の基準は明らかでなく，中国から国外への個人データおよび「重要データ」の移転は実質的に禁止されているものと考えられる。

　また2021年 9 月に施行された中国データセキュリティ法（中华人民共和国数据安全法）でも中国国外へのデータ移転は制限されている。すなわち同法には「国家安全と利益の維持，国際義務の履行に関わる規制品目に該当するデータに対しては，法に基づき輸出規制を実施する」という規定がある（ジェトロ 2021a）。

　さらに2021年11月に施行された中国個人情報保護法（中华人民共和国个人信息保护法）は，「重要情報インフラストラクチャ」の運営者と取り扱う個人情報が国家インターネット情報機関の定める数量に達した個人情報取り扱い事業者は，収集および発生した個人情報を中国国内に保管しなければならないとし，さらに個人情報を国外に提供する必要がある場合には，

国家インターネット情報機関による安全評価に合格しなければならないとしている（ジェトロ 2021b）。

　中国のデータ政策は不透明であり，データの国外移転の禁止およびデータローカライゼーション要求の真意は不明であるが，そうした措置にデータを国内に「囲い込む」効果があることを考えれば，デジタル産業の育成という経済的動機があると推測できる。しかし中国のデータ規制はデジタル保護主義の手段にとどまらない。むしろ重要なのは，政府によるデータ（個人を特定できるデータを含む）のコントロールの強化という政治的動機であろう（Liu 2020；Sutter 2021）。

　注目すべきことに，中国は「国家がデータを管理する権利」を国際的に主張するようになっている。例えば2020年9月に王毅外交部長が提案した「グローバルデータ安全イニシアティブ（全球数据安全倡议）」には，「他国の主権，司法管轄権およびデータ管理権を尊重し，直接的に企業あるいは個人に他国のデータを調査・収集させてはならない」という項目が含まれる（ジェトロ 2020）。これはアメリカのデジタル貿易自由化政策と真っ向から衝突する提案である[4]。

3　地域間共生の模索と限界〈1〉─アメリカと欧州─

　越境データが世界で最も大量に流通しているのはアメリカと EU のあいだである（McKinsey Global Institute 2016）。しかし米 EU 間ではデータプライバシー保護制度の相違に由来する「データ戦争」が断続的に起きている。

　前述したように GDPR は EU 域外への個人データの移転に「十分なレベルの保護」の要件を課し，GDPR の前身にあたる個人データ保護指令（1995年採択）にも同様に規定があった。「十分性」の評価に際し，特に考慮されるべき事項の1つが「第三国において有効な法規制」であるが，EU のデータ保護法制とアメリカのプライバシー保護法制は制度的にみて

両極に位置する（新保 2001）。EU では，データ保護法は，政府と民間を区別せずに適用されるのに対し，アメリカでは，連邦政府が保有する個人情報については連邦プライバシー法が適用されるものの，民間事業者が保有する個人情報については，金融や通信といった個別分野ごとの法律が適用されるだけである。また EU ではデータ保護法の実効性はデータ保護機関によって担保されるのに対し，アメリカにはそのような独立した規制機関は存在しない。このような制度的相違のために，アメリカでは個人データの「十分なレベルの保護」が確保されないと EU で見なされる可能性が高かった。

　そこでアメリカと EU は「情報化社会の最初の貿易摩擦」（Newman 2008）を回避するため2000年にセーフハーバー・アレンジメント（Safe Harbor Arrangement，後にセーフハーバー・フレームワークと呼ばれるようになる）を合意した。この合意によりアメリカ商務省が定めたプライバシー原則の遵守を誓約したアメリカ企業は「十分なレベルの保護」を提供すると見なされ EU のデータ保護法に抵触するおそれなく EU から移転された個人データを受け取ることができるようになった。

　しかし2013年 7 月にアメリカ国家安全保障局（NSA）が秘密裡にデータを大量に収集していたことが明らかになると，その余波を受けた形でセーフハーバーは無効になり，2016年 2 月に新しい枠組みとしてプライバシーシールド・フレームワーク（Privacy Shield Framework）が合意された。

　ところが2020年 7 月，アメリカの政府機関が EU から移転された個人データにアクセスできることへの懸念から EU 司法裁判所はプライバシーシールドを無効と判断し，米 EU 協議の結果，2022年 3 月にデータプライバシー・フレームワーク（Data Privacy Framework）と呼ばれる枠組みが大筋で合意された。これを受けて2022年12月，欧州委員会は EU 米データプライバシー・フレームワークの「十分性」を認定する決定の草案を公表するとともに，決定を採択するための手続きを開始したことを公表した（European Commission 2022）。

EU データ保護法に「十分性」の要件があるのは，個人データの移転に制約がなければ，データ保護のレベルの低い第三国に個人データが移転されて不適切に利用されるおそれがあるという考え方による。換言すれば，信頼性のある個人データの移転を確保するためである。NSA によるデータ収集が明らかになった後，セーフハーバーの安全強化などを求めた欧州委員会の文書のタイトルが「EU 米間のデータの流れの信頼を再構築する」(European Commission 2013) であったことは示唆的である。

4 地域間共生の模索と限界〈2〉—アメリカとアジア地域—

(1) 環太平洋パートナーシップ（TPP）協定

アジア地域には，アメリカと接点のある，または接点のあった，複数国間枠組みがいくつかあるが，越境データとの関連で最も重要なのは，環太平洋パートナーシップ（TPP）協定であろう。TPP 協定は，2016年2月に環太平洋地域の12カ国[5]が署名した経済連携協定（EPA）であり，シンガポール，ニュージーランド，チリ，およびブルネイの中規模経済の4カ国が締結した環太平洋戦略的経済連携協定（2006年発効）の拡大交渉に巨大な国内市場を有するアメリカが参加することでメガ EPA に発展したものである。この経緯が示すように，TPP 協定の交渉を方向づけたのはアメリカであった。

TPP 協定は全30章から構成されるが，第14章は電子商取引に特化した章であり，電子商取引の利用と発展に対する「不必要な障害」を回避するための措置を規定する。とくに重要なのは「各締約国は，対象者の事業の実施のために行われる場合には，情報（個人情報を含む）の電子的手段による国境を越える移転を許可する」という規定である。この情報の自由な越境移転についての規定は，「いずれの締約国も，自国の領域において事業を遂行するための条件として，対象者に対し，当該領域においてコンピューター関連設備を利用し，または設置することを要求してはならない」

とする規定によって補強された。ここでいう「コンピューター関連設備」とは，具体的にはサーバーのことである。つまり TPP 協定はデータローカライゼーション規制を明示的に禁止したが，これは「アメリカの強い意向が働いた影響とみられる」（宮下 2016：190）。

　ところがアメリカは2017年1月に TPP 協定からの離脱を表明し，これを受けて，残る11カ国は，協定の存続を図るべく協議を重ね，2018年3月に環太平洋パートナーシップに関する包括的・先進的な（CPTPP）協定に署名した。CPTPP 協定に至る交渉では TPP 協定の内容が見直され，一部の規定は凍結されたが，電子商取引と越境データ流通に関する項目は CPTPP 協定そのまま引き継がれている。

(2)　中国と CPTPP 協定および RCEP 協定

　中国は2021年9月に CPTPP 協定への加盟を申請した。しかし加盟実現までの道は決して平坦ではない。1つの理由は CPTPP 協定の「情報の自由な越境移転」に関する規定とデータ移転を規制する中国の国内法の乖離である。

　興味深いことに，中国は東アジア地域包括的経済連携（RCEP）協定の交渉では「国境を越える情報の移転の自由」を認めた。RCEP 協定は，2013年に東南アジア諸国連合（ASEAN）加盟10カ国[6]，日本，中国，韓国，オーストラリア，ニュージーランド，およびインドの16カ国によって交渉が開始され，2020年11月，インドを除く15カ国によって署名された。

　RCEP 協定は，「締約国は，情報の電子的手段による国境を越える移転が対象者の事業の実施のために行われる場合には，当該移転を妨げてはならない」として越境データ移転の自由を求め，さらに「いずれの締約国も，自国の領域において事業を実施するための条件として，対象者に対し，当該領域においてコンピューター関連設備を利用，または設置することを要求してはならない」としてデータローカライゼーション規制を禁止する。ただし安全保障と公共政策を理由とする例外が認められている。

RCEP協定は2022年1月に発効した。それに伴い中国のデータ移転制限やデータローカライゼーション要求はRCEP協定に違反する措置となったが，本稿を執筆している時点では中国のデータ規制をめぐる表立った争いは起きていない。

(3) 日米デジタル貿易協定

TPP協定から離脱したアメリカは二国間FTA交渉に重点を置くようになり，日本とのあいだでは日米貿易協定および日米デジタル貿易協定が2019年10月に署名された[7]。

日米デジタル貿易協定は，円滑で信頼性の高い自由なデジタル貿易を促進するルールの確立を目的とし，信頼性の確保を目指す規定（ソースコードおよびアルゴリズムの移転・開示要求の禁止，個人情報保護，暗号開示要求の禁止）と越境データの自由な流通を保証する規定を含む。すなわち協定は，「いずれの締約国も，情報（個人情報を含む）の電子的手段による国境を越える移転が対象者の事業の実施のために行われる場合には，当該移転を禁止し，または制限してはならない」として商業目的でのデータ移転の自由を明示的に求める。さらに協定は，「いずれの締約国も，自国の領域において事業を遂行するための条件として，対象者に対し，当該領域においてコンピュータ関連設備を利用し，または設置することを要求してはならない」としてデータローカライゼーション規制を禁止する。

要するに，日米デジタル貿易協定はTPP協定の電子商取引章の日米版であり，アメリカのデジタル貿易自由化政策を反映するが，同時に「国際的に連携し，デジタル技術の利用やデータの流通に関し世界をリードする」（デジタル庁）ことを目指す日本の選好にも合致する内容となっている。

(4) インド太平洋経済枠組み（IPEF）

アメリカがTPP協定から離脱したのはドナルド・トランプ（Donald Trump）が大統領在任中のことであったが，後任のジョー・バイデン

（Joe Biden）大統領はアメリカを TPP 協定に復帰させる意図を示していない。代わりにバイデンが新たなイニシアティブとして打ち出したのが，繁栄のためのインド太平洋経済枠組み（Indo-Pacific Economic Framework for Prosperity, IPEF）である。

　IPEF はインド太平洋地域の14カ国[8]が参加する枠組みであり2022年5月に東京で立ち上げられた。IPEF の目的は，参加国の「経済の強靱性，持続可能性，包摂性，経済成長，公平性，および競争力を高めること」であり，そのために貿易，サプライチェーン，クリーンエネルギー・脱炭素化・インフラ，税・腐敗防止の分野で交渉を行う。このうち貿易分野にはデジタル経済における協力も含まれ，2022年9月にロサンゼルスで開催された閣僚級会合でまとめられた声明では，データ経済に関して，包括的デジタル貿易を前進させるために，信頼され安全な越境データの流通，デジタル経済の包括的で持続可能な成長，新しい技術の責任ある開発と利用を促進，支援するという目標が設定された。今後，IPEF でインド太平洋地域におけるデジタル経済と越境データの流れを律するルールづくりが進められることになるであろう。

　ところで IPEF の直接的起源は，アメリカ大統領府が2022年2月に公表した「インド太平洋戦略」にある。アメリカの「インド太平洋戦略」は，「自由で開かれたインド太平洋（Free and Open Indo-Pacific, FOIP）」[9]のビジョンを掲げるが，戦略を実行に移す一環として，「ハイスタンダードの貿易を促進し，デジタル経済を律し，サプライチェーンの強靱性と安全を向上させ，透明でハイスタンダードのインフラ投資を触媒し，デジタル連結性を構築する，新しいパートナーシップ」，すなわちインド太平洋の経済的枠組みを主導すると述べている（White House 2022a）。

　IPEF がアメリカ主導で立ち上げられたことを考えると，IPEF で作成される越境データのルールは，同じくアメリカが主導した TPP 協定電子商取引章と同じような内容になる可能性が高い[10]。そうなると IPEF は，少なくともデジタル経済に関して，結果的に中国を排除することになり，

米中摩擦の新たな火種となるおそれがある[11]。

5　地域間共生の模索と限界〈3〉—欧州とアジア地域—

(1)　アジア太平洋経済協力（APEC）越境プライバシー・ルール（CBPR）とEUの拘束的企業規則（BCR）

　越境データについて欧州とアジアの関係は米EU関係に比べて制度化が進んでいないが，いくつかの接点を見出すことができる。その1つがアジア太平洋経済協力（APEC）越境プライバシー・ルール（Cross Border Privacy Rules, CBPR）とEUデータ保護法に準拠する拘束的企業規則（binding corporate rules, BCR）の相互運用に向けた協議である。

　APECは太平洋のアジア側とアメリカ大陸側の21の国と地域[12]が参加する「緩やかな協議体」であるが，「電子商取引の成長のためにはプライバシーに対する消費者の信頼が重要である」として「APECプライバシー・フレームワーク」を作成している[13]。その延長上にアメリカ主導で2011年に開始されたのがAPEC・CBPRシステムである（石井 2017）。CBPRシステムは，「APECエコノミー間のプライバシーを尊重する個人情報の流れを促進するための，自主的な，アカウンタビリティに基礎を置くスキーム」（APEC Secretariat 2015）であり，CBPR認証を得た企業はAPEC域内で自由に個人情報を流通させることができる[14]。

　2012年，APECの電子商取引運営グループとEUの第29条作業部会[15]は合同作業グループを設置しCBPRとEUデータ保護法に基づくBCRの相互運用に向けた協議を開始した。2017年からは欧州委員会とAPEC電子商取引運営グループのあいだで協議が行われている。BCRは，企業グループ内で個人データを移転する際にEU域内の企業が遵守すべき個人データ保護方針であり，GDPRで認められる「適切な安全保護措置による移転」の基礎になるものの1つである。

　しかし現在のところCBPRとBCRの相互運用は実現していない。これ

は1つにはBCRでは明確に規定されている個人の権利がCBPRでは明確に規定されていないというルールの不整合のためである。またBCRがデータ保護機関という公的な規制機関によって承認されなければならないのに対しCBPRは民間機関によって認証されるという実施手続きの違いが解消されていないことも障害となっている。

(2) 個人データの移転に関する日EU合意

前述したように，EUは域外への個人データの移転に「十分性」の条件を課しているが，日本は「十分なレベルの保護」を確保する国として（EU側で）見なされていなかった。日本の個人情報保護法制は，政府セクターと民間セクターを区別して規制し，また以前は個人情報保護法の遵守を担保する独立した第三者機関が存在しなかったからである。EUデータ保護法は「十分なレベルの保護」がない場合でも拘束的企業規則や標準データ保護条項などの「適切な安全保護措置による移転」が可能であるとしているが，EU域内から移転された個人データを受け取るために追加的措置をとることは日本企業にとって負担となる。

そこで日EU・EPA交渉とほぼ並行して個人データの移転に関する日EU対話が行われ，2018年7月，個人情報保護委員会と欧州委員会は，日本とEUの「十分性」を相互に認定し，日EU間の円滑な個人データ移転を図る枠組みを構築することで合意した。これを受けて2019年1月，欧州委員会が日本に対する「十分性の決定」を採択するとともに，個人情報保護委員会はEUを「日本と同等の水準にあると認められる個人情報の保護に関する制度を有している外国」として指定した。

個人データ移転に関する日EU合意は，EUがアジアの国と最初に取り交わした個人データ移転に関する合意である[16]。

(3) EUのインド太平洋戦略

前述したようにアメリカはIPEFを通じてインド太平洋地域への関与を

強化しているが，EU も2021年9月に「インド太平洋における協力の戦略」を公表し，この地域への関与を拡大する意図を明らかにしている（European Commission and High Representative of the Union for Foreign Affairs and Security Policy 2021）。

EU の「インド太平洋における協力の戦略」は，「EU の未来とインド太平洋の未来は分かちがたく結びついている」として，持続可能で包括的な繁栄，グリーンな移行，海洋ガバナンス，デジタルに関するガバナンスとパートナーシップ，連結性，安全保障と防衛，および人間の安全保障の7つの優先分野でインド太平洋地域のパートナーと積極的に協力することを謳っている。このうちデジタルガバナンスとパートナーシップ分野では，インド太平洋地域の同じ考えの（like-minded）パートナーとデータガバナンス，信頼性のある流れ，およびデータに基づくイノベーションを可能にするデジタルパートナーシップ協定を交渉する計画が示され，まず日本，韓国，シンガポールに交渉の開始を提案するとしている。

EU はインド太平洋地域への関与は「原則のある（principled）」ものとしているが，EU の原則には民主主義の原則と基本的権利が含まれる。したがって EU はデジタルパートナーシップ協定を交渉する相手国として民主主義の原則と基本的権利を尊重する国家を想定していると考えられる。

6 情報技術（IT）の地域間関係への影響とその含意

(1) 信頼性のある自由なデータ流通

IT の発展と普及は，越境データフローの飛躍的増大を可能にしたが，それゆえ地域間の摩擦を引き起こす要因ともなっている。IT という技術によって地域間の溝が埋められたのではないのである。

一言でいえば，越境データ分野における地域間共生の進展が遅れているのは信頼が不足しているからである。米 EU 間では，どのようにしてデータプライバシー制度の相違を乗り越えて，個人データの越境移転に関する

信頼を構築（あるいは回復）するのかが課題となった。すなわち，どのようにして EU からアメリカに移転された個人データをアメリカの企業や政府機関による不適切なアクセスや利用から保護するのか協議が重ねられてきた。

他方，アメリカと日本を含むアジア地域のパートナーは，当初は TPP 協定を通じて越境データの自由な流通を促進しようとし，アメリカが TPP 協定から離脱した後は，CPTPP 協定，日米デジタル貿易協定などの二国間協定，最近では IPEF を通じて越境データを律するハイレベルのルールを作成しようとしている。しかし，いずれも有志国による取り組みであり，中国をはじめとする地域のすべての国々を包含する枠組みには程遠い。EU がインド太平洋地域の国々と締結しようとするデジタルパートナーシップ協定も「同じ考え」の国々の取り決めであり中国は交渉相手として想定されていないと考えられる。

したがって将来，アメリカ主導のデータ流通圏や EU 主導のデータ流通圏が成立しても中国はそれらの外に置かれる可能性が高い。一方，中国は「グレートファイアウォール」でグローバルなデータの流れの一部から自国を切り離し，中国が 1 つの巨大なデータ流通圏になろうとしているようにも見える。しかし地域単位あるいは国家単位のデータ流通圏が併存することになれば，シームレスなネットワークでつながれた世界が断片化することになる。

越境データ分野の地域間共生を促進するためには「信頼性のある自由なデータ流通（Data Free Flows with Trust）」の拡大が必要である。「信頼性のある自由なデータ流通」は2019年 1 月にダボスで開催された世界経済フォーラム年次総会（ダボス会議）で安倍晋三首相が提唱した政策理念であるが，同年 6 月に大阪で開催された20カ国・地域首脳会議（G20サミット）で参加国の支持を得た[17]。

真に自由でグローバルなデータの流通は，各国がデータ流通の信頼性を保障してはじめて実現するだろう。越境データ流通の規制は，個人データ

の保護を理由とすることが多いが，データプライバシーはまさに信頼性の問題である。

　そして越境データ流通の信頼性をどのように確保するかは，技術ではなく政治や外交の問題であり，関係各国の政治的，外交的努力が求められることになる。

(2) サイバー空間の持続可能な利用のための地域間共生

　越境データ流通をめぐる信頼の不足という問題を掘り下げると，データが流れる空間，すなわちサイバー空間における信頼の不足という，より大きな問題に行き着く。

　サイバー空間は IT によってつくり出された人工の空間であるが，仮想空間であるがゆえに，どの国家もサイバー空間そのものを領有することはできない。むしろサイバー空間は，すべての国と地域が利用できるグローバルな共有財（コモンズ）ないし広義の公共財であると考えられる。

　一般に，管理されない共有地は過剰に利用される傾向にあり，その結果，共有地の資源が枯渇して利用できなくなる「共有地の悲劇」が起きることが知られている。このような問題はグローバル・コモンズでも起こり得る。例えば，宇宙空間は，いかなる国家も一定の領域（空間）を排他的に支配することが不可能なグローバル・コモンズであるが，各国が宇宙空間を好き勝手に利用し，宇宙ごみ（スペースデブリ）を放出し続ければ，いずれ大気圏外宇宙の利用に重大な支障が出ることになる。つまり宇宙空間の利用を律する国際的ルールが作られなければ「共有地の悲劇」が起きるだろう（鈴木 2019）。

　サイバー空間も主権国家の領域的支配が及ばないグローバル・コモンズであるが，現在，共有地としてのサイバー空間で最も濫用されている価値ある資源は信頼であろう[18]。そもそも個人や組織がサイバー空間を利用する（例えば，インターネットでデータをやりとりする）のは「大丈夫だろう」と思うからである。しかしユーザーが不安を抱く（例えば，データの安全

が保障されないと思う）ようになればサイバー空間の利用が大幅に減少するであろう。それはITによって可能になったグローバルなネットワークのベネフィットが十分に提供されなくなることを意味する。相互に「つながっている」個人や組織が多いほど，ネットワーク化された世界のベネフィットは大きくなるからである。このままサイバー空間を律するグローバルなルールがない状態が続けば，ユーザーが集合的に持つ信頼が枯渇し，サイバー空間の利用価値は著しく低下するだろう（Hurwitz 2012）。

　現在の世界でサイバー空間が果たす役割がきわめて大きいことを考えれば，そのような事態を回避しなければならないことは明白である。地域間にはサイバー空間についてイデオロギー的ともいえる相違があるが，サイバー空間の信頼という資源が枯渇しつつあるという認識，すなわち今のままではサイバー空間から生じるベネフィットを享受できなくなるという危機感が共有されれば，サイバー空間の持続的利用のための地域間共生は不可能ではないであろう。

注

1　アメリカは2014年に約4,000億ドル相当のデジタルサービスを輸出したが，これはアメリカのサービス輸出の半分以上に当たった。Fergusson and Williams 2016.

2　データプライバシーについてEUでは「データ保護」という用語が使われることが多い。

3　2020年7月の欧州司法裁判所の判断による。

4　なお習近平国家主席は2017年12月に行った演説の中で「我々は国際データガバナンスの政策とルールの研究を強化し，中国の提案を出すべきである」と述べている。Liu 2020.

5　アメリカ，オーストラリア，カナダ，シンガポール，チリ，日本，ニュージーランド，ブルネイ，ベトナム，ペルー，マレーシア，およびメキシコ。

6　ブルネイ，カンボジア，インドネシア，ラオス，マレーシア，ミャンマー，フィリピン，シンガポール，タイ，およびベトナム。

7　日米デジタル貿易協定は，日米貿易協定と並行して交渉され，同じ日

に署名された。

8　アメリカ，オーストラリア，ブルネイ，インド，インドネシア，日本，韓国，マレーシア，ニュージーランド，フィジー，フィリピン，シンガポール，タイ，およびベトナム。

9　「自由で開かれたインド太平洋」は，2016年8月，安倍晋三首相が第6回アフリカ開発会議（TICAD VI）で行った基調演説で打ち出された構想である。

10　しかしTPP協定と異なりIPEFは市場開放をカバーしないのでアメリカは国内市場へのアクセスを交渉の梃子にすることができない。

11　サプライチェーンなど他の分野でも中国は結果的に排除される可能性があり，中国の王毅外交部長は2022年5月の記者会見で「米国がIPEFをアジア太平洋地域での経済的覇権を維持するための政治的な道具として特定の国を排除するならば，正しい道を外れることになる」と述べた。ジェトロ 2022。

12　オーストラリア，ブルネイ，カナダ，チリ，中国，香港，インドネシア，日本，韓国，マレーシア，メキシコ，ニュージーランド，パプアニューギニア，ペルー，フィリピン，ロシア，シンガポール，台湾，タイ，アメリカ，およびベトナム。

13　APECプライバシー・フレームワークは2004年および2005年のAPEC閣僚会議で承認され2015年に改定された。

14　現在，アメリカ，メキシコ，日本，カナダ，シンガポール，韓国，オーストラリア，台湾，およびフィリピンがCBPRシステムに参加している。

15　第29条作業部会は，EU構成各国のデータ保護機関の代表で構成され，GDPRの適用開始とともに欧州データ保護会議に改組された。

16　なお欧州委員会は，2021年12月に韓国に対する「十分性」の決定を公表した。European Commission 2021.

17　またG20大阪サミットで，安倍首相は「デジタル経済，特にデータ流通や電子商取引に関する国際的なルール作りを進めていくプロセス」である「大阪トラック」の立ち上げを宣言した。

18　情報もサイバー空間の価値ある資源であるが，アクセスがオープンな情報は，誰でも利用でき（非排他的である），あるユーザーが利用しても他のユーザーの利用を妨げない（非競合的である）ので，狭義の公共財であると考えられる。一方，アクセスがオープンでない情報は特定の個人や組織の所有物である。

参 考 文 献

Aaronson, S. A. [2019], "What Are We Talking about When We Talk about Digital Protectionism?" *World Trade Review*, 18(4).

Asia-Pacific Cooperation (APEC) Secretariat [2015], *APEC Privacy Framework*.

Casalini, F. and J. López González [2019], *Trade and Cross-Border Data Flows*, OECD Trade Policy Paper 220.

Casalini, F., J. López-González, and T. Nemoto [2021], *Mapping Commonalities in Regulatory Approaches to Cross-Border Data Transfers*, OECD Trade Policy Paper 248.

Economist [2017], "The world's most valuable resource is no longer oil, but data," May 6.

European Commission [2013], "Communication from the Commission to the European Parliament and the Council Rebuilding Trust in EU-US Data Flows," COM (2013) 846 final.

European Commission [2020], "Communication from the Commission to the European Parliament, the Council, the European Economic and Social Committee and the Committee of the regions A European strategy for data," COM (2020) 66 final.

European Commission [2021], "Commission Implementing Decision of 17.12.2021 pursuant to Regulation (EU) 2016/679 of the European Parliament and of the Council on the adequate protection of personal data by the Republic of Korea under the Personal Information Protection Act," C (2021) 9316 final.

European Commission [2022], "Data protection: Commission starts process to adopt adequacy decision for safe data flows with the US," press release, December 13, 2022, https://ec.europa.eu/commission/presscorner/detail/en/ip_22_7631, 2023年2月13日アクセス。

European Commission and High Representative of the Union for Foreign Affairs and Security Policy [2021], "Joint Communication to the European Parliament and the Council The EU strategy for cooperation in the Indo-Pacific," JOIN (2021) 24 final.

Farrell, H. [2002], "Negotiating Privacy across Arenas: The EU-U.S. 'Safe Harbor' Discussions," A. Héritier, ed., *Common Goods: Reinventing European and International Governance*, Boston: Rowman & Littlefield,

105-126.

Farrell, H. and A. Newman [2016], "The Transatlantic Data War: Europe Fights Back Against the NSA," *Foreign Affairs*, 95(1).

Fefer, R. F., S. I. Akhtar, and W. M. Morrison [2019], *Digital Trade and U.S. Trade Policy*, Congressional Research Service Report 44565.

Fergusson, I. F. and B. R. Williams [2016], *The Trans-Pacific Partnership (TPP): Key Provisions and Issues for Congress*, Congressional Research Service Report 44489.

González, J. L. and M. Jouanjean [2017], *Digital Trade: Developing a Framework for Analysis*, OECD Trade Policy Papers 205.

Greenleaf, G. and S. Livingston [2017], *China's New Cybersecurity Law – Also a Data Privacy Law?* University of New South Wales Law Research Series 19.

Hurwitz, R. [2012], "Depleted Trust in the Cyber Commons," *Strategic Studies Quarterly*, 6(3).

International Data Corporation (IDC) [2018], *Data Age 2025: The Digitization of the World from Edge to Core*, https://www.seagate.com/fil es/www-content/our-story/trends/files/idc-seagate-dataage-whitepaper . pdf, 2019年 3 月18日アクセス。

Kobrin, S. J. [2004], "Safe Harbours Are Hard to Find: The Trans-Atlantic Data Privacy, Dispute, Territorial Jurisdiction and Global Governance." *Review of International Studies*, 30(1).

Liu, J. [2020], "China's data localization," *Chinese Journal of Communication*, 13(1).

McKinsey Global Institute [2016], *Digital Globalization: The New Era of Global Flows*, http://www.mckinsey.com/business-functions/digital-mck insey/our-insights/digital-globalization-the-new-era-of-global-flows,2019 年 6 月 1 日アクセス。

Ministerial Text for Trade Pillar of the Indo-Pacific Economic Framework for Prosperity Indo-Pacific Economic Framework for Prosperity (IPEF) Pillar I –Trade, https://ustr.gov/sites/default/files/2022-09/IPEF%20Pil lar%201%20Ministerial%20Text%20(Trade%20Pillar)_FOR%20PUBLI C%20RELEASE%20(1).pdf, 2022年 2 月17日アクセス。

Newman, A. L. [2008], "Building Transnational Civil Liberties: Transgovernmental Entrepreneurs and the European Data Privacy Directive,"

International Organization, 62(1).

Prime Minister's Office of Japan [2019], "Toward a New Era of 'Hope-Driven Economy': the Prime Minister's Keynote Speech at the World Economic Forum Annual Meeting," https://japan.kantei.go. jp/ 98_abe/ statement/201901/_00003.html, 2021年12月31日アクセス。

Regulation (EU) 2016/679 of the European Parliament and of the Council of 27 April 2016 on the protection of natural persons with regard to the processing of personal data and on the free movement of such data, and repealing Directive 95/46/EC (General Data Protection Regulation, GDPR).

Regulation (EU) 2022/868 of the European Parliament and of the Council of 30 May 2022 on European data governance and amending Regulation (EU) 2018/1724 (Data Governance Act).

Shaffer, G. [2000], "Globalization and Social Protection: The Impact of EU and International Rules in the Ratcheting up of U.S. Data Privacy Standards," *Yale Journal of International Law*, 25(1).

Statement on Indo-Pacific Economic Framework for Prosperity, https://www.mofa.go.jp/mofaj/files/ 100347421.pdf, 2023年 2 月17日アクセス。

Suda, Y. [2018], *The Politics of Data Transfer: Transatlantic Conflict and Cooperation over Data Privacy*, London and New York: Routledge.

Sutter, K. M. [2021], *China's Recent Trade Measures and Countermeasures: Issues for Congress*, Congressional Research Service Report 46915.

Organization of Economic Cooperation and Development (OECD) [2022], *Fostering Cross-Border Data Flows with Trust*, OECD Digital Economy Papers 343.

White House [2022a], *Indo-Pacific Strategy of the United States*.

White House [2022b], "FACT SHEET: In Asia, President Biden and a Dozen Indo-Pacific Partners Launch the Indo-Pacific Economic Framework for Prosperity," https://www.whitehouse.gov/briefing-roo m/statements-releases/2022/05/23/fact-sheet-in-asia-president-biden-an d-a-dozen-indo-pacific-partners-launch-the-indo-pacific-economic-framewo rk-for-prosperity/, 2023年 2 月17日アクセス。

World Economic Forum [2019], *Exploring International Data Flow Governance: Platform for Shaping the Future of Trade and Global Economic Interdependence*.

World Economic Forum［2020］, *A Roadmap for Cross- Border Data Flows: Future-Proofing Readiness and Cooperation in the New Data Economy.*

石井夏生利［2017］,『個人情報保護法の現在と未来──世界的潮流と日本の将来像』勁草書房。

伊藤亜聖［2020］,『デジタル化する新興国──先進国を超えるか, 監視社会の到来か』中公新書。

外務省［2017］,『外交青書2017』。

外務省「大阪トラック・プロセス」https://www.mofa.go.jp/mofaj/ecm/it/page25_001989.html, 2021年12月26日アクセス。

神田茂・上谷田卓・佐々木健［2016］,「環太平洋パートナーシップ（TPP）協定の概要─アジア太平洋地域における新たな経済連携協定─」『立法と調査』376, 3-15頁。

新保史生［2001］,「個人情報保護制度の比較法的考察──米国・EU 間におけるセーフ・ハーバー協定を中心に」『憲法研究』33, 53-73頁。

デジタル庁「デジタル社会の実現に向けた重点計画」https://www.digital.go.jp/policies/priority-policy-program/#document, 2023年3月7日アクセス。

日本貿易振興機構（ジェトロ）［2018］,『ジェトロ世界貿易投資報告2018年版』。

日本貿易振興機構（ジェトロ）［2020］,「米中摩擦の中, 中国外相がデータ安全のイニシアチブを提唱」, https://www.jetro.go.jp/biznews/2020/09/1eb5671d96c323b8.html, 2021年12月27日アクセス。

日本貿易振興機構（ジェトロ）［2021a］,「データセキュリティー法, 9月1日から施行, データ越境移転の管理など規定」, https://www.jetro.go.jp/biznews/2021/06/692a61a9d416c338. html, 2021年12月30日アクセス。

日本貿易振興機構（ジェトロ）［2021b］,「個人情報の越境に関する規則制定」, https://www.jetro.go.jp/biznews/2021/08/c1f2eee763058b4a.html, 2021年12月30日アクセス。

日本貿易振興機構（ジェトロ）［2022］,「王毅・中国外相, IPEF の目的に疑問を表明」, https://www.jetro.go.jp/biznews/2022/05/43c9a8467a7e9fbd.html, 2022年2月17日アクセス。

鈴木一人［2019］,「脱領域的コモンズに社会的コモンズは構築できるか」待鳥聡史・宇野重規編著『社会のなかのコモンズ──公共性を超えて』所収, 白水社, 189-216頁。

須田祐子［2021］,『データプライバシーの国際政治──越境データをめぐ

る対立と協調』勁草書房。

宮下紘［2016a］,「EU-US プライバシーシールド」『慶應法学』36，145-179頁。

宮下紘［2016b］,「貿易協定と越境データ移転規制——米欧の交渉からの教訓」『比較法雑誌』50(3)，189-208頁。

［須田　祐子／東京外国語大学非常勤講師］

4 インターネットをめぐる国際環境の
変化と国際社会の分断

山本　達也

1　連帯と分断で揺れるインターネット

　本章のテーマは，地域間共生の未来にインターネットをめぐる国際環境の変化がどのような影響を与え得るかの手がかりを探ることにある。とりわけ，インターネットがどのように変化してきたのかという歴史と，どういった現状にあるのかという点についてデータも交えながら整理し，地域間共生への示唆を導き出したい。

　インターネットの黎明期においては，この技術が持つ脆弱さや不十分さまで含めて，未来への「希望」として捉えられることが多かったように感じられる。中でも，「簡単に国境を越えることができる」であるとか，「国境にとらわれない」といった概念が注目された。サイバースペースという，地球上に誕生した新しいフロンティアにおいては，国家の介入を排除し，サイバースペースの住人たちによる連帯とガバナンス的な自治を志向する動きも支持を集めた[1]。

　こうした「連帯」への希望と共に，「分断」をキーワードとした懸念も示された。1つのきっかけは，2000年に開催された九州・沖縄サミットであった。この年のサミットでは，国際社会が取り組むべき主要課題として「デジタル・ディバイド（digital divide）」への対策が議論された。インターネットへのアクセスを持つものと（haves）と持たざるもの（have-nots）との間で，経済面でも教育面でも情報面でも，あらゆる側面で格差の拡大が増幅されていくことへの懸念に，国際社会はどのように向き合うべきかという課題である。

　また，このサミットでは，インターネットへのアクセスを単に経済や教育分野の問題として捉えるのではなく，政治との関連性について議論された点も注目に値する。このサミットで採択された「グローバルな情報社会に関する沖縄憲章」には，「我々は，ITが持続可能な経済成長の実現，公共の福祉の増進及び社会的一体性の強化という相互に支えあう目標に資するよう確保するとともに，民主主義の強化，統治における透明性及び説明責任の向上，人権の促進，文化的多様性の増進並びに国際的な平和及び安定の促進のためにITの潜在力を十分に実現するよう努めなければならない」という記述がある[2]。期待を込めた見解との側面もあったとはいえ，この時期，インターネットに代表される情報通信技術へのアクセスは民主主義を促進させるとの見解がたびたび示されていた。

　そのことを証明したかのように見えたのが，2010年の暮れから2011年にかけて起きた「アラブの春」であった。チュニジアやエジプトといった，長年にわたって独裁的な政権が維持されてきた国々で，連鎖的な政権の崩壊が引き起こされた。「地域の変わらなさ（中東における権威主義体制の頑強さ）」が主要な研究テーマの１つとなっていた地域に，政治変動をもたらした「武器」がインターネットであり，当時勢いを増していたソーシャルメディアであった（山本 2014）。

　もっとも，その後の展開を目撃しているわれわれにとってアラブの春は，単純な「春」などではなく，時間の経過と共にほとんどの国で「冬」に逆戻りしてしまったことを知っている。シリアやリビアのように内戦状態に陥ってしまった国もあれば，エジプトのようにかつてよりも強権的な政権の誕生へとつながった国もある。

　ソーシャルメディアの技術的側面から，民主主義への負の影響も議論されるようになっている。パリサー（Eli Pariser）は，インターネット企業

がその収益を伸ばすために，価値観や考えが似通った「心地よい人びと」や「心地よい投稿」に囲まれる状況をアルゴリズム（algorithm）が実現している現状を「フィルターバブル（filter bubble）」と呼び，民主主義にとってマイナスに作用するとして警告を発した（Pariser 2011）。また，サンスティーン（Cass R. Sunstein）は，フィルターバブル現象によって，右派はより右寄りの意見に傾き，左派はより左寄りの意見に影響されることで，分極化（polarization）を招き，民主主義社会にとって重要な熟議（deliberation）を阻害すると論じる（Sunstein 2017）[3]。

九州・沖縄サミットから20年あまりが経過した今，ダイアモンド（Larry Diamond）が指摘するように，民主主義国家は「民主主義の後退（democratic recession）」と呼ばれる現象に直面している（Diamond 2015）。インターネットは，民主化を求める民衆よりも，それを抑え込もうとする権威主義的な体制をより利する形で作用しているという研究成果も提出されている（Rod and Weidmann 2015）。民主主義にとっての期待や希望のツールとして語られていたソーシャルメディアも，今では，人々の分断を増大させ，民主主義の後退の原因の一つとして批判的に捉えられるようにすらなっている（Runciman 2019）。インターネットは，民主化を促進させるどころか，民主主義の後退を後押しする存在として捉えられるようになってきたのである。

こうした背景を踏まえ，本章では，インターネットを取り巻く環境がどのように変化し，どのような現状にあるのかについて，地域間共生との関連性を念頭におきながら検討していく。以下，第2節では，インターネットをめぐる歴史的経緯を振り返りながらインターネットが国際社会に与える影響の変化について整理する。第3節では，「インターネットの自由」に関するデータも用いつつ，量的な側面からインターネットに起きた変化と現状について明らかにする。第4節では，政治体制とインターネットとの関係性に注目しつつ，地域間の技術競争がもたらす影響について議論する。最後に，第5節として，インターネットをめぐるこれらの状況が地域

間共生にとってどのような影響を与え得るのかについて検討してみたい。

2 国際社会におけるインターネットの位置付けに関する歴史的経緯

　1995年の「Windows95」の発売は，インターネットが一般の人々へと普及していくきっかけとなった。この時期を境として，ごく限られた特殊な人のみが扱うツールであったインターネットは，家電量販店経由で入手することができる手軽なツールへと変化していった。

　レッシグ（Lawrence Lessig）は，自由で匿名性が高くオープンという特性を有していた黎明期のインターネットを，Windows95時代のインターネットという意味で「ネット95」と名付けたが，こうしたインターネットの特性は決して普遍的なものではなく，技術的に「コントロールの網」をかけることは比較的容易であるという重要な論点を提起した（Lessig 1999）。同様の視点から，カラティル（Shanthi Kalathil）やボアズ（Taylor C. Boas）も，インターネットと民主主義的な政体との関係を論じるには，インターネットが元来有していた特性ではなく，技術の使われ方によってどのような性質のインターネットになっているのかという点に目を向ける必要があると論じている（Kalathil and Boas 2003）。

　権威主義的な体制の国家においても，当該国のインターネットに様々なレベルで「コントロールの網」をかけさえすれば，インターネットからの経済的な利益を受けつつ，政治的基盤の浸食を最小限に抑えるような情報通信政策を展開することは可能である（山本 2008）。自由で匿名性が高くオープンだというインターネットの設計原理は，インターネットにつながりさえすれば常にその利益を享受できるというわけではない。その意味で，問われるべきは「インターネットにつながっているか否か」というよりも，「どのような種類のインターネットにつながっているのか」だといえる。

　九州・沖縄サミットにおける「グローバルな情報社会に関する沖縄憲

章」の期待に反して，インターネットの普及は世界中の人々の交流を促進
させ，政府の透明性を高め，民主主義を強化する方向にだけ作用したわけ
ではなかった。とりわけ，権威主義体制の国家がインターネットを導入す
るに際しては，様々なレベルでの「コントロールの網」をかけることによ
って権威主義体制の基盤を強固にし，民主化の進展を阻害する要因として
機能してきた（山本 2008）。

　転換点は，フェイスブック（Facebook）やツイッター（Twitter）など，
2000年代後半から広がりを見せたソーシャルメディアの普及によってもた
らされた。一般の個人であっても「情報の発信」が容易になったのが，イ
ンターネットの特徴であるとされてきたものの，実際に情報の発信を行う
個人は極めて限定的であった。ところが，ソーシャルメディアは，どのよ
うな個人をも情報発信者にしたという意味で画期的であった。「一対多」
を基本としたコミュニケーションモデルは，本格的に「多対多」の時代へ
とシフトすることになる。

　インターネットのコントロールを行おうとする権威主義体制の国々は，
この変化のスピードに完全に対応することができなかった。ソーシャルメ
ディアを介した個々人の結びつきを基盤としたネットワークは，世の中へ
の情報の伝わり方を変えただけでなく，政治運動や社会運動における動員
方法にも新しい選択肢を与えることとなった。

　象徴的な出来事としては，2010年から2011年にかけて中東・北アフリカ
で起きた「アラブの春」が挙げられる。シャーキー（Clay Shirky）の指摘
にあるように，こうしたソーシャルメディアの状況は，世界をポジティブ
な方向に動かす原動力となり得るし，民主主義をより好ましいものに変え
得るとして大きな期待が寄せられた（Shirky 2008）。「アラブの春」以降，
民主主義国であるアメリカでも「ウォール街占拠運動（Occupy Wall
Street）」や「ティーパーティ運動（Tea Party Movement）」のように，オ
ンラインツールを活用しながら新しい形の政治運動を行おうとする機運が
高まった[4]。右派，左派，双方の陣営で，ソーシャルメディアを活用した

「新しい民主主義の形」が試されることになった。

　ソーシャルメディアが世界的に普及していく過程では，インターネットのコントロールを行おうとする政府と民衆とのパワーバランスが，民衆側有利に逆転していったように見える。確かに，「アラブの春」の事例などを見ると，ソーシャルメディアによってエンパワーされた民衆が，「一瞬の隙」を突くかのように政府によるコントロールを乗り越えることに成功している。

　とはいえ，こうした「逆転現象」は長くは続かず，コントロール志向の政府は，ソーシャルメディア時代にあっても再びコントロール力を取り戻していった。同時に，インターネットをめぐるコントロールは，単に権威主義体制の政府に限ったものではないことがはっきりとしてきた。

　この点で象徴的だったのは，2013年の「スノーデン事件」であろう。これまでもアメリカが大規模なインターネットの監視（surveillance）を実施していることは，信憑性の高い「噂」としてほぼ自明のことであったとはいえ，スノーデン（Edward Snowden）が，そのことを多数の証拠と共に告発したことは世界に衝撃を与えた。この事件は，民主主義国においては「インターネットの自由」が確保されているはずだという，ある種の幻想を打ち砕くことになった。

　背景には，サイバーセキュリティへの対策が，国家にとって極めて重要な課題として認識されるようになったことがある。「スノーデン事件」は，プライバシーの保護という民主主義的な価値と，国家の安全保障とのどちらを優先させるべきかという問いを生起したが，実際問題として政策的に国家が安全保障を犠牲にするという選択肢をとることは難しい。

　この点，2016年に行われた2つの選挙は，象徴的な事例として注目に値する。1つは，イギリスの欧州連合（以下，EUと略す）からの離脱を問う国民投票で，もう1つは，トランプ前大統領が当選を果たしたアメリカ大統領選挙である。

　2016年6月にイギリスで行われたEU離脱の是非を問う国民投票では，

ソーシャルメディアを介した投票行動の操作が行われたと考えられている[5]。この投票では，EU 離脱派が，フェイスブックの広告機能を利用し，投票行動に影響をおよぼしたいと考えるターゲットに対して「フェイクニュース」を配信したとされる。しかしながら，フェイスブックでの投稿はアルゴリズムによって取捨選択が行われている上，履歴が残らないため，証拠をつかむことが難しい。サービス提供会社には履歴が残るものの，当該企業が情報の公開に応じない限りは，どのような広告が誰にどの程度表示されたかといった情報は闇の中に埋もれてしまう。

　同年11月には，アメリカで大統領選挙が行われたが，ここでもソーシャルメディアとアルゴリズムとを組み合わせた投票行動の操作が指摘されている（バートレット 2018：79-111）。イギリスでの国民投票と共に，疑惑の的となった企業が「ケンブリッジ・アナリティカ（Cambridge Analytica）」社であった。同社は，2億3,000万人のアメリカ人に対して，インターネットの閲覧履歴，購入記録，所得記録，投票記録，フェイスブックや電話調査で収集された記録を使い，トランプ候補の選挙運動でカギとなるターゲットをグループ化し，どの程度「説得可能か」を軸にモデル化し，ターゲットグループごとに広告の種類を使い分けていったという（バートレット 2018：82-87）。

　対照的に，2020年に行われたアメリカ大統領選挙においては，2016年ほどインターネットを介した投票行動の操作が問題となっていない。その理由は，2016年の経験を経て，サイバーセキュリティを担当する「サイバー軍」がうまく機能したからだと考えられている（土屋・川口 2022）。民主主義的な価値である「プライバシーの保護」をある程度犠牲にしなくては，民主主義的な社会の制度的基盤である「選挙」への外国勢力の介入を防ぐことが難しい時代になっている。この意味でも，「安全かプライバシーか」という二者択一的な議論の答えとしては，「安全」の一択しかないという現実に，各国は直面している。

　こうした国際環境の下で，2022年2月にはロシアがウクライナに侵攻を

した。マイクロソフト（Microsoft）社の報告書によると，実際の政治的・軍事的行動の背後にはサイバー攻撃がセットとして行われていたことが明らかになっている（Microsoft Digital Security Unit 2022：7）。また，2020年7月からの1年間で，同社が国家的な脅威となる活動があったとして通知した顧客の地理的分布では，ウクライナはアメリカに次いで第2位となっており，侵攻の前年からすでにロシアからの活動が活発化していたことが窺える（Microsoft Digital Security Unit 2022：6）。

　サーバーセキュリティをめぐっては，「サイバー攻撃で亡くなった人はいない」という言い方もされていたが，懸念されていたのはサイバー兵器と通常兵器を組み合わせた「ハイブリッド戦争」であった。この点，2022年のロシアによるウクライナ侵攻は，かつての懸念が現実のものとなった本格的な戦争だと考えられる。

　ロシアとウクライナとの戦争をめぐっては，「スプリンターネット（Splinternet）」という用語にも注目が集まった。スプリンターネットとは，国境を越えて人やアイデアを結びつける役割を果たすような「世界中が共有する1つのインターネット」ではなく，断絶や分断によって「複数に分割されたインターネット」という意味である。

　戦争が始まると，ロシアは，フェイスブック，ツイッター，インスタグラム（Instagram）を遮断し，アップル（Apple），マイクロソフト，ネットフリックス（Netflix）などがロシアから自主的に撤退した。ウクライナ政府は，ICANN（Internet Corporation for Assigned Names and Numbers）に対して，ロシアで発行されたドメインの取り消しを含め技術的手段を使ってロシアをインターネットから排除する要請を提出したが，ICANNがこれを拒否するという事件も起きた。

　こうした事態を受けて，インターネットソサエティ（Internet Society）は，「インターネットを守り，スプリンターネットを阻止せよ（Defend the Internet, Stop the Splinternet）」と題する声明の発表を行っている[6]。この声明では，インターネットを地政学の手先にしてはならないということを訴

える。

　その上で，①インターネットの内部構造に関する決定を政治的に行うことは危険な前例となり，政治的，経済的，技術的な境界に沿って人工的に切り分けられた「スプリンターネット」への道へつながってしまうこと，②この過程は不可逆であり，ひとたび「スプリンターネット」状態に陥ってしまえば，元の１つの統合されたインターネットに戻ることが極めて困難になるという視点から，インターネットが「１つのインターネット」であり続けることの重要性を指摘している。

　かつて，世界をつなぎ「連帯」のツールとして機能したことのあるインターネットであるが，近年では，「分断」の方向に向けての圧力が高まっている。サイバーセキュリティ上の要請もあり，黎明期のインターネットユーザーが夢見た素朴な意味での「インターネットの自由」も，過去のものとなりつつある。

3　政府によるコントロールが強化され続けるインターネット

　「インターネットの自由」に関しては，フリーダムハウス（Freedom House）が独自の手法を用いて指標化し，年次報告書として公表している。この調査では，各対象国について「アクセスへの障害（obstacles to access）」，「コンテンツ制限（limits to content）」，「ユーザーの権利の侵害（violations of user rights）」という３つのカテゴリにおいて21の独立した指標を用いて点数化をし，インターネットの自由度をあらわすスコアを算出している。

　スコアは，０から100の範囲で示され，この数値が小さいほど，インターネットの自由が侵害されている国であることを表している[7]。また，スコアが100から70の国を「自由（free）」，69から40の国を「部分的に自由（partly free）」，39から０の国を「不自由（not free）」として分類している。はじめての調査は，2009年に15カ国を対象に行われた。2011年から対象国

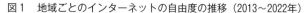

図1　地域ごとのインターネットの自由度の推移（2013～2022年）

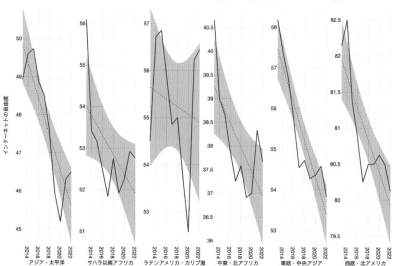

出典　筆者作成。データは，フリーダムハウスによる Freedom on the Net のスコアを使用。地域区分は V-Dem Dataset（v.12）の politico-geographic 6-category（e_regionalpol_6C）を適用。なお，地域ごとの傾向の詳細を確認するため Y 軸は同期させていない。破線は回帰直線，網掛けは95％信頼区間を示している。

を増やして調査が再開され，2013年に60カ国，2014年以降は65カ国，2021年以降は70カ国を対象に行われている。2022年時点において，全世界のインターネットユーザーの約89％をカバーしている計算となる（Freedom House 2022：5）。

　フリーダムハウスによるインターネットの自由度スコアの対象国平均は，2013年をピークに下落傾向にある。図1は，地域ごとにインターネットの自由度スコアの平均値の推移（2013年以降）を示したグラフであるが，どの地域も例外なく下落傾向にある。

　他方，図2はフリーダムハウスの調査対象国のみを抜き出し，V-Dem研究所（V-Dem Institute）が発表している自由民主主義度スコアの平均値の推移を地域ごとに示したグラフである。同じ対象国，同じ地域区分のデータであるが，インターネットの自由度が，地域に関係なく下落傾向であ

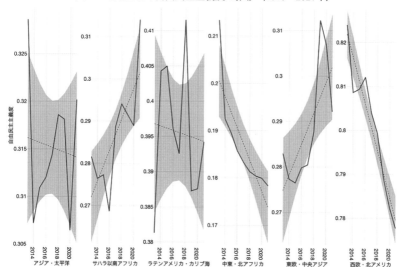

図2　地域ごとの自由民主主義度の推移（2013〜2021年）

出典　筆者作成。データは，V-Dem Dataset（v.12）を使用。地域区分は，politico-geographic 6-category（e_regionalpol_6C）を適用。なお，地域ごとの傾向の詳細を確認するため Y 軸は同期させていない。破線は回帰直線，網掛けは95％信頼区間を示している。

ったのに対して，自由民主主義度については，上昇傾向にある地域と下落傾向にある地域が混じっていることが確認できる。

　調査対象国について，過去最もインターネットの自由度が高かった年のスコアと2022年度のスコアとの差を見ると，下落幅が最も大きかったのはミャンマーとロシアという結果であった。

　ミャンマーの場合は，民主化が進むと共にインターネットの自由も拡大する方向に動いていたが，2021年 2 月のクーデターを契機に一気にコントロールが強化された。軍事政権は，インターネットの検閲体制を強化し，アクセス可能なウェブサイトを1,200ほどに絞った（Freedom House 2022：6）。主要なソーシャルメディアへのアクセスは制限され，活動家やジャーナリストなどをオンラインから排除すると共に，拘束や拷問も行われた（Freedom House 2022：6）。こうした取り締まりは，インターネットユーザ

ーに対して「自主規制」を促す効果がある。インターネットのコントロールは，オンライン上の技術的な問題として完結するものではなく，オンラインとオフラインの組み合わせでより強固なものとなる。

　ロシアの場合は，2009年の調査開始時のスコアが最高で以降は毎年のように数値を落とし続けてきた。その上，2022年のウクライナ侵攻で一気にスコアを7落とすこととなった。下落したスコアの詳細を見ると，特に「コンテンツ制限」のカテゴリでの後退が目立つ。背景には，ロシア国内の人々に対して，インターネット経由で国外のニュースに触れる機会を制限すると共に，インターネットを介して国外の人々との「連帯」が広がることを阻止したいとの思惑があると考えられる。

　民主主義国の間でも，インターネットの自由が失われる傾向は確認される。オルバン（Viktor Orban）政権が続くハンガリーは，調査対象国となった2012年以降，スコアを下げ続けながら今日に至る。特定の政治的イベントによって，一気にスコアを落とすのではなく，毎年のように後退を続けるというのがハンガリーの特徴である。2022年には，スコアを69に落とし，「自由」カテゴリから「部分的に自由」カテゴリへと転落している。

　下落幅という観点でいえば，ハンガリーと同等の下落を経験しているのが，アメリカである。バイデン（Joseph Biden）政権になって，対外的には「未来のインターネットに関する宣言（Declaration for the Future of the Internet）」の採択を主導するなど積極的な姿勢を打ち出しているが，インターネットをめぐる国内の状況については，技術関連の透明性を高めるための法整備やプライバシーに関する包括的な法整備など，監視に関する課題が積み残されたままとなっている[8]。

　全体を通して，この間進展してきたのは，インターネットガバナンスにおける国家の存在感の増大である。国境を越え，人々を結びつけると期待されたインターネットであるが，権威主義的な基盤を侵食させないという目的のみならず，サイバーセキュリティ上の要請もあって，国家によるインターネットのコントロールが強化される傾向にある。結果として，懸念

されるようになっているのが「インターネットの分断」である。

　こうした問題意識は，前述の「未来のインターネットに関する宣言」の中にも現れている。同宣言には，「インターネットの期待を再生する」と題するセクションが設けられており，「全人類にとって単一の相互接続された通信システム，開かれた『ネットワークのネットワーク』」といったインターネットの設計思想に内包されていた価値を取り戻す努力が呼びかけられている。

4　政治体制間競争の加速と技術

　近年の国際政治では，権威主義体制と民主主義体制といった政治体制間の衝突や競争が目立つようになってきている。この点，モンク（Yascha Mounk）は，冷戦の終結から30年間のストーリーとは民主主義の脆さのみならず，権威主義の強靭さを示したものだと指摘する（Mounk 2021）。また，今目撃しているのは「民主主義の後退」というよりも，権威主義体制の復活であり，こうした体制間競争が今後数十年にわたって続けられることになるだろうとの見通しを示している（Mounk 2021：163）。

　両体制間のぶつかり合いは，地域内でも地域間でも起こり得る。インターネットに関連する技術が，これら両体制間の競争にどのような影響をおよぼし得るかは，これからの地域内および地域間共生の方向性を見極める上で重要な要素となる。

　近年の技術的進展は，権威主義体制がインターネットのコントロールをより強固にする上で役に立っている。人工知能（AI）の発展にとって重要なデータ量という点においても，人々の社会生活から得られるあらゆるデータを収集し活用するという点で，プライバシーについての規制が緩い権威主義体制は有利な側面がある。もっとも，ファレル（Henry Farrell）らの研究によれば，現実はそれほど単純ではなく機械学習は民主主義国の政治的分断を増大させるという意味でダメージを与え得るかもしれないが，

権威主義体制ではフィードバックが働きにくいことから正しい現実理解を妨げ，体制を大きく揺るがす可能性もあるとの指摘も存在する（Farrell, Newman and Wallace 2022）。

　民主主義体制側は，こうした「監視国家」の状況を，自由やプライバシーが抑圧された窮屈な社会であると同時に，反体制的な動きをいち早く発見し潰していくためのシステムだとして非難するかもしれないが，権威主義体制側は，データという証拠に基づいた「科学的」な政策立案・実施を行っているに過ぎないと反論することになる。実際に，こうしたシステムは犯罪率を低下させるなど，政策的効果を上げることに成功している側面がある。

　体制間の競争は，先端的な技術競争としても激しさを増している。こうした，先端的な技術開発競争において重要な要素となるイノベーションは，どちらの体制の方が有利となるのかは，この勝負の行方を左右することになるだろう。

　この点について検討するために，V-Dem 研究所による自由民主主義度に関するデータと，世界知的所有権機関（WIPO）によるグローバルイノベーション指数に関するデータを用いて分析してみると，両者の間には正の相関関係（r =0.61）が確認される。この結果だけを見れば，自由民主主義度が高い国ほどイノベーションが起きやすく，この競争において有利であると考えたくなるが，データをより詳細に見ていくと一概にそうとも言いきれない状況が見えてくる。

　図3は，横軸を自由民主主義度，縦軸をグローバルイノベーション指数として，2021年における各国のデータをプロットしたものである。図3が示すように，政治体制とイノベーションとの間に正の相関関係が生じるのは，概ね自由民主主義度が0.5を超えたあたりからである。0.5というのは，このあたりを民主主義国と非民主主義国との閾値として考えることのできる値でもある。

　この閾値を適用し分析してみると，政治体制とイノベーションとの関係

図3 自由民主主義度とグローバルイノベーション指数との関係性

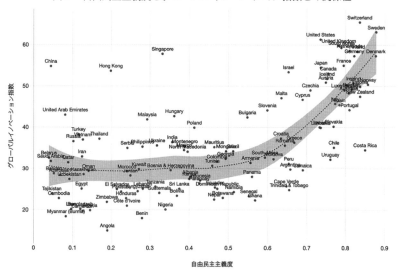

出典　筆者作成。データは，V-Dem Dataset（v.12）およびグローバルイノベーション指数（世界知的所有権機関）を使用。破線は LOESS 平滑化曲線，網掛けは95％信頼区間。なお，イノベーションが期待しにくいという観点から，世界銀行の区分で「低所得国」についてはデータから除外している。

は，民主主義国の間では比較的強い相関関係（r =0.71）があるものの，非民主主義国の間では無相関（r =0.01）であることがわかる。民主主義国の方がイノベーションを起こしやすいというのは，民主主義国の間でのみ観察される現象であって，一定の水準以下の民主主義度の国においては政治体制とイノベーションとの間に関係は見られない。それどころか，非民主主義国における技術的イノベーションの成果は，「監視国家」の強化という目的で使われる傾向があり，そこで集められたデータが次なるイノベーションの源泉になるというループが成立することで，むしろ非民主主義国の方に有利な状況が生じる可能性すらある。

　「監視国家」の度合いが強いほど，国民が政府に対して反感や不満を募らせているかといえば，こちらもそう単純ではない。図4は，世界価値観調査（World Values Survey）における「政府は国民に知らせることなく情

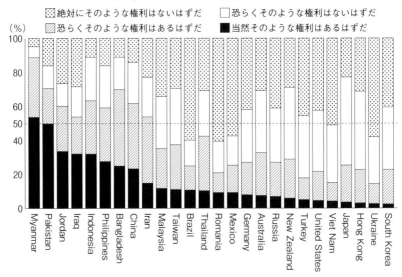

図4 「監視国家」に対する認識の国際比較

国民に知らせることなく政府が情報を収集する権利

出典 筆者作成。データは，世界価値観調査（Wave 7）を使用。破線は，50％の位置を示している。

報を収集する権利を持つべきか」という問いに対する回答結果を示したものである。図4の左側に位置する，ミャンマー，パキスタン，ヨルダン，イラク，インドネシア，フィリピン，バングラデシュ，中国，イランといった国では，設問に対して肯定的な見解を示す割合が全体の半数を超えている。

　他方，ロシア，トルコ，ベトナムなどの国は，権威主義体制でありながら同設問に否定的な見解を示す国民が過半数を超えている。「国家安全維持法」が施行されている香港でも，否定的な見解を示す人の割合が高い。こうした例外があるとはいえ，「監視国家」的な状況を肯定的に受け入れている人は，決して例外ではない。

　世界価値観調査には，「政府は，公共空間でのビデオ監視を実施する権利を持つべきか」，「政府はすべての電子メールおよびその他ネット上でや

り取りされる情報の監視を行う権利を持つべきか」という似た設問も用意されているが，各国の特徴は全体的に図4と似たような傾向を示し，割合としては肯定的に捉える人がより多いという結果になっている。こうしたデータから見ても，技術開発競争をめぐる政治体制間の分断と競争は加速こそすれ，共生の方向には進みにくい状況にあるといわざるを得ない。

5　インターネットの視点から見た技術と地域間共生

　1995年のWindows95の発売をきっかけとして，一般の人々にまで普及をはじめたインターネットであったが，当時，多くの人は「何かが新しい」と感じてはいたものの，その新しい情報通信技術が秘めている真の意味や価値を想像することは難しかった。その点，世界が，その価値を肯定的に捉えるようになる過程においては，2000年の九州・沖縄サミットが一つの転機となった。

　このサミットで注目されたのは，情報へのアクセスを持つものと持たざるものとの間での格差拡大への懸念を示す「デジタル・ディバイド」と呼ばれる概念であったが，その克服のために対外援助も使いながらインターネットの普及を推し進めようとする合意が，先進国の首脳間でなされた。世界を1つのネットワークでつなぎ合わせようとする試みは，地域間共生の文脈からもどこか未来への希望と期待をも含む動きであったと考えられる。

　他方，インターネットが全世界で広がっていくにつれて，どうやらインターネットの設計原理が有していた，自由で匿名性が高くオープンであるという特性は，インターネットに接続してさえいれば無条件で得られるものではないということも明らかになっていった。技術的にも法制度的にも，インターネットにコントロールの網をかけることはそう難しいことではないためである。

　グローバル化が本格的に進展する中で，インターネットへの接続環境を

有していることは，国際的な経済システムに参入するための必要条件だともいえる。これは，権威主義体制の国であってもあてはまる。とはいえ，テレビ，ラジオ，新聞など旧来型のメディアに対して情報統制を行ってきたような国にとって，インターネットを導入することは政治的な基盤の浸食につながりかねない。それゆえ，インターネットによる経済的な利得を得つつも，政治的な損失を最小限にとどめるという政策目標は，権威主義体制の国々がインターネットを導入するにあたり共通のテーマとなっていった。

　2000年代を通して，コントロールを課す側の政府と，それをかいくぐろうとする民衆との攻防は，概ね政府側に有利な構造で推移していった。逆転劇は，2008年頃から普及するようになった，ソーシャルメディアとスマートフォンとの組み合わせによって起きることになる。2010年の暮れから2011年にかけて発生した「アラブの春」と，「ウォール街占拠運動」に象徴されるような，その後に世界各地で行われた大規模な抗議行動は象徴的な出来事であった。コントロール志向の政府にとって，一瞬の隙を突かれた格好となったが，その後，ソーシャルメディアを含めたコントロールを取り戻していくことになる。

　これまで，「インターネットの自由」を脅かすのは，非民主主義的な国だと考えられていたが，2013年に起きたスノーデン事件は，民主主義国も例外でないことをある種の衝撃と共に全世界に示す結果となった。この事件は，治安や国家の安全保障と人権やプライバシーとのどちらを優先させるべきかという論争を巻き起こした。

　民主主義国が「インターネットの自由」を考える上でのさらなる難問は，2016年に行われたEU離脱を問うイギリスでの国民投票と，トランプ前大統領を誕生させたアメリカ大統領選挙によってももたらされた。この2つの投票では，外国勢力も関与する形でソーシャルメディアを使った介入が行われた可能性が高いことが指摘されている。これらの事例は，民主主義的な価値であるプライバシーや人権を犠牲にしてでもインターネットの監

視を行わなければ，民主主義国が，民主主義的な社会の制度的基盤となっている選挙を自由かつ公正な形で実施することが難しい国際環境にあることを意味している。

インターネットのガバナンスは，多様なアクターが対等な関係で話し合いながらルールを決めていくことを理想としてスタートした。ところが，インターネット全体の秩序形成とは別に，政府によるインターネット・コントロールの強化という動きは，必然的に国家というアクターの存在感を際立たせる結果となった。今では，国境に沿って，ある種の「壁」がインターネット上に存在するという状況が定着するようになっている。

2022年のロシアによるウクライナ侵攻が発生すると，分断されたインターネットである「スプリンターネット」が現実の課題として注目されるようになった。同時に，民主主義体制と権威主義体制という政治体制間の対立と分断も，より鮮明になっている。それぞれの陣営による技術の開発競争は，それぞれ独自の技術的発展をもたらす可能性がある。政治的な分断と共に，技術的な分断が起きる可能性も高まっている。

ただし，「スプリンターネット」と呼ばれる状況が，単に技術的な断絶であるならば，それぞれを技術的手段で再び結びつけることができるかもしれない。ところが，インターネットそのものを，ある領域ごとに複数の管理組織が分割するようになった形での「スプリンターネット」状態が発生してしまうと，再び1つに戻すためには政治的な解決が必要となる。後者の方が，解決へのハードルは高い。

その意味で，インターネットが，かろうじて「1つのインターネット」であり続けられるかどうかは，地域間共生の未来にとって重要な課題となるだろう。地域間での対話，協力，協調がなければ「1つのインターネット」でなくなってしまう可能性が現実のものとなりつつあるし，こうした努力の成果として「1つのインターネット」を保つことができていれば，それが地域間共生をさらに促進させる可能性もある。

本章が検討してきたように，インターネットをめぐる国際的な環境変化

は，統合や協調というよりは，分断や対立といった特徴を強めるような方向で推移している。客観的な状況は，地域内および地域間の共生にとって逆風といえるような状況ではあるが，決定的な分断や断絶とまではいたっていない。かつて人類が希望を見いだした技術であるインターネットを「1つ」にとどめておくことの価値を共有し続け，その努力を続けていくことができれば，その先には国際協調をめぐる一抹の期待を見いだすことができるかもしれない。

注

1 バーロウ（John Perry Barlow）による「サイバースペース独立宣言」では，既存の国家への嫌悪感と共に，サイバースペースに理想的な世界を作り上げようという思想が支持を集めた。John Perry Barlow, "A Declaration of the Independence of Cyberspace"〈https://projects.eff.org/~barlow/Declaration-Final.html〉（最終アクセス日：2023年3月3日）

2 「グローバルな情報社会に関する沖縄憲章（仮訳）」〈https://www.mofa.go.jp/mofaj/gaiko/summit/ko_2000/documents/it1.html〉（最終アクセス日：2023年3月3日）

3 もっとも，分極化に関する実証研究では，インターネット利用が分極化を促進させるとは言い切れないとする研究結果も複数提出されている。この点については，以下の文献を参照されたい。田中辰雄・浜屋敏［2019］，『ネットは社会を分断しない』角川新書。

4 ウォール街占拠運動については，たとえば，以下の文献を参照されたい。Todd Gitlin［2012］, *Occupy Nation: The Roots, The Spirit, and the Promise of Occupy Wall Street*, HarperCollins Publishers.また，ティーパーティ運動については，以下の文献が参考になる。Theda Skocpol and Vanessa Williamson［2012］, *The Tea Party and the Remaking of Republican Conservatism*, Oxford University Press.

5 ジャーナリストのキャドウォラダー（Carole Cadwalladr）は，この問題を追い続けながら記事を発表している。全体像の解説は，以下の動画（TED Talk）にて視聴可能である。Carole Cadwalladr, "Facebook's Role in Brexit – and the Threat to Democracy"〈https://www.ted.com/talks/carole_cadwalladr_facebook_s_role_in_brexit_and_the_threat_to_democracy/〉（最終アクセス日：2023年3月3日）

6 声明の内容については，以下の Web サイトを参照されたい。Internet Society, "Defend the Internet, Stop the Splinternet"〈https://www.inter netsociety.org/news/statements/2022/defend-the-internet-stop-the-splin ternet/〉（最終アクセス日：2023年 3 月 3 日）

7 フリーダムハウスは，2019年版の報告書からスコア表示の方法を反転 させており，数字の大きい国ほどインターネットの自由が確保されてい る国を表すという形をとっている。本章では，データを使った経年比較 を行う目的で，2018年以前のスコアについては，2019年以降の表示方法 に合わせて反転させた数値を採用する。

8 「未来のインターネットに関する宣言」については，以下のウェブサイ トを参照されたい。"Declaration for the Future of the Internet"〈https: //www.state.gov/declaration-for-the-future-of-the-internet〉（最終アクセ ス日：2023年 3 月 3 日）

参 考 文 献

Bartlett, Jamie [2018], *The People vs Tech: How the Internet is Killing Democracy (and How We Save It)*, Penguin Random House（秋山勝訳 [2018]，『操られる民主主義——デジタル・テクノロジーはいかにして社 会を破壊するか』草思社）.

Diamond, Larry [2015], "Facing Up to the Democratic Recession," *Journal of Democracy*, Vol.26, No.1, pp.141-155.

Farrell, Henry, Abraham Newman, and Jeremy Wallace [2022], "Spirals of Delusion: How AI Distorts Decision-Making and Makes Dictators More Dangerous," *Foreign Affairs*, Vol.101, No. 5, pp.168-181.

Freedom House [2022], *Freedom on the Net 2022: Countering an Authoritarian Overhaul of the Internet*, Freedom House.

Kalathil, Shanthi, and Taylor C. Boas [2003], *Open Networks, Closed Regimes: The Internet on Authoritarian Rule*, Brookings Institution Press.

Lessig, Lawrence [1999], *CODE and Other Laws of Cyberspace*, Basic Books（山形浩生・柏木亮二訳 [2001]，『CODE：インターネットの合 法・違法・プライバシー』翔泳社）.

Microsoft Digital Security Unit [2022], *Special Report: Ukraine an Overview of Russia's Cyberattack Activity in Ukraine*, Microsoft.

Mounk, Yascha [2021], "Democracy on the Defense: Turning Back the Authoritarian Tide," *Foreign Affairs*, Vol.100, No.2, pp.164-174.

Pariser, Eli [2011], *The Filter Bubble: How the New Personalized Web is Changing What We Read and How We Think*, Penguin Books（井口耕二訳［2012］,『閉じこもるインターネット——グーグル・パーソナライズ・民主主義』早川書房）.

Rod, Espen Geelmuyden and Nils B Weidmann [2015], "Empowering Activists or Autocrats?：The Internet in Authoritarian Regimes," *Journal of Peace Research*, Vol.52, No.3, pp.338-351.

Runciman, David Runciman [2019], *How Democracy Ends*, Profile Books Limited（若林茂樹訳［2020］,『民主主義の壊れ方——クーデタ・大惨事・テクノロジー』白水社）.

Shirky, Clay [2008], *Here Comes Everybody: The Power of Organizing without Organizations*, Penguin Press（岩下慶一訳［2010］,『みんな集まれ！：ネットワークが世界を動かす』筑摩書房）.

Sunstein, Cass R. [2017], *#Republic: Divided Democracy in the Age of Social Media*, Princeton University Press（伊達尚美訳［2018］,『＃リパブリック——インターネットは民主主義になにをもたらすのか』勁草書房）.

土屋大洋・川口貴久［2022］,『ハックされる民主主義——デジタル社会の選挙干渉リスク』千倉書房。

山本達也［2008］,『アラブ諸国の情報統制——インターネット・コントロールの政治学』慶應義塾大学出版会。

山本達也［2014］,『革命と騒乱のエジプト——ソーシャルメディアとピーク・オイルの政治学』慶應義塾大学出版会。

［山本　達也／清泉女子大学文学部教授］

Ⅲ　地域間共生と医療

詫摩　佳代

5　グローバル保健ガバナンスの現状と課題

1　はじめに

　新型コロナウイルス感染症（新型コロナ）の感染拡大について，世界保健機関（以下，WHO と略す）が国際保健規則（以下，IHR と略す）に規定される「国際的に懸念される公衆衛生上の緊急事態（以下，PHEIC と略す）」を宣言したのは，2020年1月30日のことであった。2023年5月初めに WHO によって緊急事態の終了が宣言されたが，3年以上に及ぶ長い緊急事態となった。2000年以降，感染症のアウトブレイクに対し，度々 PHEIC が宣言されてきた。2009年の H1N1 インフルエンザは2009年4月に PHEIC が宣言されて，その1年4か月後の2010年8月に解除された。2014年の西アフリカでのエボラ出血熱の流行に際しては，同年8月に PHEIC が宣言され，2016年の3月に解除されるまで1年7か月に渡り続いた。2016年2月には，アメリカ大陸でのジカ熱の流行に関して PHEIC が宣言され，同年11月に解除されるまで9か月に渡り続いた。このような前例と比べても，新型コロナの流行は異例の長さとなった。

　このような中で，さまざまな格差が生み出されてきた。欧米製の有効性の高い mRNA ワクチンが普及した欧米では，日常を取り戻している。他方，途上国ではワクチン接種率が低迷している国もあり，社会・経済活動の回復といった観点からも，世界で大きな格差が広がっている。新型コロ

ナはエボラ出血熱や新型インフルエンザなど，局地的であった昨今のアウトブレイクとは異なり，世界同時多発的だという大きな特徴がみられた。そのため，いずれの国も自国の対応で精一杯となり，ワクチンや治療薬などのリソースをめぐって，またこの禍をもたらした根源や責任の所在について，各国間で競合や対立が起きやすくなった。ただ，闘いを長引かせた理由はそれだけではない。そもそも，国境を越える保健協力を支える枠組みにも構造的な問題点があった。また，近年，各国が自国の影響力伸長の手段として，保健外交を活発に繰り広げる中，新型コロナ対応そのものが非常に政治的になってしまったという事情もある。本稿ではこのような視点に立ち，保健協力と地政学的な動きが交錯する様子を見ていく。そして，今後の地域間関係についても最後に考えていきたい。

2　国際保健協力の歴史的展開

　人類社会はペストやコレラといった感染症の流行を度々経験してきたが，その経験を通して，国境を超えた枠組みが登場してきた。保健分野，中でも感染症への対応に関しては，協力した方が互いに利益を得やすい。だからこそ，政治的対立が起きている最中でも協力が進展してきたという経緯がある。

(1)　国際衛生会議
　国境を超えた協力枠組み誕生の直接の契機となったのが19世紀初頭ヨーロッパでのコレラの流行であった。コレラはもともとアジアの風土病であったが，貿易や巡礼者の動きなど，国境を越える動きを媒介として19世紀初頭以降，世界各地へ伝播した。とりわけ当時のヨーロッパは産業革命を経て都市化の拡大が起きており，コレラが流行するには絶好の温床であった。このような環境ともあいまって，イギリスでは1831年の最初の流行に続き，1848年，1854年，1866年と4回の流行が見られた（小川 2016）。

コレラの流行に対しては，ヨーロッパ各地で対応のための法整備や下水道や居住環境等の見直しが行われたが，対策として十分とはいえなかった。たとえ国内のシステムを改善したとしても，感染症は国境を超えて流入してくるからだ。フランスやドイツをはじめとするヨーロッパ大陸部の国々は，港で厳しい検疫を課すことを主張した。これに対して，その経済を海外植民地との貿易によって支えられていたイギリスは，海港検疫による経済的損害を回避するべく，検疫強化には反対の意向を示した。こうした各国の温度差を埋め合わせ，感染症対応の国際条約を策定する目的で1851年以降，ヨーロッパ主要国の間で定期的に国際衛生会議が開催されるようになった（Howard-Jones 1975）。

　しかし，加盟国の合意形成は容易ではなく，約半世紀に渡って合計12回の会議が開催された。他方，この会議は第一次世界大戦に向かって国際関係が悪化していく中でも，多国間協調の場であり続けた。例えば普仏戦争後の1874年の会議には独仏両国が参加，三国同盟と三国協商が対立を深めていく20世紀初頭にも，ヨーロッパ主要国が集う形で国際衛生会議が開催された。また単発的にではあるがアメリカ，日本，中国といった非西欧諸国も会議に参加した。国際関係が悪化する中でも，国際協力により感染症の管理を行っていこうという各国の熱意が存在していたことが窺える。

　半世紀に渡る長い協議の末，1903年にようやく史上初の国際衛生協定（International Sanitary Conventions）が締約された。当該協定の下で加盟国は，領域内で特定の感染症（コレラとペスト，1912年に黄熱病が付け加わる）が発症した際には互いに通知すること，感染している船や人に対する共通の対処法が定められ，規定に違反した場合には罰金を課すことも定められた。このほか当該協定を運用するために国際機関を設立することも合意され，1907年にはパリに国際公衆衛生事務局が開設された（Howard-Jones 1975）。国際衛協定はその後，WHO に引き継がれ，国際環境の変動に伴って必要な改正——例えば，1981年の改正では，天然痘の根絶を受けて，天然痘がその対象から外されるなど——を度々経てきた。他方，国境を越

える感染症に加盟国の協調行動によって対応していこうという趣旨は，現在に至るまでほとんど変化しておらず，その意味で国際衛生協定はグローバル・ヘルス・ガバナンスの土台を築いたともいえる。

(2)　国際連盟の保健協力

　このように20世紀初頭において，感染症対応の国際条約とそれを監督するための国際機関が存在していたが，それでは十分とはいえなかった。第一次世界大戦後，東欧でチフスが流行した際，ポーランドが国際公衆衛生事務局に支援を要請したが，対応できなかった。そもそも大規模な感染症に対応するために専門家スタッフ等を備えていなかったためである。また国際衛生協定はコレラ，ペスト，黄熱病という特定の感染症のみを扱い，第一次世界大戦時に流行したインフルエンザやマラリアは対象としていないという問題点も明らかとなった。

　このような限界を埋め合わせるべく奮闘したのが国際連盟であった。第一次世界大戦後にヨーロッパで広がったチフスについて，国際連盟は感染症委員会を設置して対応に当たり，その活動が国際的に評価され，1923年に常設の保健機関（国際連盟保健機関）を設立した。国際連盟保健機関は広義の「健康」の実現を目指し，そもそも病気にかからないように栄養価の高い食事を取ることを推奨したり，公衆衛生インフラの整備に取り組むなど幅広い事業に従事した。国際連盟の活動と「健康」の解釈は，今日の保健協力にも引き継がれている。

　他方，国際連盟保健機関の活動は国際政治と密接に関わり合う側面もあった。より具体的には，国家間の対立・緊張関係が保健事業に反映されるケースや，逆に保健事業が政治的対立の緩和剤として用いられるケースもみられた。その顕著な事例はドイツをめぐるものであった。第一次世界大戦で敗戦国となったドイツは近隣国の反対もあり，国際連盟に加盟できなかった。他方，医学大国ドイツを保健協力から除外することはあまりにも非合理的であった。国際連盟保健機関は早いうちからドイツとの協力関係

を模索し，専門家会合にベルンハルト・ノホトら，ドイツ人研究者を招待していたが，フランス，ベルギーは会議への参加を拒否することもしばしばみられた。

　しかし，1925年にロカルノ条約が締結され，1926年にドイツが国際連盟に加盟すると，ヨーロッパ国際関係は協調の時代に入った。保健協力もその影響を受け，1926年以降は，例えばノホトが率いる研究所がマラリアの人材育成事業を展開するなど，保健事業はドイツと連盟をつなぐ重要な連結点となり，その機能は1933年にドイツが国際連盟を脱退すると通告した後も存続した（Borowy 2009）。

　日本も国際連盟保健機関の事業を通じて，アジアにおける衛生先進国であることを世界にアピールし，国際的ステイタスの向上を図ろうとした。シンガポールに設置された国際連盟保健機関分局の次長ポストを10年以上にわたり独占し，著名な栄養学者を国際連盟に派遣し，栄養改善に寄与するなどした。日本はドイツと同じく，1933年に国際連盟に脱退通告を行うが，その後も保健協力にはとどまり，その関係は1938年まで続いた。国際連盟の事務総長と日本の外務省の国際協調派は保健協力が日本と国際社会の連結点となることを期待したが，修復不可能な日本と国際社会の関係を埋め合わせるには，保健協力はあまりにも無力であった（安田 2014）。

(3)　戦後国際秩序の基盤としての WHO

　戦前，アメリカは国際連盟に加盟しなかったが，非公式な形で連盟の保健協力に参加していた。そのアメリカは第二次世界大戦が始まると，国際連盟保健機関の官僚をワシントンやロンドンにアドバイザーとして招き，またワシントンに保健機関の分局を設置するなどして，連合国陣営の感染症管理に役立てようとした。そうした経験から，戦後の保健協力の機関の設立にも早くから意欲的な姿勢をみせ，保健機関の官僚たちに連盟の経験をベースとして戦後の保健機関の憲章を起草するように指示した（安田2014）。

この時期のアメリカは保健協力に限らず、食糧、経済・金融など機能的国際機関の設立に熱心であった。例えば1943年には連合国食糧農業会議を招集し、国連食糧農業機関（Food and Agriculture Organization, FAO）の設立を導いたし、翌1944年にはブレトン・ウッズ会議を招集し、世界銀行と国際通貨基金の設立を導いた。国家間が比較的合意しやすい機能的問題に取り組む国際機構を設立することで、より合意が難しい分野の協調につなげたい、戦後の国際秩序の土台としたいというアメリカの期待がその背景には存在したのであった。

　そのようなアメリカの思いはWHOの組織体制にも反映されることとなった。1946年6月にWHO憲章起草のための国際保健会議がニューヨークで開催されると、イギリスやソ連は国連非加盟国のWHOへの加盟には慎重な姿勢を示した。他方、アメリカはすべての国に加盟への道が開かれるべきだと主張して譲らなかった。上述の通り、アメリカは保健や食糧など機能的協力に平和の土台としての役割を期待したが、その前提として、加盟への門戸を広く開くことを重視したためであった。こうして設立後のWHOには独立まもない国や敗戦国が参加した。日本も国連加盟より前の1951年にWHOに加盟した（Takuma 2017）。

(4)　冷戦下での米ソの協力

　設立後のWHOは米ソの冷戦対立の影響を受けることもしばしばあった。例えばソ連は1949～1955年までの間、WHOでの活動を休止、WHOに復帰した後も当時WHOのマラリア根絶プログラムをバックアップしていたアメリカに対抗して、天然痘根絶事業を提案した。ソ連の提案に対し、西側の国々は冷ややかな視線を送っていたが、皮肉なことにそのプログラムが動き出すきっかけとなったのがアメリカの動きであった。1965年アメリカはベトナム戦争で失墜した信頼を回復するべく、ソ連の提案に支持を表明、二大覇権国のワクチンとリソースを活用する形で、WHOの天然痘根絶事業が始まった。当時、国連安保理は米ソの対立で機能不全に陥

っていたが，WHO が米ソに細やかな配慮を行った結果，双方から協力を引き出し，根絶へと導いたのであった。

　米ソは冷戦下において，ポリオワクチンの開発においても協力した。当初，不活化ワクチンが主に利用されていたが，不活化ワクチンは注射で接種するので，医療関係者でなければ接種ができず，高価であるという問題点もあった。このような問題点に対処するべく，アメリカの医学者アルバート・セービンは生ポリオワクチンの開発に取り組んだ。生ポリオワクチンは注射ではなく，経口接種なので，口に垂らすだけで，誰でも簡単に多くの人に接種できるという利点があった。セービンの開発した生ポリオワクチンの安全性と有効性を証明するためには，数百万人の被験者が必要だったが，アメリカではすでに不活化ワクチンの接種を受けた人がほとんどであったため，被験者となれる人が多くはなかった。スターリン下のソ連はたとえ国民の健康のためとはいえ，アメリカとの協力には消極的であったが，1953年にスターリンが亡くなると，ソ連の当局者はポリオ患者の増加を憂慮してアメリカとの協力を模索するようになった。米国務省も生ポリオワクチンの開発に当たって米ソの協力の必要性を認識し，こうして1956年以降，生ポリオワクチンの実用化に向けた米ソ研究者の協力が始まった。ソ連とその衛星国では，アメリカで開発された生ポリオワクチンワクチンの大規模臨床実験が実施され，実用化が実現，1988年には生ポリオワクチンを活用する形で，ＷＨＯのポリオ根絶プログラムが始まった。

　総じて冷戦期の米ソは，政治的に激しく対立しつつも，保健分野では協調した。WHO の米ソに対する細やかな配慮に加え，協力した方が多くを得られるという，米ソ当局者の柔軟な姿勢によって，政治的対立を乗り越え，天然痘根絶，ワクチン開発という偉業を成し遂げたといえる。この事実は，新型コロナ対応に対して大きな示唆に富んでいる（スワンソン2011）。

3　グローバル・保健ガバナンスの現状

(1)　アクターの多様化，ガバナンスの分散化

　以上のような歴史的展開をみせてきた保健協力であるが，昨今は環境の変化により，さまざまな現代的特徴がみられる。そもそも，保健医療分野のグローバル・ガバナンス（保健ガバナンス）とは，国家のみならず，非国家アクターも含み，人間の健康に関するグローバルな課題に，公式・非公式さまざまな方法を用いて取り組む協力体系のことを指す。もともとこの分野の協力体系は上述の通り，国家間の公式の手続きに依拠していたので，「国際保健（international health）」という呼称が一般的であったが，多様なアクターによって構成される複雑なアリーナと化すにつれ，「グローバル・ヘルス（global health）」という呼称にとって代わられてきた。近年の保健ガバナンスには 2 つの特徴を見出すことができる。第 1 はアクターの多様化である。保健ガバナンスの中枢とも言える WHO は戦後，「唯一の国際保健機関」として設立された。しかし保健分野における課題の多様化，グローバル化に伴う争点連携等を背景に，世界銀行やユニセフなど他のアクターも幅広く保健分野に参画するようになった。開発の一部として保健問題が位置付けられるようになったことは，その直接的な契機となった（Youde 2012）。

　その後，WHO が HIV/AIDS への取り組みにおいて適切なイニシアティブを果たせなかったことも，国連合同エイズ計画（UNAIDS）などの新たなアクターの台頭や競合を招く原因となった。国家と非国家アクター（NGO，市民社会組織，民間セクターなど）が，HIV/AIDS の撲滅や新薬・ワクチンの開発，治療へのアクセス拡大など，特定の課題に関してフレキシブルな連携を築くパートナーシップ（public-private partnership；以下，PPPs と略す）も登場した。2002年に設立されたグローバルファンドは PPPs の典型であり，このほか，HIV/AIDS ワクチンの R & D（研究開

発）のためのパートナーシップとして誕生した The International AIDS Vaccine Initiative（IAVI）や，航空券連帯税を利用して HIV/AIDS，マラリア，結核の治療へのアクセスを拡大しようという UNITAID も PPPs の好例である。以上のような PPPs の出現と発展において重要な役割を果たしてきたのが，2000年に設立されたビル＆メリンダ・ゲイツ財団（Bill & Melinda Gates Foundation：以下，BMGF と略す）である。BMGF は上述のいくつかの PPPs の主要なアクターであることに加え，WHO に対しても多くの寄付金を投じており，当機関の意思決定に大きな影響力を行使している（Youde 2012）。

　以上のようなアクターの増加は，活動資金を確保することに加え，問題への国際的関心を高め，またワクチンや治療法の開発を促したり，途上国における治療へのアクセスを拡大することにも大きく貢献してきた。他方，保健ガバナンス全体を俯瞰した際，分散化や求心力の低下という問題を招いてきた（Kickbusch, et al. 2015）。

(2)　保健外交という側面

　近年の保健ガバナンスにおける第2の特徴は，影響力ある国家による保健外交という側面である。保健協力における伝統的なアクターである国家は，以上のような保健ガバナンスの変容の中で，役割を相対化させてきた側面があるものの，依然，重要なアクターであり続けている。古くは各国の保健省を通じた関与が一般的であったが，近年では外務省や国際協力・開発庁を通じて，特定の国のあるいは世界全体の保健システムの向上を目指した関与が増えている。またその際，自国の政治的影響力の拡大や何らかの政治的目的が付随している場合が多い。本稿ではこれを「保健外交」と呼ぶ（詫摩 2020）。

　変化の背景としては，保健問題が公衆衛生という専門的な領域の課題から，広い範囲に影響を及ぼす安全保障上の課題として位置付け直されてきたことが関係している。グローバル化が著しく進展した今日の国際社会に

おいては，一旦どこかで感染症の大流行が始まれば，その影響は世界大であり，たとえ感染を免れたとしても，安全保障，経済，産業など多局面でその影響を免れ得ない。そのような認識に立ち，感染症の問題は国連安保理や先進国首脳会議（サミット）など，ハイレベルで扱われる機会が2000年以降，格段に増えた（UNSC Resolution 1308 2000）。こうした変化を背景に，各国が国際的影響力を高めたり，自らの構想を実現する上で，保健外交は重要な手段と位置付けられてきた。新型コロナをめぐる各国のワクチン外交も，その延長線上に位置付けられる。

4 新型コロナ対応への地政学のインパクト

(1) 政治的対応としての新型コロナ対応

　以上のような保健ガバナンスの特徴は，新型コロナ対応にも大きな影を落としてきた。そもそも，新型コロナ対応は国内的にも国際的にも非常に政治的な対応となった。ウイルスの影響が人間の健康のみならず，経済・社会活動と，広く社会の隅々にまで影響を与えるからこそ，政治家にとってみれば，その対応を一歩間違えれば政権の命取りになる。だからこそ，その対応が非常に政治的なものとなった。その様子はアメリカのトランプ大統領の態度からも明らかだ。2020年2月7日，当時のトランプ大統領と習近平国家主席が電話会談をした際，トランプ大統領は中国の対応を完全に支持する，アメリカには専門家の派遣など，さまざまな支援を行う用意があると申し出ていた。その対応が大きく変化したのが2020年3月だった。アメリカで劇的に感染者数が増加したのだ。秋に大統領選挙を控えていたトランプ政権は，国内から対応の悪さを批判され，それが大統領選挙に影響を与えることを懸念した。その後のトランプ大統領の中国やWHOに対する態度は大きく硬化した。新型コロナウイルスのことを「武漢ウイルス」と呼んだり，WHOに対する批判を強めたのもその時期以降だった。トランプ米大統領は2020年4月，WHOが「あまりにも政治的で，中国寄

りである」と批判，WHO に対する拠出金を停止すると述べた。そして 7 月初旬には国連に対し，WHO 脱退を正式に通告した（Cohen, Zachary, Hansler, Jennifer, Atwood, Kylie, Salama, Vivian, and Murray, Sara 2020）。対する中国の王毅外相は「コロナを懸命な努力により制御した」，「コロナ問題を政治化し，WHO を中傷するものがいる」と暗にアメリカを指しつつ反論した（Kabakci 2020）。いずれの国の首脳にとっても，新型コロナ対応は選挙への影響，国際的な評判への影響などが懸念され，その対応は極めて政治的なものとなった。

(2) 国際的な求心力の欠如

　そのような中でも，保健ガバナンスがうまく機能していれば，少し状況は違ったかもしれない。戦後の保健ガバナンスにおいて，形式的にはその中心役に WHO が位置付けられ，規範の設定や健康格差の調整を行うことが期待されてきた。国際社会では基本的に，国際機構や国際法は拘束力や強制力を持たない。そのような中でも，国際機構や国際規則が提示するさまざまな規範をベースとして，ある種の調和した行動がみられてきた。ポリオの地域的根絶や天然痘の根絶，エイズの治療薬の普及といった偉業は，こうした仕組みの下で達成されてきたといえる。他方，近年では前述の通り，アクターの多様化，WHO の求心力の低下により，保健ガバナンスの分散化という問題が指摘されてきた（Kickbusch, et al. 2015）。

　そのことが今回のパンデミックに際して，さまざまな形で明るみに出た。国際保健規則（IHR2005）の履行に関しても，またリソースの公平な分配に関しても，調和した行動はほとんど見られなかった。IHR は領域内のサーベイランスや水際対策，WHO への一定時間内の報告義務など，感染症対応のための各種義務が定められているもので，国際環境の変動に応じて，数々の改正を経てきた。最近2005年の改正では，対象が特定の感染症から自国領域内における「国際的に懸念される公衆衛生上の緊急事態」へと拡大された。この改正は9.11同時多発テロを受け，炭素菌ウイルスなど

を用いたテロの危険性が高まったことを反映したものであり，これらの事象が発生した場合，加盟国は評価後24時間以内に WHO へ通達することが義務付けられた。2005年の改正ではさらに，感染拡大防止のための対策は社会・経済に与える影響を最小限に止めるよう配慮すべきことも加えられた。SARS 発生時，WHO がカナダや中国の一部地域への渡航禁止勧告を出し，それが大きな経済的損失をもたらしたことへの反省であった。以降，WHO は今回の新型コロナも含め，渡航禁止勧告を出していない。

　しかしいずれの機能も今回のパンデミックでうまく機能したとは到底言い難い。中国が WHO に新型コロナに関する報告を行ったのは2019年の大晦日であったが，少なくとも同年12月以降，さまざまな異変が確認されていたとされる。IHR で定められた「評価後，24時間以内に WHO に通達する」という規定は正しくは守られなかったのである。また，オミクロン株の出現時など，WHO は IHR に基づき，国際交通及び取引に対する不要な阻害を回避する目的で，たびたび渡航規制を撤廃や緩和を加盟国に勧告してきたが，それが実行に移されることはほとんどなかった。規則の履行を強制するような仕組みが存在せず，あくまで各国の自発的な協力に依拠する仕組みの限界が明らかとなった形だ。

　国際機関に対する信頼の欠如も大きく響いた。各国の自発的な協力が機能するためには，組織や枠組みに対する信頼が不可欠である。しかし，残念ながら WHO への国際的な信頼は，初動で大きく低下した。2020年の1月23日に複数の国で人から人への感染が見られる中，PHEIC の宣言を見送ったこと，1月末に中国を訪問したテドロス事務局長が中国の対応を賞賛するなどの一連の行動ゆえに，WHO の中立性や独立性に対する信頼が大きく揺らいだのである。その後の WHO の勧告は悉く無視された。各国は個々バラバラに行動し，連帯の欠如という帰結がもたらされたのであった。

(3) ワクチン外交

　各国の保健外交としての側面も，新型コロナ対応に際してクローズアップされた。医薬品へのアクセスに先進国と途上国で格差があるのは何も目新しいことではなく，新型コロナワクチンをめぐっては予め，格差を予防するために，史上初の公平供給を目指す枠組み COVAX ファシリティが設立された。他方，制度が整えられたからといって，ワクチンが公平に分配された訳ではなかった。実際，COVAX によるワクチン供給は2021年2月から始まったものの，順調にワクチン供給が進まない一面が観察された。その間を縫うように，二国間ベース，あるいは有志国の枠組みを通じたいわゆるワクチン外交が活発に展開されてきた。例えば中国の李克強首相は2020年8月にメコン開発協力の加盟5か国に対し，中国産ワクチンを優先的に供与する約束をした（South China Morning Post 2020）。この時までに中国はブラジル，インドネシア，フィリピンにも優先供給を約束していた。ワクチンはマスクよりも希少価値が高く，供与と引き換えに，南シナ海での行動に支持を得るなど，外交ツールとして機能させる意図もあるとされる（Wall Street Journal 2020）。実際，エジプトは中国と現地製造に関する合意を締結した後の2021年6月，国連人権理事会で「香港，新疆ウイグル，チベットの問題は中国の内政であり，他国が干渉すべきでない」と謳った共同声明を支持しており，王毅外相自身，ワクチンに関する両国の戦略的パートナーシップにとって「最善の時期」だと言及するほどであった（South China Morning Post 2021）。中国はエジプトの他にもモロッコやインドネシアにもワクチンの現地製造協力を行っており，その影響が新型コロナ対応にとどまらず，中長期的なインパクトも見込まれる。

　アメリカについても，国内のワクチン接種の目処がたった2021年4月頃から中国に対抗して，二国間，COVAX への寄付，インドに日本，アメリカ，オーストラリアを加えた4か国の外交・安全保障政策の枠組み「Quad（クアッド）」を通じて，ワクチンの寄付とワクチン製造能力拡大に向けた支援，コールドチェーン支援などに取り組んできた。しかし，こう

したワクチン外交では戦略的な意図が目立ったことも事実である。2021年末に米外交問題評議会が公開したデータによれば，アメリカ，ヨーロッパ，中国，日本，オーストラリアらのワクチン外交の支援先は，世界で最もワクチン接種率が低いサブサハラアフリカではなく，アジア太平洋地域に集中していた（Council on Foreign Relations, Visualizing 2022）。これは，中国によるワクチン外交の主な対象が，アジアや中南米の中所得国に集中していたことを意識したものと推察される。

5　地政学的動向と連動する保健協力

　国際機関の主導力の低下，民主主義国家と権威主義国家の対立の激化等の影響を受けて，今後も感染症の備えと対応に関しては，グローバルなレベルで合意を形成することが難しい状況は続くと予測される。実際，具体的な争点がいくつか存在する。その最たるものは，IHR 改正やパンデミック条約に関するものである。パンデミックの経験を踏まえ，IHR の見直しや各種改革が進められているが，国際社会の分断を反映して，その動きは順調ではない。IHR 改正と並んで，2021年11月の WHO 総会では，パンデミックの備えと対応を強化するための新たな装置，いわゆるパンデミック条約の創設に向けて，交渉を開始することが合意された。他方，その具体的な内容に関しては，異なる各国の立場を調整するという難題が残っている。

　第二次世界大戦後，保健協力を含む機能的国際協力は，創設者たちによって国際協調の基盤となることを期待された（詫摩 2018）。「非政治的」な協力の積み重ねが，「政治的」な領域の合意の土台となるのではないかという期待である。しかし，脅威が多様化した今日において，感染症をめぐる協力を「非政治的」と位置付けることはもはや不可能であり，地政学的な動向との連動を免れ得ない。新型コロナの発生源をめぐる米中の激しい応酬は記憶に新しく，ロシアによるウクライナ侵攻も，保健ガバナンスに

影を落としつつある。双方をメンバーとする WHO 欧州地域局では，5月半ばにロシアの侵攻を非難する決議と，現在モスクワにある非感染症疾患のための WHO オフィスをロシア国外に移管するよう WHO に求める決議が採択された（WHO Regional Committee for Europe）。5月末の WHO 総会でも，ロシアの行動を非難する決議が採択された。今後，ロシアが一層の孤立を深めれば，保健協力においてもそれと連動する動きが深まると予想される。

6　重層化する保健ガバナンス

(1)　重層化する保健協力

　その一方で，著しい相互依存の網の中にいる我々にとって，他者と協力する必要性自体は衰えていない。各種感染症の脅威や，細菌兵器の脅威も依然大きい。つまり地政学的な分断とは裏腹に，他者と協力する必要性自体は全く衰えていないのだ。ただし，各々にとっての「他者」の意味するところが，不特定の他者ではなく，価値を共有する同志に限定されつつある。実際，コロナ禍では地域ベース，二国間ベース，有志国間ベースでの実質的な保健協力が活発化してきた。米アメリカン大学のアミタフ・アチャリア教授は2014年に出版した *The End of American World Order*（2nd edition 2018）の中で，米欧の覇権を基軸とするリベラル国際秩序が衰退し，代わりに国際機関，有志連合，地域組織，新興国，民間アクターらがそれぞれの影響力を発揮しながら協働する重層的な秩序（マルチプレックス・ワールド）が生まれつつあると説いた（Acharya 2018）。保健ガバナンスについても同様の現象がみられ，それがコロナ禍で進展したとみることができる。

　新型コロナワクチンをめぐっても同盟国や有志国，勢力圏内でワクチン外交が活発に展開された。WTO でワクチン特許解放の議論が膠着し，WHO が設置した mRNA ワクチンの技術移転ハブが順調に機能しない中，

中露によるインドや中東へのワクチン技術移転が進み，欧米の製薬会社によるアフリカでのワクチン製造拠点設置の動きがみられてきた。地域レベルでの協力の進展もみられた。アフリカでは大陸内部のワクチンの調達や供給を行う組織が設立され，またアフリカ医薬品庁設立に向けた動きも加速した。グローバルな枠組みの綻びを補完する役割を，他の枠組みに求める動きが活性化しているのである。

　保健ガバナンスが重層化していく中で，グローバルな枠組みが無用かといえば，そうではない。国際社会の中で，中心軸となる規範やルールを整備し，各レベルのガバナンスの整合性をとる役割が今後も期待されるからだ。目下の課題は，パンデミック条約の創設と IHR の改正である。パンデミック条約に関しては，地政学的な分断があまりにも大きく，成立を不安視する見方もあるが，IHR では拾えないパンデミックに関する課題を拾い，ポスト・コロナの基盤となる規範—人間と動物，環境の健康を一体と捉えるワンヘルスや，公平性の原則—を盛り込み，締約国のコンプライアンスを確保する制度を併せて設けることが期待される。

(2)　活性化する地域協力

　ただし，グローバルなレベルでの規範を整えるだけでは，あまりにも心許ない。並行して，サーベイランス体制の強化や医薬品の開発・製造能力の構築，緊急時の情報共有のメカニズムなどについて，実質的な措置が国，地域，有志国間といった重層的なレベルで整えられていくと予想される。とりわけ地域レベルの協力は重要だ。歴史的にみても，保健協力においては，グローバルなレベルに先駆けて地域レベルでの協力体系が進展してきた。感染症はアフリカにおけるマラリアやアメリカ大陸における黄熱病というように，地域によって異なる課題に直面するからだ。アジアでも戦前，国際連盟保健機関シンガポール感染症情報局という組織が存在し，地域的保健協力の拠点となっていた（Takuma 2023）。戦後は WHO の下に 6 つの地域局が設立されたこともあり，地域別保健協力が発展したものの，地域

間の閉鎖性が高く，必要なときに地域間が助け合えないという問題点も引き起こした。それでもなお，地域レベルの保健協力の意義とは，グローバルなレベルでの協力を補完するというものだろう。新型コロナ対応をめぐって，グローバルなレベルでの協力に関するさまざまな綻びが明らかになったからこそ，地域レベルでの協力を見直す動きが活性化している。欧州連合（以下，EUと略す）は従来，公衆衛生分野の域内協力に積極的ではなかったが，新型コロナ対応や新型コロナワクチン調達等に関して共同歩調をとることができなかった経験を受けて，2020年秋に欧州保健連合（European Health Union）の設立に向けて舵を切り始めた。域内での医薬品や医療機器の供給状況のモニタリング，ワクチン治験やワクチンの有効性・安全性に関する情報や研究のコーディネート，またEUレベルでのサーベイランスシステムの整備，加盟国内で病床使用率や医療従事者数などデータの共有などを通じて，公衆衛生上の危機に対する地域レベルでの備えと対応を強化する狙いがある（European Commission 2020）。近隣諸国と情報共有システムを構築したり，緊急時の対応に関する覚書を結ぶことは，グローバルなレベルでの対応枠組みを補完することにつながる。

　ラテンアメリカでは，WHOアメリカ地域局が2021年9月に，新型コロナワクチンの域内製造を推し進めるための地域的プラットフォーム（Regional Platform to Advance the Manufacturing of COVID-19 Vaccines and other Health Technologies in the Americas）の設立を発表した。アフリカでも新型コロナを契機として，地域内協力の重要性が再認識され，アフリカ疾病予防管理センター（以下，アフリカCDCと略す）が中心となり，サーベイランスや検査，必要物資やワクチンの調達等に努めてきた。大陸内部の医薬品・医療用品の調達を担う地域内枠組みとしてアフリカ医療用品および医薬品プラットフォーム（Africa Medical Supplies Platform）も設立され，アフリカ連合（AU）やアフリカCDC，国連アフリカ経済委員会など地域の組織間でパートナーシップとして，アフリカにおける域外からの医薬品調達にもおいても大きな役割を果たしている。アフリカでは新型コロナを

きっかけとして，域内でのワクチン自給率を高めようという動きも高まった。アフリカはワクチン輸入率が高く，2021年4月，アフリカCDC長官は現地の生産能力を高めることで，2040年までに輸入率を40％にまでさげることを目指すと宣言した。アフリカでは，WHOやCOVAXといったグローバルな枠組みへの批判や懐疑心が地域的な枠組みを補強しようという動きにつながっているといえる。有志国による関与も活発化している。上述の通り，クアッドは2021年春以降，インド太平洋諸国に対するワクチン支援は製造能力拡大支援，コールドチェーン支援などに取り組んできた。

7　おわりに——地域間共生に向けて

　日本をはじめとする関係各国には，このように重層化していく保健ガバナンスの中で，限られたリソースをどのチャンネルにどれだけ割り当てるのかという難題に直面しつつあるし，また各枠組みの間の重複を避け，整合性をとっていくというバランス感覚も必要となる。困難な作業となろうが，一方で，各地域間の連携を深めるチャンスともいえる。

　上述の通り，コロナ禍では，地域レベルの協力が進展した。他方，各々のグループや地域が実質的な協力を進展させれば，自ずと地域間，あるいはグループ間の格差が生じる。とりわけアフリカ地域の医薬品製造能力強化やサーベイランスの強化には，域外国や企業，財団等の積極的な財政・技術支援が不可欠である。とりわけ先進国はこうした支援を円滑化することに努める必要がある。新型コロナの検査・治療・ワクチンの開発・生産を加速し，公平なアクセスを実現するための国際協働枠組みACTアクセラレーター（Access to COVID-19 Tools（ACT）Accelerator）の見直し，強化にも積極的に関与すべきことはいうまでもない。

　アジアに関してもパンデミック下で，ASEAN感染症センターが設立されたり，韓国にWHO Biomanufacturing Training Hubが設立されたり，地域レベルでのイノベイティブな試みが見られた。特に，2022年に設立さ

れた韓国の WHO Biomanufacturing Training Hub はワクチン，インスリン，がん治療薬などの生物学的製剤の生産を希望するすべての低・中所得国にサービスを提供するグローバルなハブを目指しており，現時点では，バングラデシュ，インドネシア，パキスタン，セルビア，ベトナム等が参画予定であるが，うまくいけば，グローバル，リージョナル，ナショナル，ローカルをつなぐことが期待される。医薬品へのアクセス格差解消に向けた地域的エコシステム構築に向けて，日韓，あるいはクアッドと韓国との協力の可能性を探る必要性があるかもしれない。また，日米やクアッド，日本―東南アジア諸国の既存の協力枠組みを，アジア太平洋というより広域的な地域に拡大していく努力も併せて必要だといえるだろう。

　不安定な国際情勢の中で保健ガバナンスにとっては，厳しい時代が到来すると予測されるが，一方で感染症やバイオテロの脅威は一向に衰えない。重層化する保健ガバナンスの中で，各レベルの特徴を見極め，各レベルのバランスをとりつつ，次なる危機に備える必要があるといえる。ガバナンスの重層化は業務の重複や競合の危険性を孕むが，各レベルの取り組みに整合性や一貫性が保たれるなら，保健ガバナンス全体を補強することにつながり得る。日本をはじめとする各アクターには各レベルの特徴を見極め，積極的に関与しつつ，全体としての整合性をとるというバランス感覚が求められる。その先に，瀬戸際の多国間主義を新しい形に作り替え，次なるパンデミックに対する備えと対応能力を強化し，同時に，多様化する国際社会の脅威に対して，より強靱な安全保障の体制を築いていくという未来が開けるかもしれない。

参 考 文 献

Acharya, Amitav［2018］, *The End of American World Order*（Polity）.

Borowy, Iris［2009］, *Coming to Terms with World Health: The League of Nations Health Organisation 1921-1946*, Peter Lang.

Cohen, Zachary, Hansler, Jennifer, Atwood, Kylie, Salama, Vivian, and Murray, Sara［2020］, 'Trump administration begins formal withdrawal from World Health Organization', 8 July 2020, CNN.

Council on Foreign Relations, Visualizing [2022], Trends to Watch, Last updated December 6, 2021 3：00 pm (EST), https://www.cfr.org/articl e/visualizing-2022-trends-watch?utm_medium=social_share&utm_sourc e=tw

European Commission [2020], 'European Health Union', https://ec.europ a.eu/info/strategy/priorities-2019-2024/promoting-our-european-way-lif e/european-health-union_en

Norman Howard-Jones [1975], *The scientific background of the International Sanitary Conferences*, WHO.

Kabakci, Fuat [2020], 'China: COVID-19 outbreak under control', 15 May 2020, Anadolu Agency, https://www.aa.com.tr/en/asia-pacific/china-covi d-19-outbreak-under-control/1842618

Kickbusch, Ilona, et al., [eds. 2015], *Global Health Diplomacy: Concepts, Issues, Actors, Instruments, Fora and Cases* (Springer).

South China Morning Post [2020], 'China promises its Mekong neigh-bours priority access to a coronavirus vaccine developed in China', 24 August 2020, https://www.scmp.com/news/china/diplomacy/article/ 3098610/china-promises-its-mekong-neighbours-priority-access

South China Morning Post [2021], 'Sinovac set to start making Covid-19 jabs in Egypt as China expands vaccine push', 28 June 2021, https://ww w.scmp.com/news/china/diplomacy/article/3139036/sinovac-set-start-m aking-covid-19-jabs-egypt-china-expands?utm_source=Twitter&utm_me dium=share_widget&utm_campaign=3139036

Takuma, Kayo [2017], 'The Diplomatic Origin of the World Health Organization: Mixing Hope for a Better World with the Reality of Power Politics', *Tokyo Metropolitan University journal of law and politics*, 57-2.

Takuma, Kayo [2023], 'The Far Eastern Bureau of the League of Nations: Linking the Regional and International Orders Through Health Work', in Christpher Hughs & Hatsue Shinohara (eds.), *East Asians in the League of Nations: Actors, Empires and Regions in Early Global Politics* (Palgrave MacMillan 2023, chap.4).

UNSC Resolution 1308 [2000], 'The responsibility of the Security Council in the maintenance of international peace and security: HIV/AIDS and international peacekeeping operations'.

Wall Street Journal［2020］, 'China Seeks to Use Access to Covid-19 Vaccines for Diplomacy', 17 August 2020, https://www.wsj.com/articles/china-seeks-to-use-access-to-covid-19-vaccines-for-diplomacy-11597690215

WHO［2016］, *International Health Regulations*［2005］, 3rd edition.

Younde, Jeremy［2012］, *Global Health Governance*［Polity press］

WHO Regional Committee for Europe［2022］, 'WHA75：Health emergency in Ukraine and neighbouring countries, stemming from the Russian Federation's aggression', 10 May 2022, EUR/RCSS/CONF./2 Rev.2, https://apps.who.int/iris/bitstream/handle/10665/353946/sscd02e-rev1-HealthEmergency-220351.pdf?sequence=1&isAllowed=y

小川眞里子［2016］,『病原菌と国家』名古屋大学出版会。

スワンソン，W.［2011］,「冷戦下に生まれた生ワクチン」日経サイエンス編集部『別冊日経サイエンス』188号。

詫摩佳代［2018］,「国連システムの構築におけるトランスナショナルネットワークの役割——戦時食料協力からの一考察」日本国際政治学会『国際政治』193号。

詫摩佳代［2020］,『人類と病——国際政治から見る感染症と健康格差』中公新書。

詫摩佳代［2020］,「先進国の保健外交——フランスとWHOの連携を中心として」, 城山英明編著『グローバル保健ガバナンス』東信堂，第7章。

安田佳代［2014］『国際政治のなかの国際保健事業——国際連盟保健機関から世界保健機関，ユニセフへ』ミネルヴァ書房。

［詫摩 佳代／東京都立大学法学部教授］

6　EUの医科学研究政策とジェンダー戦略

福田　八寿絵

1　はじめに

　ジェンダー平等は2015年の国連の持続可能な開発目標（SDGs）にも取り上げられ，国際的な課題となっている。生物学的な性を意味するセックスに対し，ジェンダーは文化的社会的心理的な性を意味する。「女性らしさ」，「男性らしさ」という男女の性役割期待や固定的な価値観もまた，それぞれの社会によって構築された規範であるといえる。SDGsの目標5では以下のような具体的な目標が掲げられている。すべての女性に対する差別をなくすこと，社会的意思決定において女性の参画及び平等なリーダーシップを確保すること，公共サービスと社会保障の提供，無償の育児・介護・家事労働を認識し評価すること，ジェンダー平等の促進，ならびにすべての女性および女子のあらゆるレベルでのエンパワーメントのために適正な政策および拘束力のある法令を導入し，強化することなどが挙げられる（UN Women 2018）。この国際的なジェンダー政策の広がりは，1995年5月北京で開催された第4回国連女性会議で合意された北京宣言と行動綱領が採択されたことがその端緒となっている。

　欧州連合（以下，EUと略す）では1957年の欧州共同体設立条約（ローマ条約）採択以来，男女平等待遇を基本的価値，原則として位置付けられてきた。EU科学技術研究政策においては，ジェンダー平等という考え方が

医科学研究との関連でその必要性が認識され，医科学研究政策として導入された。本稿では，国際社会において波及効果を持つ EU の先端的なジェンダー政策が，いかなる背景から，どのように位置付けられ，法制化も含めて，戦略的に展開されてきたのか，特に医科学研究政策に焦点を当てて明らかにする。また，医療や健康とジェンダー，COVID-19感染症の拡大との関連はいかなるものであるのか，EU/ 加盟諸国と他の地域間関係とわが国に及ぼす影響についても検討してみたい。

2 ジェンダー平等の視点

(1) 国連における国際人権保障レジームの形成と「女性の人権」

　国際的な人権の尊重の理念は，第 1 次世界大戦，第 2 次世界大戦の反省から，1945年国際連合憲章において具現化された。国連憲章第55条において「人民の同一の権利及び自決の権利の原理の尊重に基礎を置く諸国民間の平和的，且つ友好的関係に必要な安定及び福祉の条件を創造するために，国際連合は，次のことを促進しなければならない。」とし，人種，性，言語又は宗教による差別のないすべての者のための人権及び基本的自由の普遍的な尊重及び遵守が規定された。1948年には「世界人権宣言」が採択され，その第 2 条には，人種，皮膚の色，言語，宗教などとともに性による差別を受けない権利と自由が定められた。1966年に「経済的，社会的及び文化的権利に関する国際規約」と「市民的及び政治的権利に関する規約」が採択された。両規約の第 3 条には男女平等の権利が規定され，「市民的及び政治的権利の規約」の第26条で，すべてのものに対する人種，皮膚の色，性，言語，宗教などいかなる理由の差別も禁止されることとなった。こうして国際人権保障レジームが形成されることとなった。また女性の権利については，1960年代に欧米で「ウーマンリブ運動」がさかんとなり，女性の地位向上と女性差別の撤廃が目指された。1972年の国連総会で「1975年を国連国際婦人年」とすることが決議された。同年 ILO において

も「婦人労働者の機会及び待遇の均等に関する宣言」,「婦人労働者の機会及び待遇の均等を促進するための行動計画」,「雇用及び職業における婦人及び男子の地位及び企画の均等に関する決議」が採択された。また,国連では1976年から1985年までを「国際女性の10年」とし,その目標を平等,平和,発展とした。1979年,第34回国連総会において「女子に対するあらゆる形態の差別の撤廃に関する条約」(「女子差別撤廃条約」)が採択された。以上のように国際人権保障レジームに「性による差別禁止原則」が組み込まれ,具現化されていったのである。

(2) 国際関係論におけるジェンダー研究

国際関係論におけるジェンダー研究は,当初は非常に限定的であった。国際関係論の研究対象が紛争や外交に焦点が当てられ,男性の領分,主権国家体制の整備が家父長制を前提としたものであった。国家と家族が安全保障制度の役割を担い,セイフティネット機能を担わされ,歴史的に性的分業を前提とした機能主義的家族観が形成された(土佐2000)。

1998年にロンドン政治経済大学(LSE)が「女性と国際関係論」会議を開催し,欧米のフェミニスト国際政治学者が中心となり,男性優位の家父長制を分析の対象として紛争,民主化,女性解放という観点からの分析やフェミニズム的視点から国際関係が論じられるようになった(田村 2010)。その後,女性の権利を確保する国際社会の情勢の変化により,1980年代以降,「ジェンダーの主流化(gender mainstreaming)」が進展していった。さらに国際政治,国際関係論の分析対象が,軍事や外交問題以外にも拡大し,環境,人間の安全保障,人権についても重要性が認識され,ジェンダーが研究や議論の対象となり,ジェンダー視点からの分析や研究が実施されるようになってきている。これは,前述した国際人権保障レジームの進展や情報ネットワークの進化による世界システムのグローバル化,女性の社会進出の影響も少なくない。カーダム(Kardam)は,国際関係論において国境を越えたネットワーク,国際機関,および専門家の認識コミュニ

ティの役割の重要性とグローバルなジェンダーレジーム規範の形成を指摘
している（Kardam 2004）。一方レービス（Lewis）は，男性の稼ぎ手とい
うモデルから両性（男女）の稼ぎ手というシステムへの変容であるとした
（Lewis 2001）。

　EU は，欧州諸国や他の地域のジェンダーレジームにどのような影響を
与え，いかなる役割を果たしているのであろうか。次節では，地域的国際
機構でありながら今やグローバルアクターとなった EU がどのようなジェ
ンダー戦略と政策を展開し，国際社会においていかなる役割を果たしてい
るのか検討してみてみよう。

3　EU におけるジェンダー平等政策

(1)　法的枠組みの形成

　EU においてジェンダー政策はどのように制度化がなされ，展開されて
きたのであろうか。1950年に「欧州人権条約」が採択され，締結国は，管
轄内におけるすべての者に対し，第 1 節に定義された権利及び自由を保障
することが義務付けられた。その第14条では差別の禁止が定められ「この
条約に定める権利及び自由の享受は，性別，人種，皮膚の色，言語，宗教，
政治的意見……などいかなる理由による差別もなしに保証される」ことが
規定された。

　1957年の EEC 設立条約第119条において，「男女の同一労働，同一賃金
の原則」が規定された。これは経済的側面が大きく，フランスなど早くか
ら男女の同一賃金を適用していた国が他の加盟国から女性の安い労働力が
流入してくる懸念があったからである（Burri 2008）。1975年には「男女同
一賃金指令（directive 75/117/EEC）」が採択され，同一の労働又は同一価
値の労働に関し，雇用のあらゆる側面及び条件について性に基づくいかな
る差別をも撤廃することとなった。翌1976年には「男女均等待遇指令
（Directive 76/207/EEC）」が策定され，雇用，職業訓練及び昇進へのアク

セス並びに労働条件についての男女均等待遇の原則が定められた。1997年に採択されたアムステルダム条約では，第2条で男女の平等の促進が欧州共同体の重要な役割であるとされた。同条約第3条の規定は，このジェンダー主流化の義務は，共同体と加盟国の両方が，策定時に男女間の平等を積極的に考慮に入れなければならないことを意味する。第3条(2)において共同体は，すべての活動において，男女間の不平等をなくし，平等を促進することを目指すものとされた。EUの2006年「統合指令（Directive 2006/54 / EC）」として直接的および間接的な性差別，ハラスメント，セクシャルハラスメント，賃金，雇用（アクセス），および職業社会保障制度の禁止の実施が定められることとなった。「法定社会保障制度（Directive 79/7 / EEC）」および「自営業（Directive 2010/41 / EU）」，「商品やサービスへのアクセスや供給（Directive 2004/113 / EC）」においても性差別は禁止された。さらに，「妊娠指令（Directive 92/85 / EEC）」，「育児休暇指令（Directive 2010/18 / EU）」，「パートタイム労働指令（Directive 97/81 / EC）」なども策定され，ジェンダー配慮がなされた。「人種平等指令（Directive 2000/43 / EC）」では，雇用，社会的保護と社会的利益，教育，住宅を含む一般の人々が利用できる商品やサービスなど，幅広い分野で人種的または民族的出自を理由とする差別を禁止している。「雇用平等指令（Directive 2000/78 / EC）」は，雇用と職業の分野に限定されているが，宗教または信念，障害，年齢，性的指向による差別の禁止の法的根拠となっている。前述の人種平等指令と雇用平等指令の採択により，各加盟国では国内の差別禁止法を指令の規定に置き換える動きが開始された。2019年には労働市場への参画率が男性よりも女性の方が低いことや女性のキャリアアップへのサポートが不十分であることから，労働市場におけるジェンダー間の処遇と機会の不平等に対処するための包括的な措置「両親と介護者のワークライフバランス関連指令（Directive（EU）2019/1158）」が策定された。これらにより男女のワークライフバランスが保たれることで男女が同等に労働市場に参入しやすくなり，個々人の生活の質が向上するという観点から法

整備が進められた成果が現れてきた。

　2007年に採択され，2009年12月に発効した現行リスボン条約においては，すべての活動領域で男女平等を推進することを求め，基本条約と同等の法的拘束力を有する「欧州基本権憲章」においてもすべての分野で男女平等を保護することとし，性差別を禁じている。また，リスボン条約が発効と同時に欧州基本権憲章が法的拘束力をもつようになった。欧州基本権憲章第3編において性的指向，障害を理由とするものも含めたすべての差別禁止，子どもと高齢者の権利について規定された。さらに第4編では平等な労働条件，不当解雇からの保護，社会保障，医療，最低限の生活を保証する生活保護，住宅扶助を受ける権利などの社会的諸権利と労働者の権利が謳われ，ジェンダー平等の法的基礎が置かれた。

(2)　EUジェンダー政策のステークホルダー

　それでは以上のような法的根拠に基づくEUジェンダー政策には，どのようなステークホルダーが関係し，政策に影響を及ぼしているのであろうか。

　EU全域の男女平等を強化するための自治機関である「欧州男女共同参画研究所（EIGE）」が設立されている（Regulation（EC）No 1922/2006）。男女平等はEUの基本的な価値観であることから，EIGEの任務には，男女平等を欧州とそれ以外の地域で実現することであり，男女平等問題に関する欧州のナレッジセンターとなること，すべてのEUおよび加盟国の政策におけるジェンダー主流化の支援，性別に基づく差別の撤廃などが含まれる。

　EIGEはジェンダーステークホルダー協議会を開催する。ジェンダーステークホルダー協議会は，政策決定プロセスにおいて，市民団体やジェンダー専門家を含む女性と男性の有意義な参加を確保するためのプロセスである。ジェンダーステークホルダー協議会は，最も社会的に脆弱なグループや伝統的に意思決定プロセスから排除されてきた人々を含む女性と男性

の異なる優先事項やニーズを考慮した，証拠に基づく参加型の意思決定を促進する（EIGE 2014）。

　ジェンダーステークホルダー協議会は，参加型ガバナンスと密接に関連している。近年，参加型ガバナンスは，公共政策を作る新しい方法として浮上してきた。参加型ガバナンスでは，民主主義の参加型と代表型の両方が政策決定プロセスにとって重要であることを認識し，ガバナンスの形態では，公共政策の計画，実施，モニタリング，評価の中心に市民を据えている。参加の度合いに基づき，参加型プロセスは，情報提供，協議，関与，協働，エンパワーメントに分けることができる。以下は各参加型プロセスの特徴である（EIGE 2019）。

　情報提供は意思決定プロセスに関する継続的な情報提供を通じて市民を参加させ，問題となっている意思決定に対する見方を改善・変更させ，特定の意思決定に対するコンセンサスを高めることを目的とする。

　コンサルテーションは，影響を受ける人々や関心を持つ人々（例えば，地域社会の女性や男性，ジェンダー問題に取り組む市民社会組織，ジェンダーの専門家）からフィードバックを得ることを目的とし，政策決定プロセスの形成に貢献する関連知識や政治的，社会的，経済的資源の導入を可能にするものである。ジェンダーに配慮した協議では，協議のプロセス全体を通して，ジェンダーバランスと男女平等の問題の反映を確保することに特に注意を払う。

　インボルブメント，コラボレーション，エンパワーメントは，市民のエンゲージメントと参加が最高レベルの形態である。これらのプロセスは，市民のニーズと目的が理解され，政策決定に考慮されることを保証するものである（ステークホルダー・インボルブメント）。公共政策の全サイクルを通じて市民と協力することで，代替案を特定し，潜在的な解決策を選択することが可能になる。また，これらのプロセスにより，最終的な政策決定やその実施を担当する市民に，制度的な力の一部を委ねることが可能になる。ジェンダーに配慮したエンパワーメント・プロセスでは，参加プロ

セスにおけるジェンダーバランスの確保と，政策立案・実施・評価プロセスにおいてジェンダー問題を適切に反映できる組織や専門家などの関与に特に注意が払われる。

　社会的パートナーとしての主なステークホルダーとしては，以下のようなものが挙げられる。欧州の社会的パートナーである欧州労働組合総連合（ETUC），ビジネス欧州（Business Europe），欧州工芸中小企業協会（UEAPME），欧州雇用主および公共サービスを提供する企業センター（CEEP）などが，欧州における主要なステークホルダーである（Nina Lopez Uroz 2020）（Eurofound 2014）。これらの団体が社会的対話，欧州レベルでの特定の政策分野に取り組んでいる。彼らは，労働市場と職場における男女平等を強化することに注力している。ジェンダー平等に関する行動の枠組みは，欧州の社会的パートナーによって提唱された行動の典型的な例である。この枠組みは，行動のための4つの優先分野を定めている。すなわち，①意思決定における女性の参加促進，②ワークライフバランスのサポート，③ジェンダーの賃金格差への取り組み，④ジェンダーの役割の分析である（Eurofound 2014）。2014年，ソーシャル・パートナーズは，組織のメンバーがどのように共通の目標を達成しようとしているのかを示すために，オンラインの「実践におけるジェンダー平等のためのツールキット」を立ち上げた。欧州労働組合総連合（ETUC）には，1975年に設立された女性委員会があり，国内のすべての加盟組織からジェンダー平等の分野で活動する専門家で構成されている。同委員会は，ETUCの政策における男女平等とジェンダーの主流化の実施を監視している。

　さらにEUにおいて市民社会の関与として以下のような制度設計がなされている。ジェンダーの主流化を効果的に実施するための条件の中で，北京宣言行動綱領にも女性の研究と研究のためのセンター，学術および教育機関，民間部門，メディア，非政府組織（NGO）などの市民社会団体との協力が謳われている。欧州委員会，欧州議会，EU理事会を支援するために設立された諮問機関，すなわち欧州経済社会委員会（EESC）と地域委

員会（CoR）が設立されている。EESC は，加盟国の市民社会組織が欧州レベルで意見を表明できるようにすることで，EU の民主的正当性と有効性の強化に貢献している。欧州議会，EU 理事会，欧州委員会を支援し，EESC メンバーの経験と代表性，対話，およびコンセンサス提供を確保する努力により，欧州の政策と法令に現場の経済的，社会的，市民的状況を反映させることを目指している。EU の制度化された諮問機関に加えて，欧州委員会は，利害関係者との非公式の直接的な接触を通じて，市民社会と対話を行っている。また，欧州女性ロビー（EWL）は，女性の権利と男女間の平等を促進するために活動する EU の女性団体最大の統括組織である。EWL のメンバーシップは，EU 全加盟国と 3 つの候補国の組織，および20の欧州全体の組織にまで拡大され，合計2,000を超える組織を代表している。EWL は1990年に12の国内会員組織で設立され，欧州地域で最も古く，最も確立された市民社会組織の 1 つになった。

　EU 協議メカニズムとして欧州委員会には，政策を策定する際に，外部の利害関係者に相談するという長い伝統がある。ほぼすべての政策分野で外部からの意見を取り入れている。協議メカニズムは，欧州委員会の提案に先立つ政策形成から立法府による措置の最終的な採択と実施まで，立法プロセス全体を通じてすべての EU 諸機関の活動と関わっている。

　以上のことから EU においては，社会的パートナー，市民社会や欧州ロビーなどステークホルダーとの協議メカニズムを取りいれ，ジェンダーステークホルダーの協議を行い，参加型ガバナンスを実施していることが明らかとなった。

4　EU の科学技術イノベーション戦略の形成

(1)　EU 科学技術研究政策の形成と展開

　EU における科学技術研究政策におけるジェンダーの主流化は，どのように形成され，発展してきたのであろうか。1957年のローマ条約では科学

技術政策については言及されていなかったが，当初，科学技術政策はエネルギー政策に焦点が当てられ，特に原子力技術開発が念頭に置かれていた。1958年 EEC 委員会が設立された際，共同研究センター（Joint Research Centre：JRC）が設置された。その任務は，政策の設計を行ったり，実施したりする際に，EEC 委員会をはじめ，他の EC 諸機関に独立の立場から技術的支援と科学的なアドバイスを提供することにあった。1960年代，70年代になるとコンピューター技術，エレクトロニクスが新技術として拡大していった。1980年代に単一市場が形成され，EC/EU（以下 EU とする）は加盟国における科学研究の協力と活性化に対してより広い責任を担うようになった。

　加盟国の科学研究の協力と活性化を図るため，EU では枠組計画（Framework Programme：FP）が開始された。これは1984年に設立された研究技術開発プログラムである。また，EU の研究プログラムとは別の枠組機構が発足した直後の1985年に 欧州委員会と EU 加盟国の合意を得て，汎ヨーロッパプロジェクトとしてユーレカ（EUREKA）プログラム機構が設立された。EU の行政府である欧州委員会の研究総局は，第 1 次枠組計画（PF1：1984〜87年）を皮切りに，第 2 次枠組計画（PF2：1987〜91年），第 3 次枠組計画（PF3：1990〜94年），第 4 次枠組計画（PF4：1994〜98年）と実施してきた。当初エネルギー分野に重点が置かれていたが，次第にライフサイエンス分野，ICT，環境分野への資金供与も増加していった。

　第 5 次枠組計画（FP5：1998〜2002年）では，特にライフサイエンス分野が強化され，後述するようにジェンダーへの配慮がなされ，主要な社会経済的課題に対応することが主目的となった。そのために，「生活の質・生活資源の管理」，「ユーザーフレンドリーな情報社会」，「競争力のある持続可能な成長」，「エネルギー・環境・持続可能な開発」という 4 つのテーマが設定され，その中でキーアクションと呼ばれるプロジェクト分類のための概念が新たに設けられた。また，横断的なテーマとして「欧州研究の国際的役割の確立」，「イノベーション促進と中小企業参加奨励」，「人材能

力・社会経済知識の向上」の 3 つが設定された。

　第 6 次枠組み計画（FP6：2002〜2006年）で実施されたこのプログラムは，今までの FP には無かった欧州研究圏（ERA）構築という目的に沿った役割を果たすことが期待された。特に FP6では「ライフサイエンス」におけるジェンダー配慮や「情報通信技術」，「ナノテクノロジー」といった優先的な研究テーマを扱う「共同体の研究の集中・統合」に加え，「ERA 構築」，「ERA 基盤の強化」という 3 つの活動が設定された。

　第 7 次枠組み計画（FP7：2007〜2013年）は 7 年間で，それまでの FP の 5 年間からより長期のプログラムに変更されるとともに，ジェンダー配慮も加わり予算額も大幅に増加した。FP7は，「協力（共同研究）」，「アイデア」，「人材」，「能力（研究インフラなど）」，「共同研究センター（JRC）の非核分野研究」という 5 つの個別プログラムで構成され，「協力」で設定された研究分野は，「健康」，「食料・農業・バイオテクノロジー」，「ナノ科学・ナノテクノロジー・材料・新しい生産技術」，「エネルギー」，「環境」，「交通輸送」，「社会経済科学・人文学」，「宇宙」，「安全」となった。

　また，第 7 次研究枠組み計画の取り組みの一環として2007年に汎欧州のファンディングエージェンシーである欧州研究会議（ERC）の活動が開始された（福田 2016）。Horizon 2020（FP8：2014年〜2020年）では，「卓越した科学（最先端研究）」，「産業リーダーシップ（産業競争力強化）」，「社会的課題への取り組み」という 3 本の柱と「欧州イノベーション・技術機構（EIT）」などのその他の取り組みという構造になった。また，社会的課題解決を目指した個別プログラムが設けられた。

　2021年から開始された2027年までの 7 年間を対象とする「FP9：Horizon Europe」は，第 1 の柱「卓越した科学」，第 2 の柱「グローバルチャレンジ・欧州の産業競争力」，第 3 の柱「イノベーティブ欧州」と，参加拡大と欧州研究圏（ERA）強化がすすめられた（European Commission 2021a）。

　当該プログラムの第 1 の柱「卓越した科学」は，EU のグローバルな科

学的競争力強化を目的とし，ERC を通じたトップサイエンティストによる最先端の研究プロジェクトの支援，マリー・スクウォドフスカ・キュリー・アクションによるフェローシップ提供や研究者交流，世界レベルの研究インフラへの投資を進めことととなった。

第2の柱「グローバルチャレンジと欧州の産業競争力」では，クラスターと呼ばれる6つの社会課題群を設け，社会的課題に関する研究支援と技術的・産業的能力強化が図られた。また，人類の最大級の課題に挑戦する野心的な目標を持った EU ミッションを設定し，その達成に向けた取り組みを進めることとなった。さらに科学的エビデンス提供や技術的な支援を通じて EU および加盟国の政策決定者を支援する JRC の活動もこの柱に位置づけられている。

第3の柱「イノベーティブ・ヨーロッパ」では，欧州イノベーション会議（EIC）を通じて欧州の市場創出イノベーションをリードする。また，欧州イノベーションエコシステムの発展や，教育・研究・イノベーションという知の三角形の統合を促進する EIT を通じて，欧州全体のイノベーション環境の発展を支援する。「参加拡大と欧州研究圏（ERA）強化」では，EU 加盟各国が自国の研究・イノベーションポテンシャルを最大限に活用しようとする取り組みを支援するとともに，研究者・科学的知見・技術が自由に循環する ERA の促進を図る。これにより，科学技術・イノベーションで後れを取っている東欧等の加盟国がプログラムにより多く参加できることを目指している。

上記のような枠組計画は EU 条約第166条第3項，第169条，第171条に従い，いわゆる共同体方式という意思決定手続に基づいて行われ，欧州委員会が提案し，欧州議会および欧州理事会によって承認される仕組みとなっている。

以上のように EU では科学技術研究政策による欧州の経済の発展と活力のある欧州地域のために，欧州研究圏（ERA）を形成し，欧州地域間連携の研究支援，研究助成制度の枠組みを構築し，欧州地域の研究イノベーシ

ョン能力を高めることが目指されてきた。

(2)　EU 科学技術政策における「ジェンダーの主流化」

　EU 科学技術政策においては，ジェンダーの主流化はどのように導入されていったのであろうか。第 5 次枠組計画において欧州委員会は，40％は女性研究者へ予算配分することとした。1998年加盟国間で研究分野におけるジェンダー指標の開発と政策の評価に焦点を当てた対話を行うため加盟国の公務員とジェンダー専門家からなる「ヘルシンキグループ（Helsinki group）」を組織した。欧州委員会は，1999年『女性と科学―欧州研究を拡充するために女性の動員』報告書を作成し，女性が関係する科学研究を「女性による研究」，「女性のための研究」，「女性についての研究」の 3 分野に分け，具体的な女性研究者支援策を提案した（European Commission 1999）。「女性による研究」では，女性研究者の割合が極めて低い現状を示し，高等教育における女性の理系分野への進出を促進する必要があるとされた。つぎに「女性のための研究」では，社会経済学的な視点から，ジェンダー問題が，「生活水準向上と健康の改善」とも係わる重点課題とされ，女性のニーズに沿った研究の必要性が認識された。「女性についての研究」は，女性の社会や労働市場における地位，時代の変化に応じた新たなモデルの創出などジェンダー関連研究への支援を行うことを通じて，研究開発部門の女性研究者を支援し，EU におけるジェンダーに関する「知識の向上に資すること」を目的とした。

　さらに『女性と科学に関する欧州技術評価ネットワーク』（European Technology Assessment network on Women and Science：ETAN）が1999年組織され，この専門家グループによる「ETAN 報告」が2000年に発表されて，以降，EU 域内の理系女性研究者を支援するための政策を展開し始めた（福田 2016）（Rees2010）。

　ETAN 報告では，科学と女性に関する統計資料が非常に重要であり，分野ごとの女性の割合や層別化が重要であることが指摘された。その後

Eurostat などによる統計資料が入手可能となり，モニタリングが進むこととなった。

　2000年，リスボン特別欧州理事会は，EU を世界で最も競争力のあるものにし，持続可能な経済成長を実現するより良い仕事とより大きな社会的結束を目指すこととした。この目的のために，2010年までに女性は公の地位の少なくとも25％を満たすべきであるとし，意思決定機関における女性のより良い代表を確保するための研究部門と EU 理事会が男女平等とジェンダー主流化を推進した（European Parliament 2000）。またリスボン条約では，男女平等が EU と加盟国の戦略的目標となった。2014年の欧州研究圏（ERA）進捗報告書の結論で，欧州委員会は，キャリアにおけるジェンダーの偏見の持続，意思決定の役割におけるジェンダーの不均衡およびほとんどの国の研究プログラムにおけるジェンダーの視点の欠如があることを指摘した（European Commission 2015）。EU 理事会はまた，欧州研究圏（ERA）の2015年から2020年までのロードマップを承認した（Council of the European Union 2015）。このロードマップでは，研究機関や意思決定機関におけるジェンダーの不均衡に対処するために，ジェンダー平等法を効果的な行動に変換し，ジェンダーの側面を研究開発政策へ反映させ，プログラム，およびプロジェクトへと具体化した。EU 理事会は，加盟国に対し，2016年半ばまでに行動計画または戦略における適切な措置を通じてその実施を開始するよう求めた。また，科学的キャリアの魅力を高め，研究開発における人材への投資を促進することを目的として，若手研究者の支援措置を含む理事会決議を採択した。ジェンダーと科学の問題は，欧州研究圏（ERA）の中心事項でもある。

　その戦略的目標は，科学における男女平等を促進するために必要な行動の強化を要請している。科学が欧州社会にもたらす価値を最適化するには，科学における男女平等をより広い意味で確保する必要がある。ERA は，キャリアにおけるジェンダー平等，意思決定におけるジェンダーバランス，研究内容へのジェンダー次元の統合という 3 つの目標を挙げている。2012

年以来，ジェンダーの平等は，卓越性と成長のために強化された欧州研究領域パートナーシップの重要な優先事項の１つである。これは Horizon 2020での男女平等を推進する取り組みの指針にもなっている。

5　医療・健康と医科学研究政策におけるジェンダーの主流化

(1)　医療・健康研究におけるジェンダー配慮の要請

ジェンダーは，健康ニーズ，健康を求める行動，治療および健康回復の違いに影響を与えるだけでなく，健康研究の内容とプロセスにも影響を及ぼす（Johnson 2009）。健康研究におけるジェンダーの不均衡が発生する要因として，第１に女性と男性に異なる影響を与える健康問題の認識が不足していること，第２に女性と男性の健康ニーズに対する誤ったアプローチと不完全なアプローチがとられること，第３にジェンダーと他の社会的相互作用の認識の欠如があることが挙げられる（Greaves 2022）。また，健康研究のプロセスにおけるジェンダーの不均衡は，プロジェクトにおけるデータの欠如，格差のさまざまな次元に対する研究者の感受性の欠如，ジェンダー視点の欠如，医科学研究および臨床試験からの女性被験者の除外が原因であると考えられる（Risberg 2009）。生物医学および健康研究は当初，生殖に関連する男女間の生物学的差異に焦点が当てられてきたが，生殖に関連しない健康状態，すなわち，骨粗鬆症，うつ病などには性差が存在することが明らかとなってきている（Cizza 2009）。さらに，健康研究に生物学的性差のみを含めることは，男性と女性の健康と病気の違いを理解するには不十分であり，社会的に構築されたジェンダーの概念の影響が考慮されるようになってきている。年齢，性別，階級などさまざまな社会的不平等が性別とともに，健康に対する脆弱性を生じさせる（WHO 2010）。現在，女性に適用されている医療は，男性に適用されている医療よりも根拠に基づいていないとの指摘もある（Alcalde-Rubio 2020）。政策レベルでは，労働基準，年金へのアクセス，育児や産休を決定する公共政策が，結果とし

図1　学術界における男女の研究者の割合

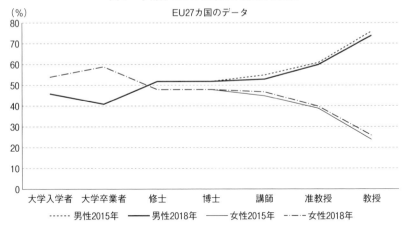

出典　European Commission（2021）Gender in Research and Innovation Statistics and Indicators, she figures 2021 p.182より筆者作成

　て男性と女性の日常生活に影響を及ぼしている。男性と女性の健康，病気，疾病パターンは国によって異なり，さまざまな政策の在り方が健康状態についてもジェンダーの影響を受けていることを示している。年齢，民族性，社会階級，性的指向などの他の社会的カテゴリーは，ジェンダーの不均衡と関連があり，健康の脆弱性と不平等を高めることが報告されている。ジェンダーと社会経済的地位の例として，女性は男性よりも低賃金の仕事で働くことが多く，男性と比較して自分の仕事をコントロールできず，職場でより多くの暴力や嫌がらせに直面することもあるとされている。性別による労働関連の健康への影響の例として，仕事関連の疲労は女性により頻繁に発生するが，男性はより頻繁に仕事関連の怪我や事故を起こす傾向がある。性差を考えた責任ある知識形成のための最も効果的な方法は，労働と性別の分析を継続的に取り入れることが研究をどのように促進するか，考える必要がある。

　図1はEUにおける科学研究イノベーションに関わる学術分野の女性研究者の割合を示している。

これは医学・健康研究分野に特化した研究者の割合を示したものではないが，職階が高くなるほど女性の割合が低下していくことが見てとれる。ジャーナル論文の選択，個人の任命と昇進，助成金のレビューなど，すべての評価において，研究における性別を，研究助成機関，ジャーナル編集者，あらゆるレベルの政策立案者，科学機関のリーダー，カリキュラム認定を担当する機関が，評価の過程に組み込む責任がある（Ferguson 2021）。単に健康格差を説明するのではなく，さまざまな不平等がどのように機能し，交差し，重なり合い，強化されて健康格差を生み出すかを検討することが求められる（Bencivenga and Drew 2021）。

ジェンダーの視点を医療・健康研究に結びつける手段として，第1に既存の健康研究の内容とプロセスの両方にジェンダー研究への財政支援を継続・増加させること，第2に健康研究における性・ジェンダー分析の手法開発に着目した研究の継続・奨励・強化すること，第3に分野横断的な視点から健康を研究するための研究方法の開発を奨励すること，第4に女性に対する暴力，労働衛生問題，健康ニーズ，ケアのオプションなど，他の領域との関係を伴う主要な公衆衛生問題を優先させることなどが挙げられる。

(2) EUにおける性差医療，健康にかかわるジェンダー研究支援

EUの研究助成機関は，生物学的変数としての性別と社会文化的要因としてのジェンダーに関して，さまざまな種類の政策設計とメカニズムの組み込みを実施している。生理学，薬理学，および疾患の進行における性差の理解は，多くの内分泌障害および健康状態に対する適切な診断，治療法を開発するために重要である。ジェンダーにかかわる性ホルモンや免疫応答などの内分泌学的および生物学的要因と社会的要因と疾患の相互作用が指摘されている。Horizon2020で資金提供を受けた基礎科学者，エンジニア，ジェンダーの専門家は報告書「ジェンダーによるイノベーション2020：インクルーシブ分析が研究とイノベーションにどのように貢献する

か」を発表した（European Commission 2020）。このプロジェクトでは，性別とジェンダーの分析方法を開発し，性別・ジェンダーの分析が卓越性，創造性，社会的関連性，およびビジネスチャンスの観点から研究と革新にどのように価値を付加するかを示す15の事例研究を実施した。研究分野も医療・健康，気候変動，スマートエネルギー，農業，都市計画・運輸，ICT，AI，金融・経済など多分野に及んでおり，各研究分野のジェンダー専門家で構成されるジェンダーに関する諮問グループに資金が提供された。いくつか研究事例を紹介すると社会的ロボットにおけるジェンダーとの関連では，ロボットとの会話におけるジェンダーの配慮に関する研究，顔認証システムにおけるジェンダーの影響評価，慢性疼痛のジェンダーとの関連，処方薬の有効性，副作用とジェンターとの関連などがある。

　EU は，2021 年 か ら 開 始 さ れ た フ レ ー ム ワ ー ク で あ る「Horizon Europe」を発表し，ジェンダーの観点をさらに高めるために，再び専門家グループを招集した。「Horizon Europe」のプログラムでは，明確な性別の側面を持つトピックについて，研究がジェンダー視点の研究を統合することで利益を得ることができる分野としてフラグが立てられた。本プログラムでは「研究におけるジェンダーの側面」政策を実施し，ジェンダー分析を研究に統合するための要件とガイダンスを策定した（European Commission 2021b）。EU は新しい研究参加の資格要件を確立し，「Horizon Europe」の資金を申請する申請者は，男女平等計画を実施する必要がある。この新しい要件は，最初に公的機関，研究機関，高等教育機関を対象として段階的に導入されることとなっている。研究計画のプログラミングから実施，監視，評価まで，研究サイクルの各段階の統合プロセスが求められ，研究コミュニティは，ジェンダー視点を取り入れた健康・医療研究を基礎研究と応用研究に統合するための方法論的ツールを必要としていることが明らかとなった。

　以上のように EU では，「性差医学」や健康研究分野にジェンダー視点をますます取り入れるようになってきている。それはジェンダーを考慮し

た医科学研究者の支援とともにジェンダー視点からの研究を促進する政策展開とその分析も含めた内容となっている。

(3)　EU における COVID-19のジェンダー平等への影響

　COVID-19は，社会的孤立，学校の閉鎖，移動の制限を引き起こした。高齢者や子供のケアなどの家庭内での仕事も増加し，女性の雇用率が高いサービス部門は最も大きな打撃を受けた。育児を担当する女性は，パンデミックの間，社会的活動が大幅に減少したとされる。EIGE の2022年の「男女平等指数2022 COVID-19のパンデミックとケア」と題する報告書によれば非公式の長時間介護は，高齢者や健康上の問題を抱えた人，障がい者などへの無給のケアとして実施された。パンデミックの結果，このような無給のケアに費やされる時間が増加したにもかかわらず，家庭内でのケアの責任についてジェンダーの不平等が引き起こされた。約58％の女性が，家庭内の長時間介護に責任を負っていることが示された（EIGE 2022：82）。また大多数の女性（52％）が，家庭内の12歳未満の子供の育児についてほぼ責任を負っており，男性の23％だけが同じ状況にあるとされた（EIGE 2022：83）。そこで欧州委員会は2022年に「新しいヨーロッパのケア戦略」を採択し，ジェンダーケアのギャップに対処し，女性と男性が最良のケアと生活のバランスを支援するとした（European Commission 2022）。パンデミックのようなストレスの多い状況では，ストレスと感情的な負担を悪化させた。女性は男性よりも高レベルの孤独や罪悪感，ストレス，抑うつ，疲労，不安など不快感を感じたこと，特に，若くて教育水準の高い女性，独身女性，および子供と一緒に暮らしより家庭内の世話・ケアに従事している女性は，男性よりも高いレベルの不快感が報告されている。

　「Horizon 2020」助成によるプロジェクトでは，ジェンダー及び性とCOVID-19の関連性についての事例研究が報告されている（Sabine Oertelt-Prigione 2020）。本報告書において免疫応答の性差が報告されており，COVID-19感染後，男性より女性の方が抗体の産生が高く，薬の副作用は

女性の方が男性より発生率が高いとされることからCOVID-19の治療薬とワクチンの臨床試験は性特異的な分析が必要であると指摘された。ジェンダーとCOVID-19の関連因子としてウイルスへの暴露，予防的措置のコンプライアンスなどが挙げられる。女性は，介護，医療などの感染リスクの高い職業に就くことが多く，病気の家族の世話を行うことも多いため，ウイルス暴露のリスクが高いと考えられる。以上のことから，欧州地域におけるCOVID-19の経験からもジェンダーの相違による不平等が生じたことや疾患への影響の性・ジェンダー特異性が明らかとなった。また，ジェンダーを考慮した生活環境の整備や社会的支援，研究分野におけるジェンダー視点の重要性も指摘できる。

(4) EUによる医科学研究政策におけるジェンダー平等政策の日本へ示唆と政策提言

　最後に，EUによる医科学研究政策を手掛かりとして，日本における医科学研究政策におけるジェンダー平等について考えてみたい。1972年「雇用の分野における男女の均等な機会及び待遇の確保等に関する法律」いわゆる「男女機会均等法」が制定されてから50年が経過している。内閣府男女共同参画局では，男女共同参画社会の実現に向け，「社会のあらゆる分野において，2020年までに，指導的地位に女性が占める割合が，少なくとも30％程度になるよう期待する」という目標が平成15年（2003）6月20日男女共同参画推進本部で決定された。2020年までに女性の割合を30％にという目標を達成するため，女性の参画を拡大する最も効果的な施策の一つであるポジティブアクションを推進し，関係機関への情報提供・働きかけ・連携強化を行うとした。日本においても日本学術会議と科学技術振興機構は，研究とイノベーションにおける性とジェンダーの分析に関する会議を開催した。一方，国ごとに社会環境や文化的な背景があり，EU諸国とは単純には比較できない。とはいえ，ジェンダーギャップ指数は，フィンランド2位，スウェーデン5位など，EU/欧州地域が圧倒的上位を占

めるのに比して，日本の2022年度総合スコア0.65順位は146か国中116位にとどまり，先進国としては最下層に位置している（World Economic Forum 2022）。

「女性の職業生活における活躍の推進に関する法律」（平成27年（2015）9月4日法律第64号）では，女性の個性と能力が十分に発揮できる社会を実現するため，国や地方公共団体，一般事業主の各主体における女性の活躍推進に関する責務等が定められた。第6期科学技術基本計画（令和3年（2021）3月閣議決定），第5次男女共同参画基本計画（令和2年（2020）12月閣議決定）において，自然科学系分野における女性研究者の新規採用割合等に関する目標や上位職登用に係る目標値が設定された。日本の女性研究者は増加しているものの2020年現在15.9％に過ぎない（内閣府 2021）。このような状況を背景として，研究と出産・育児等のライフイベントとの両立や女性研究者の研究力向上を通じたリーダー育成を一体的に推進するなど，研究環境のダイバーシティ実現に関する目標・計画を掲げ，優れた取組を実施する大学等を選定し，重点支援するため，「ダイバーシティ研究環境実現イニシアティブ」が実施されることとなった。

6　おわりに──ジェンダーが地域間関係に及ぼす影響

　以上，EU におけるジェンダー関連の法制化と政策への実装，特に医科学研究政策におけるジェンダー戦略と政策に焦点を当て検討した。EU の政策展開は，各加盟国や他の地域社会，地域間関係にどのような影響を及ぼしてきたと考えられるのであろうか。EU におけるジェンダー平等の考え方は，EU 基本条約においてジェンダー平等の原則を欧州の共通の価値として位置づけ，指令を策定することで，仕事，収入，時間，ケアにおけるジェンダー平等政策のマッピングを行い，個人から家庭，市民社会，国家レベルまで，さまざまな段階での介入，研究助成金等の実施を通じて，加盟国のジェンダー政策を後押しするようになってきている。EU のジェ

ンダー政策は，当初，「同一労働，同一賃金」原則など男女による待遇の違いを是正する法整備がなされたが，次の段階で，ポジティブアクションにより，意思決定への女性の参画の推進し，機会の性差別に反対する政策を展開した。さらに育児休暇，機会均等のための政策により，女性を労働市場に参入させ，子供のケアや高齢者介護など，教育，福利厚生，課税，賃金政策等を通じて支援を強化してきた。EU は，パートタイムなどの非典型労働形態に関する法令や性的嗜好を理由とする雇用における差別を禁止する法令を制定し，法的優越性を幅広い非経済的問題にまで拡大してきている。政策的な介入なしにジェンダー平等を実現し，個人主義とケアの必要性を調和させることは不可能である．

ウオッブ（Wobbe）は，EU の役割を「ジェンダー規範の形成と拡散」であると指摘している。主なメカニズムは，「法的および行政手続き」，「規範的メカニズム」，および政策移転による「模倣のプロセス」であるとしている（Wobbe 2003）。EU のジェンダー戦略が世界秩序の国家間の関係に影響を与え，制度化された要因として，レジームの概念をあてはめ，EU の「ジェンダーレジーム」，「人権レジーム」の規範として捉えることもできる。

また，EU のジェンダー戦略は，「社会的包摂」と呼ばれるプロセスを通じて，欧州地域の社会的結束の発展と維持を目指していることも指摘できる（Council of the European Union 2002）。社会的包摂には，社会的統合とすべての人の社会参加に必要な社会的および経済的条件と，社会的および政治的安定を確保するための政治的意思決定プロセスへの包摂プロセスが含まれる。女性や LGBTQ の「社会的排除」は，不公平であるだけでなく，効率的で生産的で世界的に競争力のある経済に不可欠と見なされている社会的結束を悪化させるものと捉えることができる。例えば，ジェンダー不平等により生じる貧困が生産的な雇用に従事できないことにつながる場合，貧困が絶望，犯罪，薬物使用につながり，差別が雇用機会の減少と生産性の低下につながる場合も想定される。このようなジェンダー問題に

対し，社会的結束アプローチをとることにより，社会状況が危機的状況になる前に政策的に介入し，住宅支援から地域再生政策，ジェンダー平等待遇法，機会均等法，研究助成など，加盟国やEUの資源を駆使して救済策を提供するものである。

さらにEUでは，社会的パートナーとして，欧州女性ロビーや欧州レベルの労働組合など関連団体など様々なステークホルダーの政策提案が欧州委員会に提出される前に共同で合意に達するコンセンサス方式の制度設計が取り入れられてきている。政治対話により，新しい政治的機会の発展，ジェンダー平等の権利と平等の概念を政策に反映させることが目指されている。EUは，国際機構としての利益と加盟国の国益，欧州市民の利益の多様性との間でバランスを考慮している。EUジェンダー政策は，単に有償労働の範囲と賃金水準における男女格差の解消を促進するのみでなく，より広範なジェンダー規範概念の平等化にも取り組むようになった。EUの医科学研究政策において浮かび上がったたように，ジェンダーレジームの領域が，医療・福祉・介護，教育，雇用・労働政策，社会保障政策，科学技術政策など多くの公共政策レベルで相互に関連していることに起因している。ジェンダー視点を研究や政策に取り入れることで新たな研究イノベーションの可能性が報告されてきている。EU医科学研究政策におけるジェンダー戦略と政策の影響は，欧州地域のみならず，アジアや他の地域や日本にも波及している。さらにSDGsがジェンダーを含む多様性を認める国際社会の進展を目指す方向にあり，EUの国際人権やジェンダー平等など国際規範の波及効果への影響は少なくないといえよう。

参 考 文 献

Alcalde-Rubio, L., Hernández-Aguado, I., Parker, L.A. et al., [2020], Gender disparities in clinical practice: are there any solutions? Scoping review of interventions to overcome or reduce gender bias in clinical practice. Int J Equity Health 19, 166. https://doi.org/10.1186/s12939-020-01283-4

Bernedette Muthien [2000], Human Security Paradigms through a

Gendered Lens Agenda: Empowering Women for Gender Equity pp.46-56.

Bencivenga, Rita, and Eileen Drew [2021], Promoting gender equality and structural change in academia through gender equality plans: Harmonising EU and national initiatives, GENDER Heft 1 | S. pp.27-42.

Brooks, E. [2022], 'European Union health policy after the pandemic: an opportunity to tackle health inequalities?' in, Journal of Contemporary European Research 18(1): pp.67-77. https://doi.org/10.30950/jcer.v18i 1.1267

Cizza G, Primma S, Csako G. [2009], Depression as a risk factor for osteoporosis. Trends Endocrinol Metab. Oct; 20(8) : 367-73. doi: 10.1016 /j.tem.2009.05.003. Epub 2009 Sep 9. PMID: 19747841 ; PMCID: PMC 2764354.

Council of the European Union [2002], Fight against poverty and social exclusion: common objectives for the second round of National Action Plans– Endorsement, https://ec.europa.eu/employment_social/social_inc lusion/docs/counciltext_en.pdf

Council of the European Union [2015], Council conclusions on the European Research Area Roadmap 2015-2020.

Eurofound [2014], Social partners and gender equality in Europe, Publications Office of the European Union, Luxembourg.

European Commission [1999], Communication of the European Commission on "Women and Science – Mobilising Women to Enrich European Research" (COM (1999) 76)

European Commission [2015], European Research Area Luxembourg: Publications Office of the European Union.

European Commission [2021a], Horizon Europe strategic plan 2021-2024 Luxembourg: Publications Office of the European Union Facts and Figures 2014.

European Commission [2021b], Horizon Europe Guidance on gender equality plans Luxembourg: Publications Office of the European Union.

European Commission [2022], Communication from the Commission to the European Parliament, the Councils, the European Economic and Social Committee and the Committee of the Regions on the European care strategy, Brussels, 7.9.2022 COM [2022] 440 final.

European Institute for Gender Equality [2014], Effectiveness of Institutional Mechanisms for the Advancement of Gender Equality Review of the implementation of the Beijing Platform for Action in the EU Member States, Luxembourg: Publications Office of the European Union

European Institute for Gender Equality [2019], Gender stakeholder consultation, Luxembourg: Publications Office of the European Union https://eige.europa.eu/sites/default/files/mh0319274enn_002.pdf

European Institute for Gender Equality [2022], Gender Equality Index 2022: The COVID-19 pandemic and care, Luxembourg: Publications Office of the European Union,

European Parliament [2000],Lisbon European Council 23 and 24 March 2000　Presidency Conclusions https://www.europarl.europa.eu/summits /lis1_en.htm Feb 18 2023.

European Trade Union,Women's committee https://www.etuc.org/en/issu e/womens-committee . Feb 18 2023.

Gunilla Risberg, Eva E. Johansson,Katarina Hamberg [2009], A theoretical model for analysing gender bias in medicine, International Journal for Equity in Health, https://doi.org/10.1186/1475-9276-8-28.

Lewis, Jane [2001], The decline of the male breadwinner model: implications for work and care. Social Politics, 8(2)pp.152-169.

Lucy Ferguson [2021], Structural Change for Gender Equality in Research and Innovation, Ministry of Education and Culture Finland, pp.1-65.

Johnson, J.L., Greaves, L.,Repta, R. [2009], Better science with sex and gender: Facilitating the use of a sex and gender-based analysis in health research. Int J Equity Health 8, 14 https://doi.org/10.1186/1475-9276-8-1 4

Nüket Kardam [2004], The Emerging Global Gender Equality Regime from Neoliberal and Constructivist Perspectives in International Relations, International Feminist Journal of Politics, pp.85-109.

Pascall, G., Lewis, J. [2004], Emerging Gender Regimes and Policies for Gender Equality in a Wider Europe. Journal of Social Policy, 33 [3], pp. 373-394. doi: 10.1017/ S004727940400772X.

Sabine Oertelt-Prigione [2020], The Impact of Sex and Gender in the COVID-19 Pandemic Case study, European Commission, pp.1-16.

Susanne Burri and Sacha Prechal [2008], EU Gender Equality Law,

European Communities, p.4.

Sybille Reidl Sarah Beranek, Florian Holzinger,, Jürgen Streich [2020], Gender equality regimes and evaluation regimes in Europe and their implications for policy design and evaluation, Evaluation and Program Planning, https://doi.org/10.1016/j.evalprogplan.2020.101860.

Teresa Rees [2010], Mainstreaming Gender Equality in Science in the European Union: The 'ETAN Report, 243-260

Theresa Wobbe [2003], From Protecting to promoting: Evolving EU sex equality norms in an organizational field, European law journal 88-108

UN Women [2018], Why Gender Equality Matters Across All SDGS,1-72.

World Economic Forum [2022], Global Gender Gap Report Insight Report

World Health Organization [2010], Social and gender inequalities in environment and health, WHO Regional Office for Europe

内閣府［2021］,『男女共同参画白書』令和3年度版。

田村慶子［2010］,「ジェンダーの国際政治」『ジェンダーの国際政治』国際政治, 日本国際政治学会編, 1-10頁。

土佐弘之［2000］,「ウエストファリアシステムと家父長制の相補性」『グローバル／ジェンダー・ポリティクス 国際関係とフェミニズム』世界思想社, 1-11頁。

福田八寿絵［2016］,「EU科学技術イノベーションとジェンダー」福田耕治編著『EU・欧州統合研究』成文堂, 264-283頁。

[福田 八寿絵／鈴鹿医療科学大学薬学部教授]

IV　地域間共生と環境

7 エネルギー転換と技術の地政学とガバナンス[1]

1 気候変動問題の現状

　2021年8月，気候変動に関する政府間パネル（IPCC）の第1作業部会（WGI）は，第6回目の気候変動の物理科学的評価（AR6）を発表した。この報告は，地球の気候変動の要因が人為的な温室効果ガス（GHG）の排出であることは，「疑いの余地がない」と断定した（IPCC 2021：5）。また，同報告は，産業革命前からの平均気温の上昇を1.5℃以下に抑えるという目標に関して，GHGの排出量や将来の社会像に合わせて検討された5つの排出シナリオを評価した。その結果は，最も厳しいGHG削減シナリオでも，今後20年間（2021-2040）に1.5℃の上昇が避けられないことを示した（IPCC 2021：17-8）。2022年2月，気候変動による「影響，適応，脆弱性」を評価するIPCC第2作業部会は，「人為起源の気候変動は，より頻度と強度を増した極端事象を含む，自然と人間に対する広範囲にわたる悪影響と，それに関連した損失と損害を，自然の気候変動の範囲を超えて引き起こしている」とし（IPCC 2022：8），約33億から36億の人々が気候変動に対して非常に脆弱であると指摘した（IPCC 2022：12）。

　国連環境計画（UNEP）の『2022年排出ギャップ報告』は，土地利用の変化による排出量を除外した世界のGHG排出量が，2021年に二酸化炭素換算で52.8 Gt CO_2e（528億トン）に達し[2]，これまで過去最高であった

2019 年の52.6 Gt CO$_2$e（526億トン）を上回った（UNEP 2022：5-6）と報告している。新型コロナウィルス（COVID 19）感染が世界に拡大し，ロックダウンのような政策による企業の生産活動の縮小や人流の抑制によって経済活動が停滞し，短期的には2020年に GHG の排出量が50.8 Gt CO$_2$e に低減したが，一時的なものであった（UNEP 2022：6）。世界は引き続き大幅な GHG 排出削減を迫られる状況にあり，2050カーボン・ニュートラルを目指すことは言うに及ばず，より実質的な脱炭素社会形成に向けたエネルギー転換が求められている。

2　国連気候変動枠組条約（UNFCCC）を中心とした国際社会の取り組み

　2015年に195カ国が調印したパリ協定は，世界の平均気温の上昇を産業革命前よりも 2 ℃を十分に下回り，1.5℃に上昇を抑える努力の継続を掲げ，今世紀半ばまでにカーボンニュートラル（二酸化炭素（CO$_2$）の排出量と吸収量の均衡）を目指す。2016年にパリ協定が発効して以降，地球規模の気候変動問題に対する国際的な取り組みは加速している。IPCC は，2018年に，産業革命以前の地球平均気温が1.5℃上昇した世界の諸状況を初めてシミュレーションし，2030年までに2010年を基準年として CO$_2$に代表される温室効果ガス（GHG）の排出量を45％以上削減する必要があるとした（IPCC 2018）。また，今世紀末までの気温上昇を1.5℃以下に抑えるために，世界は後どれほどの GHG を排出できるか，つまり，現時点での世界の炭素予算（carbon budget）の「余剰分」が問題になる。同 IPCC 特別報告では，気温の上昇を1.5℃に抑えるために（66％超の確率で），2010年の排出レベルを起点として今後排出可能な GHG の量は，第 5 次報告書（AR5）における地表の平均気温を用いて，約420 Gt CO$_2$e 残るのみであった（IPCC 2018：27）。

　この報告を受け，主要排出国や欧州連合（以下，EU と略す）などの地域

が大幅な GHG 削減目標を提唱し始めた。他方，パリ協定が掲げる 2 ℃（努力目標1.5℃）以下に気温上昇を抑える目標達成のために，CO_2の排出と森林による吸収や炭素回収貯留（CCS）技術の活用等によって，概ね2050年までにカーボンニュートラルの実現をめざす方向性が示されたことによって，再生可能エネルギー（以下，再エネと略す）開発や脱炭素社会形成のための経済社会活動が活発化した。世界の GHG 排出大国は，化石燃料を中心としたエネルギー構成から，風力，太陽光，バイオマス，水素などの再エネ中心のエネルギー転換を追求している。また，世界の年金基金などの機関投資家も石炭産業等から資金を引き揚げて再エネ産業や省エネ技術開発への投資を促進し，日本を含む石炭依存の大きな国に対して間接的な圧力をかけている。2020年 9 月，欧州委員会委員長フォンデライアンは，EU 全体で2030年までに1990年の CO_2排出量水準から55％削減すると表明する一方（EU 2020），中国の習近平国家主席は2060年までにカーボンニュートラルを目指すと宣言した（田村等 2020）。その 1 カ月後，菅義偉首相は，日本の2050年ネット・カーボンニュートラル目標を国会の所信表明演説で明言した。アメリカのジョー・バイデン大統領は，就任直後の2021年 4 月に，同年11月にスコットランドのグラスゴーで開催される国連気候変動枠組条約第26回締約国会議（COP26）に向けて，各国の GHG 削減目標（NDC）の強化を目的に，気候に関する首脳会議をオンライン形式で開催した。この二日間にわたるオンライン会議に17カ国の GHG 排出大国を含む40カ国の首脳が参加し，アメリカは2030年までに2005年比50-52％のCO_2削減と2050年カーボンニュートラルの目標を掲げ，中国は2030年以前に CO_2排出のピークを目指すこと，インドは再エネの大幅導入（450ギガワット（GW））を約束する一方，日本は2013年比46％および努力目標として50％削減を約した（White House 2021；Ohta 2021：26）。

　2021年10月から11月にかけてイギリスのグラスゴーで開催の COP26で採択された「グラスゴー気候協定」は，151カ国が2030年までの各国の削減目標（NDC）を段階的に引き上げることを約するとともに，同年までの

石炭火力発電の「段階的削減」に言及し[3]，1.5℃目標を掲げた（UNFCCC 2021）。また，109カ国が，メタンガスの排出量を2030年までに2020年比30％削減を約束する「グローバル・メタン・プレッジ」に署名し，パリ協定のルールブックも完成した。さらに，気候変動緩和と同様に重要視されている適応に関して，グローバル適応目標（GGA）と言われるパリ協定第7条1項の規定にある世界全体の適応に関する共通目標は，「気候変動に対する適応能力を高め，強靭性（レジリエンス）を強化し，脆弱性を低減する」ことであり，COP25以降，適応委員会によってその評価方法が検討されてきた。COP26では，GGAに関する議論を2か年の作業プログラムを設立して継続的に審議することになり，COP27の開催地の都市名も加えて「GGAに関するグラスゴー＝シャルム・エル・シェイク作業プログラム」と名付けられ（椎葉等2021：2），GGAの評価を確立して適応策の促進をはかっている。他方，先進国がCOP16において2020年まで年間1,000億米ドルを気候変動対策のために調達するという目標は，2025年まで継続されることになったが，経済協力開発機構（OECD）の2021年9月の報告では，2019年実績で目標額の80％程度の達成で，そのうち40％ほどの資金が適応に利用されたのみであった（OECD 2021；椎葉等2021：2）。これとは別に，特に脆弱な国に対して，気候変動の悪影響に伴う損失と損害（ロス＆ダメージ）に関しても先進国等に対する支援要請が高まった。

　エジプトのシャルム・エル・シェイクで2022年11月に開催されたCOP27でも1.5℃目標は堅持されたが，引き続き長期的な気候変動対策基金問題が審議された。ただ，特に脆弱な途上国支援の新たな資金面での措置を講じるために，ロス＆ダメージ基金（仮称）を設置することが決定され，その資金面での措置（基金を含む）の運用のための勧告をCOP28に行うために移行委員会を設置することになった（環境省 2022）。また，日本政府が大いに関与しているパリ協定6条（市場メカニズム）の実施に関して，京都議定書下のクリーン開発メカニズム（CDM）のクレジットのパリ協定への移管や日本政府が実施する二国間クレジット（JCM）に関する

詳細ルールが決まった（環境省 2022）。しかし，UNEP によれば，全ての国が現在の削減目標を達成したとしても，2050年には地球の平均気温が2.4-2.6℃上昇してしまうと予測している（UNEP 2022：35）。

地球規模の気候変動緩和と適応のためには，国際交渉の当事者である政府や政府間機関に限らず，企業，投資家，研究機関，非営利団体（NGOs），一般市民を含めたあらゆるステークホルダーの関与が求められる。むしろ，政府を含めた全てのステークホルダーを総動員しなければ，パリ協定以降に掲げられている1.5℃目標の達成は覚束ない。まさに，人類社会は，産業革命以来の化石燃料を基盤に発展してきた産業構造の大変革を迫られている。そのためには，鉱工業，製造業，運輸，農林水産業，情報・通信，流通・販売そして人々のライフスタイルを含むあらゆる産業及び民生部門における変革が求められる。このことを念頭においた上で，本章では世界の GHG 排出量（52.8 Gt CO_2e）の約70％を占めるエネルギー関連部門（36.8 Gt CO_2e）（IEAa 2022）に焦点を定めて[4]，技術と社会の関わりの視点も加味して，エネルギー転換の必要性と地政学的影響について考察していく。

3　エネルギー転換

主要排出国や地域を中心に，中長期の GHG 排出削減目標の更新及び再エネ技術開発競争が始まっている。例えば，EU は，グリーンディールとして，約１兆8,000億ユーロ規模のグリーン経済復興策を打ち出す一方，イギリスでは水素を含む再エネへの投資などで25万人の雇用を目指す。バイデン政権のアメリカでは，2021年11月上旬に，１兆ドル規模の社会生産基盤の再構築法案が成立した。今後10年間，道路，橋，高速道路の補強とともに，ブロードバンド，送電網，電気自動車（以下，EV）用の急速充電ステーションの増設などを含む5,500億ドルが国家予算に計上される（Weisman et al. 2021）[5]。さらに，社会保障，教育，気候変動問題対策とし

て当初3.5兆ドルの予算を想定した"Build Back Better Act"は，予算規模約5,000億ドルに縮小された「インフレ抑制法」（Inflation Reduction Act: IRA）として議会で成立し，過去最大の気候変動対策に3,910億ドル，医療保険制度改革に1,080億ドルを計上している（宮野2022）。日本でも，グリーン成長戦略の一環として，例えば，新エネルギー・産業技術総合開発機構（NEDO）が2兆円の基金を積み立てて脱炭素技術開発を促進している。

　気候変動対策の要となる自然エネルギー開発やその普及，すなわち，太陽光発電・太陽熱利用，陸上・洋上風力発電，小規模水力発電，バイオマス，ヒートポンプ等々の利用やガソリンやディーゼル燃料車からEVあるいは水素で駆動する燃料電池車等への転換は，海外の化石燃料への依存を軽減することによって，エネルギーの安全保障を高めることができる。また，石炭火力発電から再エネ発電への転換やEV等の普及は，硫黄酸化物（SOx）や窒素酸化物（NOx）による大気汚染とCO_2による地球温暖化問題解決に貢献する。再エネの中でも，特に，太陽光や太陽熱，風力や水力，バイオマス，地熱などの自然エネルギーは，各々地理的な制約はあるものの，地元のコミュニティーで地産地消でき，発展途上国のみならず先進工業国における地域社会の自立や活性化，さらには持続可能な発展を促すことができる。再エネによる小規模かつ地域分散型のエネルギー供給システムは，火力・原子力発電による従来型の大規模集中型のエネルギー供給システムに対して構造変革をせまる契機となる。ただ，後述するように，クリーンエネルギーの急拡大による環境汚染と地政学的な問題は存在する。また，エネルギー転換が直線的に，技術的解決のみに依拠して，円滑にかつ何らの社会的軋轢もなく遂行されるものでもない。化石燃料を基盤とした複雑な技術社会システムとそれを支えてきた現有勢力と（Unruh 2000），様々な再エネやそれを活用する多様な技術と新たな担い手から構成される新参勢力との間の市場争奪戦や社会システム選択をめぐる軋轢なども想定される（Geels 2014；Meadowcroft 2009；Moe 2010；Moe 2012；Valkenburg and Cotella 2016）。より根源的には，化石燃料に依拠した産業構造の大転換は，18〜19世紀の産業革命に類する人類史における一大イベントで，国内の現有勢力の抵抗のみならず，石油・天然ガス・石炭輸出国なども巻き込んだ，世界のエネルギー地政学地図の塗り替えを示唆するものでもある。

4　エネルギー転換の地政学

　世界のエネルギー問題と地政学との間には親和性がある。現代文明の動力源である化石燃料の生産国は，中東諸国に代表されるように，不安定な国際政治の渦中にある。石油や天然ガス資源は地理的に偏在していて，ペルシャ湾岸地域やロシアなどの特定地域に集中している。地政学が，地理的要素によって左右される国際政治で，特に，為政者の地理的考慮による行動に左右されるものとするなら（Scholten 2018：8），一国の経済活動に不可欠で世界に偏在する化石燃料資源の争奪は，優れて地政学的な営みとなる。

　他方，再エネには化石燃料とは異なる特徴があり，一見すると地政学とは無縁のエネルギー源のように捉えられる。再エネを代表する太陽光は，地域ごとに日照時間の違いはあるものの，地球上を遍く照らすという意味で遍在している。バイオマスの原料となる木質セルロース，藻類やユーグレナも多くの地域で入手可能な再エネの原料である。風力，水力，地熱に関しては地域の地理的特性に左右されるが，有力な再生可能な自然エネルギーである。これらの再エネの活用は，ローカルレベル（市町村）の領域，国レベルの領域，北海地域・アジア・欧州といった広い地域の領域で可能で，空間あるいは領域の政治という観点から地政学的要素があり（Flint 2022），化石燃料等の資源を海外に依存する国にとっては，自国内で再エネを開発すれば，エネルギーの安全保障上の懸念を軽減できる。他方，ソーラーパネル，風力発電機器，電気自動車の蓄電池などには，コバルト，マンガン，リチウム，レア・アース（希土類元素）などの原材料が必要で，

これらは地域に偏って存在していて（Dominish et al. 2019；Pitron 2020），化石燃料の地政学的問題に通じるものがある。さらに，グローバル市場における再エネ技術競争や再エネ技術のサプライチェーンの優位性を争う接続性の地政学（Khanna 2016）的な現象も認められる。

　次節以降，化石燃料をめぐる地政学，EU の再エネへの移行を加速させるロシアによる天然ガスの戦略的利用，再エネ技術と原材料の地経学及び地政学について考察する。

(1) 化石燃料をめぐる地政学

　エネルギー資源と安全保障問題の関連性が意識されるようになったのは，第一次世界大戦前後であった。1911年末に海軍大臣に就任したチャーチルは，ドイツ海軍の軍備拡張の脅威に対処するために艦船の燃料を石炭から石油へ転換することを決意したのに始まる（Yergin 1991：11-2；2011: 264-5; Tertzakian 2007：35-6）。しかし同時に，イギリスにとって石油に依存する危うさも認識された。自国から9,700 km も離れた政情不安定なペルシャ（現イラン）の石油に依存しなければならなかったからである。チャーチルは石油の輸送航路という生命線の防衛体制も整える必要があり，議会でもこの決定に対して批判的な議論が巻き起こった。1913年 7 月，チャーチルは，「われわれは，決して 1 つの品質，1 つのプロセス，1 つの国，1 つのルート，1 つの油田に依存してはならない。石油の安全性と確実性は，多様さのみに存在する」（Yergin 2011：265）という現在のエネルギー安全保障の鉄則とも言うべき名言を吐いている。第一次世界大戦の終結時には，石油が戦略的資源であることが大国の間では等しく認識された。

　第二次世界大戦でも戦略物質としての石油のサプライチェーンを確保することが死活問題となった。アメリカ政府は，イギリスがドイツとの熾烈な闘いを展開中，戦時需要の急増で石油の国内生産が逼迫していたので，サウジアラビア，クウェート，バーレーンでの石油生産を促進するために大手の石油会社に対して石油生産や精製設備の建設のための投資を促して

いた。アラムコが中心となった米国企業のコンソーシアムが，サウジアラビア東部から地中海の港湾をつなぐ石油パイプラインを建設し，サウジの石油をヨーロッパ市場に供給することが可能になった。これはサウジの利益になったので，パイプライン敷設はサウジとアメリカの特別な関係構築の礎になった（Tertzakian 2007：52-3）。こうして戦後のアメリカの石油資本の中東での優位性が高まるとともに，同国政府もその権益を擁護するために，また，中東の石油への依存度が高まるにしたがって，中東への介入を深めて行った。

しかし，1970年代の二度にわたる石油危機を通じて，かつてはメジャーズが産油国に対して一方的に「適正石油価格」を決めていたが，湾岸諸国が油井を国有化する過程で原油価格の決定権を獲得していき，メジャーズと産油国の立場は逆転した。以来，世界は，多くの歴史的・社会的・政治的問題を抱え，資源の豊かさゆえの社会や政治経済制度が未発達（Karl 1997）で不安定な中東地域の炭化水素資源に依存するようになった。また，安全で安定したエネルギー供給を確保するためには，その生産から最終消費までのサプライチェーンの全過程において安全保障体制の整備が必要となる。すなわち，陸上の油田や油井，石油や天然ガスのパイプラインの国境を跨いだ安全確保，パイプラインの中継国との信頼関係の維持や利害調整，海底油田開発基地，石油・天然ガス貯蔵施設，製油所や天然ガス加工施設，港の諸施設，発電施設，高圧送電線，変電所，配電線など，広範囲かつ多種多様な施設やサービスに対する警備や防護対策が要求される。

さらに，石油や液化天然ガス（LNG）の輸送に特有なこととして，ホルムズ海峡，マラッカ海峡，ボスポラス海峡などの海上航路における深刻な隘路（チョークポイント）の航行の問題がある（Yergin 2011：280-3）。2018年，一日当たり2,100万バレル，おおよそ世界の石油消費の21％が，ペルシャ湾とインド洋を隔てるホルムズ海峡を通過した（USEIA 2019）。もう1つの重要なチョークポイントは，マレーシアとインドネシアのスマトラ島の間の狭いマラッカ海峡である。最も狭いところで65kmほどしかなく，

海賊やテロリストなどが暗躍するこの海峡を，1日約1,400万バレルの原油と世界的に売買されるLNGの三分の二を運搬するタンカーが航行する。日本と韓国が消費する石油の80％，中国の消費量の約40％がこのチョークポイントを航行して運ばれる（Yergin 2011：282）。

　インド洋と南シナ海を含む海域は，1993年に中国が石油の輸出国から輸入国になり，2001年のWTO加盟以降の経済の急成長に伴い，西沙諸島や南沙諸島の領有権をめぐって，中国，ベトナム，フィリピン等の間で地政治のホットスポットになっている。特に，2003年，民主政権の樹立を大義にアメリカがイラク戦争を起こした数カ月後，胡錦濤第一書記は「マラッカのジレンマ」と称して，マラッカ海峡への過度の依存に対して警告を発した（Yergin 2020：157）。それ以来，中東への依存を減らすために供給の多様化を図っていて，南シナ海域の石油や天然ガス開発に乗り出している。しかし，現在の南シナ海の石油の生産量は日産で世界の供給量の1％以下で，推定埋蔵量は中国が期待するほどは多くなく，しかもこの海域に位置する国々の沿岸地域に多い。したがって，中国海軍の増強と南シナ海への大規模な進出の真の意図は，ヤーギンも指摘するように（Yergin 2020：160），強力なアメリカ海軍に対抗しつつ，「核心的な」権益であるマラッカ海峡の航行の自由を確保して石油や天然ガスの安定供給を図って，中国の経済成長の維持を目指すことにあるといえる。

(2)　エネルギー安全保障と再エネの促進

　上述の化石燃料の地政学的懸念に加えて，各国の国境を通過するパイプラインは優れて地政学的な要素である。特に，生産国，中継国と消費国との間に敷設されるパイプラインの政治経済的関係が問題となる。とりわけロシア，ウクライナ，ヨーロッパを結ぶガスパイプラインが好例である。超大国であったソ連邦解体後，大国として再興を図るロシアは，炭化水素資源に大きく依存している。政府の予算の40％から50％を石油と天然ガスの輸出収益から得ていて，GDPの30％に相当すると推計されている

（Yergin 2020：71）。他方、ヨーロッパのガス総消費量の35％は、パイプラインを通して、ロシアからウクライナを通過してEU諸国に流れ、ウクライナはロシアからのガス供給に依存するのみならず、自国領土内のガスの通過料徴収によって収入を得ている（Yergin 2020：78-81）。ウクライナ国内でEUへの統合を望むグループとロシアとの関係を重視するグループの対立は、伝統的な地政学の観点から、前者の動きがロシアにとってEUの東方拡大という脅威と受け止められても不思議ではない。ロシアは、天然ガスを戦略的物質としてその供給を止めて中継国や消費国に対して政治的圧力をかける誘惑に駆られる（Hirschman 1980）。

ロシアのエネルギー資源を用いた脅しに対して、EU加盟国間ではエネルギー安全保障の捉え方が異なる。EUとしてはガスパイプラインの拡張などにより地域のエネルギー政策の統合と気候変動緩和の要請上、ロシアからの（石炭に比べてCO_2の排出の少ない）天然ガスの供給への依存に対する脆弱性の認識は、かつて旧ソ連の衛星国家として支配されてきた旧東欧諸国よりは少ない。旧西側のEU国内でもロシアに対する対応は異なる。ドイツはロシアのガスプロムと協同で、2011年にウクライナを経由せずにバルト海の海底を通ってロシアから自国に直結するパイプライン、ノルド・ストリームを完成させた。さらに、一時は原発の稼働延長を模索していたドイツのエンゲラ・メルケル政権は、2011年の福島原発事故後に脱原発へと舵を切ったこともあり、石炭からの依存度を飛躍的に減少させるためにもロシアからのガス安定供給をさらに求め、2015年にノルド・ストリーム２の建設計画を進めた。しかし、2014年３月にロシアがクリミアを併合したのを契機に、アメリカのバラク・オバマ政権が、それまでのロシアのウクライナ内政の介入に対する対ロシアの経済制裁をさらに強化していたのに加え、ロナルド・トランプ政権と議会は、ノルド・ストリーム２建設に携わるロシアの事業会社に経済制裁を加えたが、それに対してメルケル首相は強く反発する状況が続いた。ジョー・バイデン政権下になって、同パイプラインの95％は完成していること、中国と対峙するために同盟国

ドイツとの友好関係を重視する意図もあり，2021年の5月に経済制裁を解除した後，ノルド・ストリーム2は同年9月に完成している（BBC News 2021；AFP/BB News 2021）。

　しかし，事態は急転した。2022年2月24日，ロシアはウクライナに侵攻し，エネルギー資源を利用した地政学的なEU諸国に対する脅しは現実の脅威となった。1970年代以来のエネルギー危機の到来であるが，当時は石油のみの問題であったのに対し，今回はロシアが石油，天然ガス，石炭，核分裂物質といったほとんど全ての燃料において世界でも有数の生産国であるので，国際社会は史上最悪のエネルギー危機の到来の瀬戸際にある（Bordoff and O'Sullivan 2022）。特に，EU諸国は，紛争勃発以前ロシアから40％近くの天然ガスと25％以上の石油を輸入していて（Cohen and Reed 2022），暖房，製造・加工，発電用に関して，2022年12月時点で，ロシア産ガスの80％の供給が途絶え，電力の卸売価格が前年比の15倍まで跳ね上がった（Zettelmeyer et al. 2022）。気候変動対策として石炭からの脱去を急ぐEUが，ロシアのウクライナ侵攻の前年に，ガス価格の高騰にすでに苦しめられていたこと，ハンガリーやポーランドなど石炭に依存する国のEU委員会主導の急速なエネルギー転換に対する反発を指摘しつつ（Eddy and Sengupta 2021），ヤーギンは，欧米諸国がエネルギー安全保障のことを軽視していたこと，ウクライナ侵攻によってガスの市場価格がより一層高騰したこと（プーチンにとって好都合），ロシアの石油や天然ガスは直接的には経済制裁の対象にはなっていないことを，インタビューに応えて指摘していた（Sorkin 2022）。しかし，大方の予想に反して，EU諸国は，本章執筆時点において，ロシアによるエネルギー供給削減攻勢の軍門に降っていない。

　様々な要因が挙げられるが，EUが再エネへの転換をさらに加速させたことが最も大きい（Wallace-Wells 2023；The Economist 2023a）。その他の理由として，2022年暮れ以降，ヨーロッパは暖冬に見舞われ通常よりガスの需要が少なかったこと，EUの天然ガスの先物市場価格（2023年2月16日

現在で€49.047/ MWh［メガワット時］）が2021年9月1日以来の最低水準にあることが指摘されている（Trading Economics 2023）。また，ドイツ等が，急遽，液化天然ガス（LNG）基地を建設してロシアからのガス供給の激減に備える一方，EU は各加盟国に2022/2023の冬に少なくとも80％，次期の冬の前に90％程度ガスを備蓄するように義務付けている（European Council 2023）。しかし，特に目を見張るのが，EU の再エネ転換政策の急加速である。欧州委員会はロシアのウクライナ侵攻から約3カ月経った5月に「リパワー EU」（REPower EU）と銘打ったロシア産化石燃料依存からの脱却計画を発表して，省エネ政策や供給源の多角化を促進するとともに，再エネへの移行の加速を掲げている（European Commission 2022）。その主な内容は，2021年7月に発表された Fit for 55政策（1990年比 GHG 排出量の55％削減目標達成政策）にある2030年のエネルギーミックスにおける再エネ比を40％から45％に引き上げる目標設定である。そのために2025年までに2022年に比べ2倍以上（320 GW）の太陽光パネル（PV）の新設を目指し，2030年までに約3倍の600 GW まで伸ばす計画を打ち上げた。また，EU 域内の再エネから生産された水素（グリーン水素）の生産量を現行目標の約2倍に相当する年間約1,000万トンに引き上げるとともに，域外から同量のグリーン水素の輸入を目指し，さらに，2030年までに350億 m³のメタンガスの生産を目指す，というものである（吉沼 2022）。

　実際，エコノミスト誌の調査によれば，EU はエネルギー転換目標を5年か10年前倒しで達成する見込みである。ロシアのウクライナ侵攻前後のガス価格の高騰によって石炭利用がドイツを含む世界各地域で増大し，中国とインドにおける石炭生産は8-10％増加した（The Economist 2023a：4）が，IEA によれば，石炭の需要増大は2025年までと予測している。それ以降はアメリカやカタール，その他の地域の LNG の供給に押される展開になるということである。実際，EU は化石燃料からの依存度を減らしていて，2021年度の GDP 単位あたりのエネルギー使用率が2％減少した（IEA 2022b）。さらに，暖冬とエネルギー効率の向上によって，EU の電力

使用は前年の冬に比べ6-8％減少し，一般家庭と企業を合わせてエネルギー効率向上のために5,600億ドルを主にEVとヒートポンプに費やしたと指摘している（The Economist 2023a：5）。これ以外にも，家庭や企業によるソーラーパネルの設置や風力発電開発が飛躍的に進んでいる。

　世界に目を転じると，再エネへの転換の加速度が一層鮮明になる。2021年，風力と太陽光資産のための世界の資本支出が，3,570億ドルから4,900億ドルに成長し，新規と既存の油井とガス井への投資を初めて上回った。中国は，2025年までに，1,000 terawat-hours（TWh）の再エネを供給する能力を得るということで，これは今日の日本の総エネルギー生産に匹敵する量である（The Economist 2023a：6）。また，アメリカはインフレ抑制法によってグリーン技術開発のための補助金3,900億ドルの予算を計上する一方，EU委員会は2,500億ユーロ（2,700億ドル）をクリーン技術企業のために用意すること，太陽光発電を2倍にする目標年を2030年から2025年に前倒することを決定した。同様に，ドイツは発電源としての再エネの2030年までの割合を65％から80％まで引き上げる一方，中国は，エネルギーの第14次五カ年計画において，発電に占める再エネの比率を2025年までに33％に増やす目標を初めて掲げた（The Economist 2023a：6）。要するに，石炭や天然ガスの需要増大が長期に渡って継続するのではなく，世界のエネルギー事情において，2025年以降脱炭素の傾向が優勢となり，化石燃料由来のGHG排出が減少する可能性があるということである。

(3)　再エネ技術と原材料の地政学とガバナンス

再エネ技術開発の地域間競争と利害調整

　太陽，風，地熱などの自然エネルギーを中心とした再エネが化石燃料に取って代わる世界は，どのような景色になるのだろうか。再エネの地政学に関する包括的な研究は，四つの可能性を指摘している（Scholten 2018b；Scholten and Bosman 2018）。第一に，エネルギー市場は寡占市場からより競争的な市場に移り，化石燃料生産国の戦略的な影響力に代わって，再エ

ネの効率的な生産者や安価なエネルギー供給者，大消費者が市場を左右することが可能になる。化石燃料の埋蔵量の豊富な中東のように，社会・政治情勢が不安的な地域に対する輸入国のエネルギー依存度が減り，国際的な紛争も減少する可能性がある。第二に，巨大な電力会社が石炭火力や原子力発電所のような大規模集中型の施設によって電力を生産するのとは異なり，一般家庭，ビジネス，コミュニティなどの多様なプロシューマー（prosumer：自ら製品やサービスを生産する消費者）が電力生産・送配電のビジネスモデルを提供するとか，地方への権限委譲なども進む。第三に，再エネ技術における覇権争いやクリーンテクノロジーに不可欠な希少金属を得るための国家間の競争が激しくなる可能性がある。最後に，再エネの世界は，エネルギーシステムの電化をもたらすため，化石燃料のようなグローバルな規模の供給網から，電力の長距離搬送によるエネルギー損失の問題によって，電力によるエネルギー供給は地域的な送電網の範囲に移る可能性が高い。

　現在，世界はエネルギー転換の過程にあるので，上述の再エネ主流の世界の特徴は想定可能な事柄でしかないが，それでも現実には気候変動緩和策及びクリーンテクノロジー開発競争の本格化に伴う再エネの普及が拡大している。この傾向は，今後，欧米諸国等のグリーン・リカバリーやリパワー EU により一層加速される。再エネとその技術の普及による国際政治経済的あるいは地政学的な影響はどのようなものになるのだろうか。ここでは，特に，上述の第三点目の再エネの地政学的な展開の可能性についてやや詳細に考察する。

　再エネ技術の開発及び市場競争の端緒は，2004年，ドイツにおいて再エネによって発電された電力を優先的かつ比較的高値でしかも一定期間にわたって固定した価格で送電会社が買い取るという「固定価格買い取り制度」（a "feed-in tariff"）が導入されたことである。これを機に，中国は戦略的に太陽電池やソーラーパネルを生産し，ドイツをはじめとして EU 市場やアメリカ市場向けに輸出し始めた。中国は2007年に世界最大のソーラ

ーパネル生産国になり，2010年時点で同国の太陽電池メーカーは世界市場の50％近くを占め，アメリカ，ドイツ，日本のメーカーを凌ぐようになり，米・中・EU間で貿易摩擦を引き起こした。中国のソーラーパネルがアメリカ市場を席巻するようになったことに対して，同国でダンピング提訴問題が発生した。中国政府が太陽電池やソーラーパネル産業を「戦略的新興産業」と位置付けて優遇政策を採用すること，特に，アメリカの貿易代表部や商務省は，WTO加盟国に課されている補助金制度の透明性確保の義務を中国は怠っていることを問題視した（USTR 2012；Hart 2012；太田 2016：282）。アメリカ国際貿易委員会（ITC）は，2012年5月，中国製太陽電池をダンピングと認定し仮の税率を決定した後，11月に正式に決定した。その後，関税率引き上げ対象となった中国企業が，太陽電池を台湾企業に委託製造させて，台湾製としてアメリカ市場向けに輸出を続けた（太田 2016：285）。同様に，2012年7月，ドイツ企業は，欧州委員会に対して，中国ソーラーパネル製品（ウエハー，セル，モジュール）に対する反ダンピング調査を申請し，中国とEUの間でも同製品をめぐる貿易摩擦が表面化した。欧州委員会も2013年6月に中国製ソーラーパネル製品に対する反ダンピング調査に関する仮決定を発表した。しかし，同委員会の仮決定に対するEU諸国の足並みは揃わなかった。欧州委員会の追加課税の決定に賛成したのはフランス等の四カ国のみで，中国の自動車市場等を重視するドイツを始めとする他の国は反対に回った（棄権五ヵ国）。

　カーボンニュートラルあるいはさらに一歩踏み込んだ脱炭素に向けた各国・地域の産業育成と競争力強化戦略は，脱化石燃料の地政学的な展開である。EU，中国，日本そしてアメリカは各々カーボンニュートラルあるいは脱炭素で技術的リーダーを目指しているが，域内や国内の再エネの豊富さによって成長戦略や技術輸出の内容も異なる。EUは，域内に豊富な再エネ資源があり，それを活用した水素化，世界標準づくり（ルールメーク）に注力している。例えば，EUは域内の豊富な風力などの再エネを活用して水素（グリーン水素）を生成し，鉄鋼業など膨大な石炭を必要とす

る産業の低炭素化や，自動車や航空機などで使える合成燃料の活用を推進している。また，ルールメークに関して，環境面で持続可能な経済活動を具体的に定義した「EU タクソノミー」を作成し，これを参照することで，2050年のカーボンニュートラル達成に向けた長期的な投資を呼び込む戦略や排出規制などを実施しない国からの輸入製品について課される「国境炭素税」の導入などを検討している（立野と薮内2021）。さらに，製品の生産から廃棄までの全過程を対象としたライフサイクル評価（life cycle assessment：LCA）規制やリサイクル規制を活用した蓄電池の域内生産化を通して，域内製品の競争力を高める戦略をとっている。中国は，蓄電池などの要素技術に加えて，EV や原子力発電などの輸出でグローバルな競争力を向上させ，石炭などの化石燃料からの脱却を目指している。また，国内に再エネ（太陽光，風力）が豊富な中国は，EU 同様，グリーン水素を大量に生成して，膨大な熱が必要な鉄鋼業やセメント産業の低炭素化を推し進めるため，政府主導で水素エネルギーの工業団地を形成している。

　トランプ大統領の出現で出遅れていたアメリカは，バイデン政権になって2021年11月に大型のインフラ投資法，翌年8月に，中国に対抗すべくCHIPS および科学（チップスプラス）法（H.R.4346）と大規模な気候変動対策予算を計上したインフラ抑制法（IRA）を成立させ，世界のクリーンテック競争に参入し，就任直後に関係改善を図ってきた EU とその他の同盟国（特に，日本と韓国）との間に軋轢を生じている。立野と薮内（2021）によれば，アメリカは，GAFAM（Google, Apple, Facebook, Amazon, Microsoft）や Tesla（テスラ）などのテック企業を中心に，再エネ，蓄電池そしてデジタル技術を組み合わせた脱炭素戦略に強みがある。例えば，アップルは，サプライチェーン全体で100％再エネの電力利用を促しつつ，素材レベルでゼロカーボン化を推し進めている（Apple 2021）。しかし，チップスプラス法による半導体の国内生産の促進，IRA による EV の生産者と消費者に対する補助金と国内 EV 製造における高い国内調達比率が，これまでアメリカが WTO の原則に則って貿易相手国を批判してきた国内産

業優先の保護貿易である，と同盟諸国から反感を買っている（Rappeport et al. 2022；The Economist 2022）。アメリカの言い分は，気候変動緩和というグローバルな課題に同国が積極的に参加することの意義と再エネ開発促進による新技術の世界的普及および再エネ機器に不可欠の重要な原材料（後述）の安定供給に資する（Deese, B. et al. 2023a; Swanson and Rappeport 2023）というものである。チュップスプラス法とIRAによってEUの気候中立政策の要である再エネ技術開発への投資がアメリカに逃げてしまう懸念が強いものの，EU市場単位でアメリカに対して補助金競争を仕掛けて近隣窮乏化政策（a beggar-thy-neighbor policy）状況に陥るのは世界的にも好ましくない。また，各EU加盟国は課税主権を堅持している上に，アメリカに対抗して財政的に補助金を準備できるのはドイツとフランスぐらいで，しかも新制度設立には加盟27カ国の同意に基づく非常に煩雑な手続きが必要となる（The Economist 2023b, 2023c）。EUはアメリカに対抗するのではなく，これまでにEUグリーンディールなどによる財政支援を通して再エネ化が進んでいるので，遅れているアメリカは国税を導入して補助金等を用意しなければならない状況にあると捉え（The Economist 2023b），むしろ，今後の再エネ技術の発展の果実を共有する方向でアメリカと利害調整をするのが望ましい。

　日本も2021年10月の菅政権による2050カーボンニュートラル宣言によって遅ればせながら国際的な競争に参入した。日本は再エネ資源開発に消極的で欧米や中国に比べ国内の再エネ資源は乏しく，自動車産業などの個別企業によるクリーンテック開発が先行していた。しかし，菅政権が将来的な脱炭素の方向性を打ち出したことによって，経産省の「グリーン成長戦略」に見られるように，総合的なアプローチが模索され始めた（経産省 2020）。例えば，NEDOに２兆円の基金を造成して，カーボンニュートラルの分野での産業競争力の基礎の構築を意図して，（１）電力のグリーン化と電化，（２）水素社会の実現，（３）CO_2の固定・再利用等の重点分野について，今後10年間継続的に支援することになった（経産省 2020：6）。

岸田文雄政権は原子力新規建設に踏み込んでいるものの，グリーントランスフォーメーション（GX）として前政権の政策を大枠継承している（内閣官房 2023）。

　以上のように，欧米，中国，日本は，すでに再エネ技術開発競争で鎬を削っているが，地球の気候変動緩和のためには国家間および地域間の利害調整の必要も認識されている。

再エネとデジタル機器の原材料をめぐる地経学とガバナンス

　太陽光・風力発電や EV に代表されるクリーンテクノロジーと通信・情報分野のデジタルテクノロジーの融合によってもたらされる産業の劇的変化を，リフキンは農業革命と産業革命に次ぐ第三の革命と位置付けている（Rifkin 2011）。太陽光と風力発電による再エネの生産と蓄電，電力送配電網，スマートグリッド，バッテリー，E V，ロボット，人工知能（AI），IoT，デジタルヘルスケア，医療バイオテクノロジー，ナノエレクトロニクス，自動運転車等々の技術のほとんどは，銅，銀，黒鉛，リチウム・コバルト・ニッケルなどのレアメタル，スカンジウムやイットリウムなどのレアアース，その他の重要な原材料（critical raw material：CRM）などの金属の複雑な組み合わせを必要とする（Dominish et al. 2019；Pitron 2020）[6]。再エネの技術開発分野で，特に，現在主流である太陽光発電（PV），風力発電，EV，バッテリー（動力用・据置型）において，将来的な需要の急増と資源そのものの有限性を考慮すれば，これらの希少な金属を回収して再利用する必要がある。銀は，最も普及している結晶系シリコン型太陽光パネル等のほとんどのパネルに使用されているが，その含有量が減少傾向にあり，元々リサイクルが困難であったのが，益々困難になってきている。銀の次に熱・電気の伝導度の高い銅は，あらゆる技術に利用されているがその代用が利かない金属である。レアアースの一種のネオジウム[7]やジスプロシウム[8]はほとんど全ての EV に使用されていて，他の金属で代用可能だが，リサイクルは進んでいない。アルミニウム，コバルト，ニッケル

はリサイクル率も高く，カドミウム，テルル，ガリウムなどでより容易に代用でき，インジウムやセレンはニッチな PV 技術のみに利用される（Dominish et al. 2019：iii, 5-16）（表1　レアメタルとレアアースの主な用途）。

　上記の全てのクリーンテック用の金属・非金属（以下 CRM）について，使用済みの機器からの回収と再利用が，持続可能な発展，採掘等に伴う環境汚染の軽減，人権侵害（劣悪な労働環境及び過重労働），さらには貴重な資源をめぐる紛争の回避にとって不可欠である。なぜならば，世界的な再エネへのエネルギー転換と技術開発は，その資源の需要を急激に高めていて，これらの資源が世界に偏在し，多くの主要な資源が途上国や中国に集中しているからである。国際エネルギー機関（IEA）によれば，パリ協定の2℃目標達成シナリオ（持続可能な発展シナリオ：SDS）で2040年までに現在の4倍のクリーンテクノジー用の CRM が，より早いエネ転換のグローバル2050ネットゼロで2040年までに現在の6倍の CRM が必要となる（IEA 2021：8）。また，同 SDS で，2040年までに2020年レベルと比較して，リチウム42倍，黒鉛25倍，コバルト21倍，ニッケル19倍，レアアース7倍必要となる（IEA 2021：9）。2019〜2020年時点で，リチウムの生産は，オーストラリアが世界の約50％，黒鉛は中国が60％以上，コバルトはコンゴ民主共和国が約70％，ニッケルはインドネシアが30％以上，レアアースは中国が60％占めている一方，これらの CRM の精錬・加工に関しては，中国がニッケルの約35％，リチウムとコバルトの50-70％，レアアースの90％を占めている（IEA 2021：30-32；European Commission 2020：35-37）。エネルギーの安全保障上，再エネ用の CRM の生産と加工が数カ国に集中していることは，化石燃料と共通している。しかし，車の駆動や発電所の稼働には石油や天然ガスが不可欠であるが，起動中の再エネ機器は寿命が尽きるまで稼働できる点で異なる。ただし，IEA 等も指摘しているように（IEA 2021：18；Dominish et al. 2019：52），気候危機の回避のためのクリーンエネルギー需要の急拡大に対して，CRM の生産と加工が追いつかない状況にあるので，資源の効率的利用，回収，リサイクルを通した循環型

表1　レアメタルとレアアースの主な用途

レアメタルの主な用途

元素記号	元素名	原子番号	主な用途
Li	リチウム	3	リチウムイオン電池（LIB），潤滑グリース，航空機材料，治療薬，花火 等
Be	ベリリウム	4	中性子の減速材，X線源，高音域スピーカー，合金材 等
B	ホウ素	5	耐熱性ガラス，ガラス繊維原料，殺虫剤のホウ酸団子 等
Ti	チタン	22	航空機機体，形状記憶合金，スポーツ用品，光触媒，印刷インク，白色顔料，化粧品 等
V	バナジウム	23	製鋼添加材，超伝導磁石，触媒，染・顔料 等
Cr	クロム	24	ステンレス鋼，ニクロム，クロムメッキ，酸化剤 等
Mn	マンガン	25	マンガン電池，鋼材，酸化剤 等
Co	コバルト	27	合金材，γ線，LIB電極材，磁石，絵具 等
Ni	ニッケル	28	ステンレス鋼材，形状記憶合金，ニクロム線，ニッカド電池，形状記憶合金材 等
Ga	ガリウム	31	青色発光ダイオード材，各種電子機器，化合物半導体 等
Ge	ゲルマニウム	32	ダイオード，赤外線レンズ，光検出器 等
Se	セレン	34	感光ドラム，カメラの露出計，ガラス着色剤・脱色剤，整流器 等
Rb	ルビジウム	37	ルビジウム発振器，原子時計，年代測定 等
Mo	モリブデン	42	オイルの添加剤，モリブデン鋼，電子基盤 等

出典　SCAS のウェブサイトから転載 https://www.scas.co.jp/services/materialscience/raw-materials/metals-ceramics/minor-metals-rare-earths.html

レアアースの主な用途

元素記号	元素名	原子番号	主な用途
Sc	スカンジウム	21	スポーツや映画撮影用の照明，自転車の軽量フレーム，メタルハライドランプ，触媒 等
Y	イットリウム	39	蛍光体，光学ガラス，コンデンサー誘電体，レーザー材料，永久磁石，酸化物超伝導体 等
La	ランタン	57	特殊ガラス原料，自動車排ガス還元触媒，水素吸蔵合金 等
Ce	セリウム	58	自動車排ガス浄化用触媒，研磨剤，紫外線吸収材，酸化剤 等
Pr	プロセオジム	59	磁性材料，溶接作業用ゴーグル，釉薬，光ファイバー 等
Nd	ネオジム	60	磁性材料，レーザー材料，着色剤 等
Pm	プロメチウム	61	夜光塗料，蛍光灯グロー放電管，β線厚さ計，原子力電池 等
Sm	サマリウム	62	磁性材料，レーザー材料，年代測定，自動車排ガス還元触媒 等
Eu	ユウロピウム	63	蛍光体，磁性半導体，光インク，NMRシフト試薬　等

Gd	ガドリニウム	64	光磁気ディスク，光ファイバー，造影剤，蛍光化剤，磁気冷凍材料 等
Tb	テルビウム	65	光磁気ディスク，磁性材料，レーザー，印字ヘッド 等
Dy	ジスプロシウム	66	磁性材料，蛍光塗料，光磁気ディスク材料 等
Ho	ホルミウム	67	レーザーメス，ガラス着色，ホルミウムレーザー，分光光度計の調整 等
Er	エルビウム	68	光ファイバーの添加剤，レーザー，ガラス着色 等
Tm	ツリウム	69	光ファイバー，レーザー，蛍光体，X線源放射線量計 等
Yb	イッテルビウム	70	ガラス着色，レーザー材料，放射線源，コンデンサ，ルイス酸触媒 等
Lu	ルテチウム	71	陽電子検出器（PET診断），年代測定 等

出典　SCASのウェブサイトから転載 https://www.scas.co.jp/services/materialscience/raw-materials/metals-ceramics/minor-metals-rare-earths.html

経済の確立と次に指摘する環境問題にも十分配慮した上で，最終的にはエネルギー需要そのものを減らしていく努力が必要である。

　CRMの採掘とそれに伴う環境汚染や人権侵害は，再エネ機器に不可欠な全ての金属に当てはまる。例えば，重金属のコバルトは大気，水，土壌汚染を引き起こし，炭鉱労働者への健康被害や周辺環境の劣悪化を引き起こしている。特に，零細・小規模の炭鉱が20％を占めるコンゴ民主共和国の状況は劣悪であり，児童労働も問題となっている（Dominish et al. 2019：39；Pitron 2020）。銅も多くの産出国，チリ，中国，インド，ブラジル，アメリカ，ザンビアで重金属汚染を引き起こしている一方，リチウム採掘が盛んなアルゼンチン，ボリビア，チリでは水質汚濁が著しい（Dominish et al. 2019：40-41；Pitron 2020）。銀は主に鉛，銅，金炭鉱における副産物として産出される過程で水質汚濁を引き起し，また，レアアースの加工には大量の有害化学物質が必要で，膨大な量の汚染された残土[9]，ガスそして汚水が，中国，マレーシア，アメリカの環境を汚染している（Dominish et al. 2019：43；Pitron 2020；IEA 2021）。例えば，内蒙古自治区包頭市は「レアアースの都」と呼ばれているが，1980〜1990年代，同市のレアアース中小企業の多くは環境保護施設を持っておらず，廃液，固体廃棄物，排ガスを無許可で環境中に排出していた（科学技術振興機構 2010；Pitron 2020：

25-29)。以上見てきたように，再エネ技術の活用そのものは気候変動緩和に貢献してクリーンなイメージを抱くが，その核となる材料資源の生産と加工過程は必ずしも自然環境と人間に優しいとはいえない。生産者や加工業者には責任ある資源調達が求められるゆえんである。

気候危機回避のための地域間協力

中国は自国が世界生産の多くを占めるレアアースを使った貿易制限の示唆あるいは制限の実施を試みてきた。例えば，2010年9月7日に尖閣諸島沖で操業していた中国の漁船と日本の海上保安庁の巡視船が衝突した事件から発展した事例が挙げられる。漁船の船長が公務執行妨害で起訴されて勾留されたことに対して，それ以前にレアアースの輸出制限に踏み出していた中国政府は，表向き資源の枯渇と環境劣悪化防止を理由に，この事件を契機に日本への輸出制限をさらに強化した（丸川 2016）。また，2014年3月に日本・アメリカ・EU が，中国のレアアース・タングステン・モリブデンについて賦課した輸出税及び輸出割当に対して，WTO 協定違反を主張して紛争解決手続きに提訴した事例がある。この事例は，紛争パネル裁定（2014年3月26日）と上級委員会裁定（2014年8月7日）でも日・米・EU の勝訴になっている（伊藤 2014）。しかし，地球規模の気候変動緩和に資するようなエネルギーや技術をめぐって，貿易がらみの地経学的な係争が地政学的な紛争に発展しないように，国家間や地域間の協力が求められる。

再エネ機器に不可欠の原材料（CRM）等のサプライチェーンが地球規模になっている現状では，CRM 等をめぐって，国も企業も意図せず地経学的あるいは地政学的な状況に陥るリスクがある。テスラ社の電気自動車も然りである。車体用アルミニウムとバッテリー用のリチウムや銅は，ボリビア，アフガニスタン，ロシアなどから輸入していて（Khanna 2016：166），これらの国の社会情勢や政情は不安定である。また，クリーンエネルギー用の CRM の採取・精錬・加工過程での環境汚染や労働搾取の問題も深刻

である。気候危機を回避して持続可能なエネルギーシステムを構築するために，グローバル規模で循環型経済の確立が必須となり，企業に対しても原材料の責任ある調達（Due diligence）が求められている。地域間協力に関しても，行政レベルで日本とEUとアメリカが水素や燃料電池技術協力を通して，規格・基準の標準化や水素の安全性及びサプライチェーンに関する協力を模索する動きがある（経産省 2019）。ロシアのウクライナ侵攻で深刻なエネルギー危機に直面しているドイツは，カナダ，UAE，デンマークなどと水素協定を結んでクリーンな水素の安定供給の確保を目指す一方，オラフ・ショルツ首相が2022年4月に訪日した際にも水素に関する日独技術協力強化を求めた（時事通信 2022）。日本政府も自ら提唱する「アジア・ゼロエミッション共同体（AZEC）」構想に基づき，脱炭素化に向けての地域間協力を促進している（時事通信 2023）。気候危機回避のためには，国連を中心とした国際社会のマルチレベルの取り組みとクリーンなエネルギー開発のための地域間協力が欠かせない。

注
1　本研究はJSPS科研費　JP21K01357の助成を受けたものである。
2　この数値は，土地利用の変化（LULUCF）によるGHGの排出量が未定なので含まれておらず，総排出量ではない。通常，この数値より数億トン大きくなる。因みに，2019年の総GHG排出量は56.4Gt CO_2e であった（UNEP 2022：6）。
3　協定文書原案には石炭火力の「段階的廃止」が盛り込まれていたが，中国やインド等の反対により，最終的に「段階的削減」になった。
4　2023年現在時点の CO_2 換算のGHG排出量は58.4Gtで，エネルギー部門（化石燃料による発電やその精製等），運輸部門（内燃機関エンジン車や船舶及び飛行機），産業部門（金属・セメント・化学産業等），建設部門（冷暖房等）の合計が約42Gtで，全体に占める割合が約70％となる（World Data Lab 2022）。
5　この他，気候変動への適応策にも関係する火災，洪水，嵐，旱魃への対策費として500億ドルを計上。
6　これらの金属や土類は地質学的に希少であることとその精製・加工が

困難であるという社会経済的な理由からレアメタル，レアアースと言われている。

7　鉄・ホウ素との化合物はネオジム磁石とよばれる永久磁石で，小型化・高性能化・省エネルギー化に優れ，コンピューター・電気自動車・携帯電話などに使用される。

8　電気自動車のモーターや風力発電機に使用される永久磁石としての需要が高まっている。

9　中国南方のレアアース生産地域では，レアアース鉱物の含有量が低いため，1 トンの希土類酸化物を生産するたびに土石採掘量（選鉱くず）は2,000トンから3,000トンに達し，現地の生態が破壊されるほどの深刻な土壌侵食を起こした（科学技術振興機構 2010）。

参 考 文 献

AFP［2021］,「ロシア，ノルドストリーム 2 完成を発表 各国反発のガス管」*AFP/BB News*, https://www.afpbb.com/articles/-/3365779（2021年10月 4 日検索）。

Apple［2021］, "Apple's renewable energy journey," 29 April. https://www.there100.org/our-work/news/apples-renewable-energy-journey（2023年 2 月23日）.

BBC［2021］,「米バイデン政権，ロシアのガス管会社への制裁を解除」*BBC News*, Japan,　5 月20日 https://www.bbc.com/japanese/57181294（2021年10月 4 日検索）。

Bordoff, J. and O'Sullivan, M.［2022］, "Jason Bordoff and Meghan O'Sullivan on maintaining energy supply while still hitting climate-change goals," *The Economist*, 26 March, https://www.economist.com/by-invitation/jason-bordoff-and-meghan-o-sullivan-on-maintaining-energy-supply/21808312（2023年 2 月18日）.

Cohen, P. and Reed, S.［2022］, "Why the Toughest Sanctions on Russia Are the Hardest for Europe to Wield," *The New York Times*, Feb. 25, https://www.nytimes.com/2022/02/25/business/economy/russia-europe-sanctions-gas-oil.html（2023年 2 月18日）.

Deese, B., Podesta, J. and Sullivan, J.［2023a］, "The three White House officials say it benefits the world—as well as America," *The Economist*, 25 January (the print edition under the headline "Brian Deese, John Podesta and Jake Sullivan on the Inflation Reduction Act").

Dominish, E., Florin, N. and Teske, S., [2019], *Responsible Minerals Sourcing for Renewable Energy*. Report prepared for Earthworks by the Institute for Sustainable Futures, University of Technology Sydney.

Economist [2022], "America's green subsidies are causing headaches in Europe: A transatlantic trade rift is brewing" (the print edition under the headline "United States, divided Europe"), *The Economist*, 1 December.

Economist [2023a], "War and subsidies have turbocharged the green transition," (the print edition under the headline "Going great guns"), *The Economist*, 13 February.

Economist [2023b], "Europe should not respond to America's subsidies binge with its own blunders" (the print edition under the headline "The copycat trap"), *The Economist*, 9 February.

Economist [2023c], "What European business makes of the green-subsidy race" (the print edition under the headline "Shock therapy"), *The Economist*, 14 February.

Eddy, M. and Sengupta, S. [2021], "An Electricity Crisis Complicates the Climate Crisis in Europe," *The New York Times*, October 29, https://www.nytimes.com/2021/10/29/climate/europe-energy-crisis-cop.html（2023年2月19日検索）.

European Commission [2020], "Study on the EU's list of critical raw materials（2020）：Final Report," Luxembourg: Publications Office of the European Union.

European Commission [2022], "REPowerEU: affordable, secure and sustainable energy for Europe," EU Commission, 18 May（2023年2月19日検索）.

European Council, Council of the European Union [2023], "Infographic - How much gas have the EU countries stored?" Last reviewed on 2 February 2023. https://www.consilium.europa.eu/en/infographics/gas-storage-capacity/（2023年2月19日検索）.

European Union（EU）[2020], A European Green Deal, https://ec.europa.eu/info/strategy/priorities-2019-2024/european-green-deal_en（2023年2月9日検索）.

Flint, C. [2022], *Introduction to Geopolitics*, Fourth Edition, London: Routledge.

Geels, F. W. [2014], Regime Resistance against Low-Carbon Transitions: Introducing Politics and Power into the Multi-level Perspective, *Theory, Culture & Society*, 31(5)：pp.21-40.

Hart, M. [2012], "Shining a Light on U.S.-China Clean Energy Cooperation," *Center for American Progress*, 9 February. http://www.americanprogress.org/issues/2012/02/china_us_energy.html（2021年10月11日検索）.

Hirschman, A. O. [1980], *National Power and the Structure of Foreign Trade*. Berkeley: University of California Press.

IEA [2021], *The Role of Critical Minerals in Clean Energy Transitions*, IEA, Paris https://www.iea.org/reports/the-role-of-critical-minerals-in-clean-energy-transitions, License: CC BY 4.0（2023年3月7日検索）.

IEA [2022a], *CO_2 Emission in 2022*, https://www.iea.org/reports/co2-emissions-in-2022（2023年2月13日検索）.

IEA [2022b], *World Energy Outlook 2022*, https://www.iea.org/reports/world-energy-outlook-2022（2023年2月20日検索）.

IPCC [2018], *Special Report: Global Warming of 1.5℃*, https://www.ipcc.ch/sr15/（2021年8月27日検索）.

IPCC [2021], "Climate Change 2021：The Physical Science Basis, Summary for Policymakers" https://www.ipcc.ch/report/ar6/wg1/（2021年8月27日検索）.

IPCC [2022], "Climate Change 2022：Impacts Adaptation and Vulnerability, Summary for Policymakers" https://www.ipcc.ch/report/ar6/wg2/（2022年5月1日検索）.

Karl, T. L. [1996], *The Paradox of Plenty: Oil Booms and Petro-States*, Berkeley: University of California Press.

Khanna P. [2016], *Connectography: Mapping the Future of Global Civilization*, New York: Random House.

Meadowcroft, J. [2009], "What about the politics? Sustainable development, transition management, and long-term energy transitions," *Policy Sciences*, 42(4), pp.323-340.

Moe, E. [2010], "Energy, Industry and Politics: Energy, Vested Interests, and Long-term Economic Growth and Development," *Energy*, Vol.35(4), pp.1730-40.

Moe, E. [2012], "Vested Interests, Energy Efficiency and Renewables in

Japan," *Energy Policy* 40（C）, 260-273.

OECD［2021］, "Climate Finance Provided and Mobilised by Developed Countries: Aggregate Trends Updated with 2019 Data," https://www.oecd.org/env/climate-finance-provided-and-mobilised-by-developed-countries-aggregate-trends-updated-with-2019-data-03590fb7-en.htm（2023年2月10日検索）。

Ohta, H.［2021］, "Japan's Policy on Net Carbon Neutrality by 2050," *East Asian Policy*, 13(1), 19-32.

Pitron, G.［2020］, *The Rare Metals War: The Dark Side of Clean Energy and Digital Technologies*, London: Scribe.

Rappeport, A., Swanson, A. and Kanno-Youngs, Z.［2022］, "Biden's 'Made in America' Policies Anger Key Allies," *The New York Times*, 14 October.

Rifkin, J.［2011］, *The Third Industrial Revolution: How Lateral Power Is Transforming Energy, the Economy, and the World*, New York: Palgrave Macmillan.

SCAS（Sumika Chemical Analysis Center）住化分析センター［記事掲載日不祥］,「レアメタル・レアアースの分析」, https://www.scas.co.jp/services/materialscience/raw-materials/metals-ceramics/minor-metals-rare-earths.html（2023年2月24日検索）。

Scholten, D. Ed.［2018a］, *The Geopolitics of Renewables*, Cham, Switzerland: Springer

Scholten, D.［2018b］, "The Geopolitics of Renewables – An Introduction," in Scholten, D.（Ed.）, *The Geopolitics of Renewables*, Cham, Switzerland: Springer, pp.1-33.

Scholten, D. and Bosman, R.［2018］, "The Strategic Realities of Emerging Energy Game – Conclusion and Reflection," in Scholten, D.（Ed.）, *The Geopolitics of Renewables*, Cham, Switzerland: Springer, pp.307-328.

Sorkin, A. R.,［2022］, "Russia's Ukraine Invasion Raises Questions About Energy Policy," *The New York Times*, February 26, 2022, https://www.nytimes.com/2022/02/26/business/dealbook/russia-ukraine-energy-policy-yergin.html（2023年2月19日検索）.

Swanson, A. and Rappeport, A.［2023］, "U.S. and Europe Angle for New Deal to Resolve Climate Spat," *The New York Times*, 28 March.

Tertzakian, P.［2007］, *A Thousand Barrells A Second: The Coming Oil*

Break Point and the Challenges Facing and Energy Dependent World, (An updated version) New York: McGraw Hill.

Trading Economics [2023], Trading Economics.com, https://tradingecono mics.com/commodity/eu-natural-gas（2023年2月19日検索）.

United Nations Environment Programme（UNEP）[2022], *Emissions Gap Report 2022: The Closing Window - Climate crisis calls for rapid transformation of societies.* Nairobi. https://www.unep.org/resources/em issions-gap-report-2022（2023年2月19日検索）.

UN Framework Convention on Climate Change（UNFCCC）[2021], "Glasgow Climate Pact," Decision -/CP.26. https://unfccc.int/sites/defau lt/files/resource/cop26_auv_2f_cover_decision.pdf（2023年2月10日検索）.

Unruh, G.C. [2000], "Understanding carbon lock-in," *Energy Policy,* 28, pp. 817-830.

U. S. Energy Information Administration（EIA）[2019], "The Strait of Hormuz is the world's most important oil transit chokepoint," December 27. https://www.eia.gov/todayinenergy/detail.php?id=42338（2021年9月16日検索）.

United States Trade Representative（USTR）[2012], *2012 Report to Congress On China's WTO Compliance,* December. https://ustr.gov/site s/default/files/uploads/2012%20Report%20to%20Congress%20-%20De c%2021%20Final.pdf（2021年10月11日検索）.

Valkenburg, G. and Cotella, G. [2016], "Governance of energy transitions: about inclusion and closure in complex sociotechnical problems," *Energy, Sustainability and Society* 6,（20）（open access: 1-11）.

Wallace-Wells, D. [2022], "Europe Turned an Energy Crisis into a Green Energy Sprint," *The New York Times,* Feb. 15, 2023.

Weisman, Jonathan, Emily Cochrane and Catie Edmondson.（2021）"House Passes $1 Trillion Infrastructure Bill, Putting Social Policy Bill on Hold, *The New York Times,* Nov. 5, 2021.

The White House [2021], BRIEFING ROOM. Leaders Summit on Climate Summary of Proceedings, APRIL 23. https://www.whitehouse.gov/briefi ng-room/statements-releases/2021/04/23/leaders-summit-on-climate-su mmary-of-proceedings/（2021年6月5日検索）.

World Data Lab [2022], "World Emissions Clock," https://worldemission

s.io/（accessed 3 March 2023）.

Yergin, D. [1991], *The Prize: The Epic Quest for Oil, Money and Power*, New York: Simon & Schuster.

Yergin, D. [2011], *The Quest: Energy, Security, and the Remaking of the Modern World*, London: Allen Lane.

Yergin, D. [2020], *The New Map: Energy, Climate, and the Clash of Nation*, New York: Penguin Press.

Zettelmeyer, J., Taglapietra S, Zachmann, G., and Heussaff, C. [2022], "Beating the European Energy Crisis," *IMF*, December, https://www.imf.org/en/Publications/fandd/issues/2022/12/beating-the-european-energy-crisis-Zettelmeyer（2023年2月18日検索）.

伊藤一頼 [2014],「中国のレアアース・タングステン・モリブデンの輸出に関する措置」https://www.meti.go.jp/policy/trade_policy/wto/3_dispute_settlement/33_panel_kenkyukai/2014/14-2.pdf（2021年10月22日検索）.

太田宏 [2016],『主要国の環境とエネルギーをめぐる比較政治──持続可能社会への選択』東信堂.

科学技術振興機構（JST）[2010],「中国レアアース産業, 環境問題の圧力増す」Science Portal China, 2010年11月9日。http://spc.jst.go.jp/news/101102/topic_2_01.html（2023年2月17日検索）.

環境省 [2022], 国連気候変動枠組条約第27回締約国会議（COP27）結果概要 https://www.env.go.jp/earth/cop27cmp16cma311061118.html（accessed 10 February 2023）.

経済産業省 [2019], 欧州委員会エネルギー総局（ENER）及び米国エネルギー省（DOE）間の水素・燃料電池技術の将来協力に関する共同宣言, https://www.meti.go.jp/press/2019/06/20190615001/20190615001-2.pdf（2023年3月13日検索）.

経済産業省 [2020],「2050年カーボンニュートラルに伴うグリーン成長戦略」令和2年12月25日（資料2）, https://www.meti.go.jp/press/2020/12/20201225012/20201225012-2.pdf（2021年10月14日検索）.

椎葉渚, 松尾茜, 岡野直幸, 大橋祐輝 [2021],「気候変動適応に関するCOP26の成果報告」IGES, 12月, https://www.iges.or.jp/jp/pub/cop26-adaptation/en（2023年2月10日検索）.

時事通信 [2022],「独, 水素活用へ全方位外交－日本とも協力模索」JIJI.COM, 8月28日, https://www.jiji.com/jc/article?k=2022082700330&g

=int（2023年3月13日検索）。

時事通信 [2023]，「脱炭素化で協力推進―日豪，東南アジア各国が閣僚会合」JIJI. COM，3月4日，https://news.yahoo.co.jp/articles/28163e887220c6fde903ce784be6c96d0af6707e（2023年3月13日検索）。

立野大輔・藪内優賀 [2021]，「ゼロカーボン世界競争，欧中先行もGAFAMで米国巻き返し」日経XTECH，3月25日。https://xtech.nikkei.com/atcl/nxt/column/18/01531/00003/（2021年10月11日検索）。

田村堅太郎・劉憲兵・金振・有野洋輔 [2020]，「中国の2060年炭素中立宣言についての解説」IGES Working Paper，9月。https://www.iges.or.jp/jp/publication_documents/pub/workingpaper/jp/10997/2060％E5％B9％B4％E7％82％AD（2023年2月10日検索）。

内閣官房 [2023]，「GX実現に向けた基本方針―今後10年を見据えたロードマップ―」，2月10日，https://www.cas.go.jp/jp/seisaku/gx_jikkou_kaigi/pdf/kihon.pdf（2023年3月11日検索）。

丸川知雄 [2016]，「2010年のレアアース危機」危機対応学，2016年6月23日，https://web.iss.u-tokyo.ac.jp/crisis/essay/2010-2010979192-92420104 2010-wto201092219412010-nhk924924-12010922031018092246101278120092011210 2010.html（2021年10月22日検索）。

宮野慶太 [2022]，「インフレ削減法は，気候変動対策に軸足（米国）」*JETRO* 地域・分析レポート，10月6日，https://www.jetro.go.jp/biz/areareports/2022/2faeb20d767ea136.html（2023年2月13日検索）。

吉沼啓介 [2022]，欧州委，ロシア産化石燃料依存からの脱却計画「リパワーEU」の詳細発表，JETRO，5月20日。https://www.jetro.go.jp/biznews/2022/05/aa40178dd246ac03.html（2023年2月20日検索）。

［太田　宏／早稲田大学国際学術院教授］

8 カーボンプライシングと地域間関係

森村　将平

モルタ・アリン

有村　俊秀

1　はじめに

　2020年10月に当時の菅政権よりカーボンニュートラル宣言がなされた。宣言以降，日本でもカーボンニュートラルへ向けた動きが加速し，同時にカーボンプライシング（Carbon Pricing，以下 CP と略す）にも注目が集まっている。世界へ目を向けると，カーボンニュートラルへ向けた動きがすでに活発となっている。例えば，欧州連合（以下，EU と略す）は2005年より EU ETS（CP の1つである排出量取引）を実施しており，地域間で協力してカーボンニュートラルを実現しようとしている。日本国内においても地域間で協力が進められている。

　一方，ロシアとウクライナの間で起きている戦争は，各国の脱炭素戦略やエネルギー政策に大きな影響を与えている。このような中でカーボンニュートラルを実現するためには，各国が個別にカーボンニュートラルへ向けた施策を取り組むだけでなく，国を越えた地域間でのさらなる協力が求められている。本章では，CP の概要と国際的動向を概観し，日本のカーボンニュートラルへ向けた戦略と地域間協力を紹介する。

2 カーボンプライシング（CP）とは

気候変動問題への対応として，二酸化炭素（CO_2）の排出に対する価格付け，すなわち CP に注目が集まっている。本節では，気候変動問題への対策で目標とされるカーボンニュートラルを概説した後，CP の代表的な手法をそれぞれ概観する。

(1) カーボンニュートラルとその手法としての CP

CO_2の排出をゼロにするといっても，すべての生産活動における CO_2の排出をゼロにすることは不可能といってよいであろう。そこで，カーボンニュートラルという考えが用いられている。カーボンニュートラルとは，CO_2の排出量と吸収量が一致している状態を指す（図 1）。実質的に CO_2の排出がゼロになっていることから，ネットゼロとも呼ばれている。

カーボンニュートラルを達成するためには，CO_2の排出量を抑制する必要がある。その手法としては，排出を直接規制するなどさまざまな方法が考えられる。その中で注目されているのが CP である。CP とは，何らかの方法で CO_2の排出に対して価格付けし，CO_2の排出抑制を試みる政策である。CP の主な手法としては，炭素税，排出量取引（キャップ・アンド・トレード），クレジット取引（オフセット・クレジット）の 3 つが挙げられる（CP の詳細については，有村・森村・木元（2022）を参照）。以下，それぞれについて概説する。

(2) 炭素税

炭素税とは，CO_2の排出に対して課す税である。CO_2の排出に限らず，二酸化硫黄など環境に悪影響を及ぼす物質の排出に対する課税は，環境税と呼ばれる。炭素税を課すことによって，CO_2の排出を伴う製品の価格が上昇し，CO_2の排出の少ない製品への移行を促す。また，炭素税や環境税

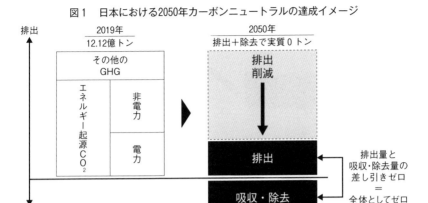

図1　日本における2050年カーボンニュートラルの達成イメージ

は，既存のエネルギー税制を改変して設けられることもある。日本では，地球温暖化対策のための税（温対税）が炭素税として実施されている。

　炭素税の課税方法としては，石油・石炭・天然ガス等の化石燃料を輸入・精製するときに課す上流方式，製品等の生産・流通での排出に応じて消費時に課す下流方式の2つがある。いずれも炭素含有量に応じた CO_2 排出に対して課税され，それぞれ異なる長所と課題が存在する。上流方式では，課税方法が容易であるものの，一部の事業者へ負担が集中する。一方，下流方式では，排出に対するより正確な課税が可能であるものの，排出量の算定が困難という課題がある。

(3)　排出量取引（キャップ・アンド・トレード）

　排出量取引（キャップ・アンド・トレード）とは，排出枠と呼ばれる CO_2 を排出できる量を市場で取引できるようにする制度である。CO_2 の排出総量は政府等によって決定され，排出枠は各事業者へ無償ないしは有償で割り当てられる。日本では，2022年時点では全国レベルでの排出量取引は実施されていないものの，東京都と埼玉県で実施されている。

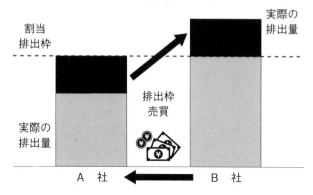

図2　排出量取引のイメージ

　事業者は割り当てられた排出枠に応じて排出削減を行うが，排出枠を市場で取引することができる。割り当てられた排出枠よりも排出量が多い場合，市場を通じて排出枠を購入することになる。逆の場合は市場へ排出枠を売却し，利益を得ることができる（図2）。

　事業者は，自身の排出削減コストと排出枠の売買価格を比較し，排出削減の行動を決定する。すなわち，排出削減コストより排出枠価格が低ければ排出削減を積極的に行い，逆であれば排出枠を購入する。例えば，排出削減コストの低い事業者は積極的に排出削減を行い，排出枠を売却して利益を得ることができる。一方，排出削減コストの高い事業者にとっては，自身で削減するよりも排出枠を購入したほうが，経済的に最適な行動となる。

(4)　クレジット取引（オフセット・クレジット）

　クレジット取引（オフセット・クレジット）とは，CO_2削減を行った際と行わなかった際の排出量の差分を，クレジットとして国や企業同士で取引できるよう認証したものである。公的制度への活用やクレジット売却による収益が期待でき，CO_2削減へのインセンティブとなりうる。日本では，J-クレジットや二国間クレジット（Joint Crediting Mechanism：JCM）が

実施されている。

　しかし，カーボン・クレジットには，二重計上（一度の排出削減に対して，クレジットの発行が2回以上行われること）などといった品質に対する懸念も存在する。そこで，クレジットの認証に一定の要件を設けることが多い。

3　CPの国際的動向

　さまざまな手法が存在するCPであるが，特に先進国において広がりを見せている。他方，CPを導入した国は炭素価格が上乗せされるため，導入していない国へ工場等を移転する等でかえって排出量が増加することも懸念されている。本節では，CPの国際的な広がりや，CPを導入した国における炭素国境調整措置の動向について概観する。

(1)　カーボンプライシングの広がり

　CPの導入・検討状況は，世界銀行（The World Bank）の "Carbon Pricing Dashboard" に公開されている。表1や図3で示すように，多くの国がCPを導入，もしくは検討している。

　日本では，2010年から東京都，2011年から埼玉県で排出量取引が導入され，2012年から地球温暖化対策のための税（温対税）が石油石炭税に上乗せする形で導入されている。また，東京都と埼玉県は両自治体で協力しながら排出量取引制度を運用しており，埼玉県は東京都の制度を参考に制度を構築，運用している。両制度の排出枠は取引可能であり，数は少ないものの東京都と埼玉県の間で取引が行われている。このように，両自治体の排出量取引制度は，地域間協力の成功例といえるだろう。一方，石原都知事（当時）が同制度を構想した際は，自動車排ガス対策のように千葉県や神奈川県との協力も考えていたと思われる[1]。そういった意味では，地域間協力の難しさを示した例ともなっている。

表1 主要な CP の導入状況

年	炭素税・環境税	排出量取引
1990	フィンランド（世界初） ポーランド	
1991	スウェーデン ノルウェー	
1992	デンマーク	
1995	ラトビア	アメリカ（SO$_2$ 市場）
1996	スロベニア	
1997		アメリカ・シカゴ（排出削減市場制度）
1999	ドイツ（電気税） イタリア（鉱油税改正，石炭等を追加）	
2000	エストニア	
2001	イギリス（気候変動税）	
2002		イギリス（自主参加型）
2003		アメリカ（シカゴ気候取引所・自主参加型）
2004	オランダ（エネルギー税改組）	
2005		欧州（EU ETS） ノルウェー
2006	ドイツ（鉱油税をエネルギー税に改組， 石炭を追加） フランス（石炭税）	
2007		ノルウェー（EU ETS へ参加） アイスランド（EU ETS へ参加） リヒテンシュタイン（EU ETS へ参加） カナダ・アルバータ州（特定ガス排出規制）
2008	スイス カナダ・ブリティッシュコロンビア州	スイス ニュージーランド
2009		アメリカ・東部（RGGI）
2010	アイルランド アイスランド インド（クリーン環境税，2017 年修正）	イギリス（CRC エネルギー効率化制度） 日本・東京都
2011	ウクライナ	日本・埼玉県
2012	オーストラリア（炭素価格メカニズム， 2014 年廃止） 日本（地球温暖化対策税）	オーストラリア（2014 年廃止） 欧州（EU ETS を航空部門へ拡大）
2013	イギリス（カーボンプライスフロア）	カザフスタン アメリカ・カリフォルニア州 カナダ・ケベック州 中国（パイロット）
2014	フランス スペイン メキシコ	
2015	ポルトガル	韓国
2017	カナダ・アルバータ州 チリ コロンビア	

2018	カナダ（炭素税か排出量取引を各州へ義務付け）	カナダ（炭素税か排出量取引を各州へ義務付け）
2019	アルゼンチン シンガポール 南アフリカ	
2020	オランダ	メキシコ（パイロット）
2021		イギリス（UK ETS） ドイツ 中国（電力部門，全国展開）
2022	ウルグアイ	オーストリア モンテネグロ カナダ・オンタリオ州

出典　有村・森村・木元（2022：5）に 2022 年度の導入国を The World Bank "Carbon Pricing Dashboard" より筆者追加

　一方，ヨーロッパにおいては，2005年より EU 全体で排出量取引（EU ETS）が導入されている。EU ETS はスイスの排出量取引とリンクされるなど，EU 外との連携も見せている。また，EU ETS だけでなく，個別に炭素税を課している国も多い。ただし，二重課税を避けるため，EU ETS の対象事業所は炭素税が免除（あるいは，減免）されている。

　アメリカでは，国としての CP こそないものの，地域や州単位で CP を導入している。例えば，アメリカ北東部の州では，地域温室効果ガスイニシアティブ（Regional Greenhouse Gas Initiative：RGGI）において CP が導入されている。また，カリフォルニア州でも排出量取引が導入されている。

　カナダでは，国が各州に CP の導入を義務付けている。そして，一定水準を満たさない場合，国の定める CP が連邦バックストップとして導入される。代表的な導入例としては，ブリティッシュコロンビア州の炭素税，ケベック州の排出量取引が挙げられる。なお，ケベック州では，先述したアメリカ・カリフォルニア州と排出枠を市場で取引できるようになっている。2022年にはオンタリオ州でも排出量取引が導入された。

　さらに，南米や BRICs においても CP の導入・検討が進んでいる。例えば，チリやコロンビア，ウルグアイでは炭素税が導入され，排出量取引の検討も行われている。BRICs へ目を向けると，中国が 7 都市・地域の試行実施を経て2021年から電力部門を対象とした排出量取引を導入してい

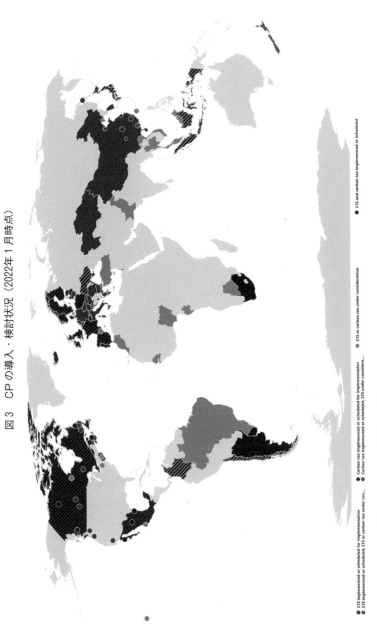

図 3　CP の導入・検討状況（2022年 1 月時点）

● ETS implemented or scheduled for implementation　　● Carbon tax implemented or scheduled for implementation　　● ETS or carbon tax under consideration　　● ETS and carbon tax implemented or scheduled
● ETS implemented or scheduled, ETS or carbon tax under con...　　● ETS implemented or scheduled, ETS under considera...

出典　The World Bank "Carbon Pricing Dashboard"

る。また，ブラジルでも排出量取引の導入へ向けた検討が始まっている。

　このように，多くの国が CP を導入，もしくは検討していることがわか
る。特に，南米や BRICs，東南アジアといった各国においても CP の導入
が検討され，国際間で脱炭素へ向けた取り組みが加速的に進んでいる。

(2)　実効炭素税率の国際比較

　先に述べたとおり，多くの国が何らかの CP を導入，検討していること
がわかる。一方，CP，特に炭素税によって課される税率は国によって異
なっている。一般に，炭素価格は実効炭素税率（CO_2 1トンあたりに対する
炭素価格）で検討される。そこで，炭素税を導入している国における実効
炭素税率を比較する（図4）。

　炭素税は当初低い税率で課されていたが，徐々に引き上げられていった。
実効炭素税率の高い国は EU 諸国やスイス，カナダ・ブリティッシュコロ
ンビア州などであり，100米ドル／tCO_2を超える国も存在する。ただし，
EU ETS を導入している国では，二重課税を防止するために EU ETS 対
象製品への炭素税は免除されている。また，カナダ・ブリティッシュコロ
ンビア州の場合，輸送燃料税（Motor Fuel Tax）と炭素税（Carbon Tax）
の2つの炭素税の合計で構成されている。

　日本では，2012年より温対税が導入され，これが唯一の炭素税となって
いる。炭素税を導入した2012年は96円／tCO_2（約1米ドル／tCO2e）であ
ったが，2014年から3年半かけて税率が引き上げられ，2022年時点では
289円／tCO_2（約2米ドル／tCO2e）となっている。日本の温対税は，エネ
ルギー税の1つである石油石炭税に上乗せされる形で課税されていること
が特徴であるが，他国の炭素税と比較すると税率が低い。ただし，石油石
炭税そのものは，図4の実効炭素税率へ含まれていない点に留意する必要
がある。

　このように，CP を実施しているといってもその税率は国によって異な
っている。また，CP を導入していなければ実効炭素税率はもちろんゼロ

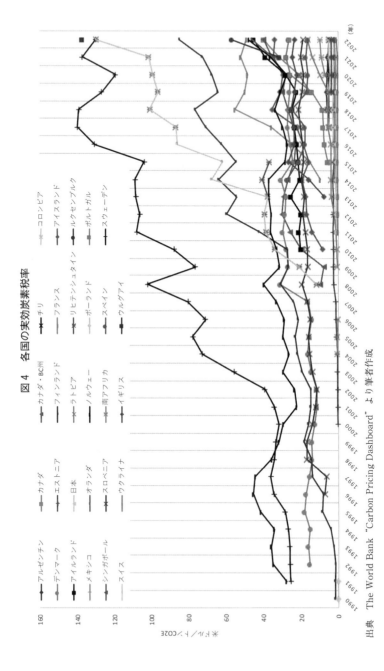

図 4　各国の実効炭素税率

出典　The World Bank "Carbon Pricing Dashboard" より筆者作成

である。こうした CP の実施状況や実効炭素税率の違いは，産業競争力への影響やカーボンリーケージ（CP を導入していない国へ工場等が移転し，かえって排出量が増加してしまうこと）をもたらす懸念があり，その対策として炭素国境調整措置を検討する国が現れている。

(3) 炭素国境調整措置の動き

　CP の実施状況や実効炭素税率の違いは，産業における国際競争力へ影響やカーボンリーケージを引き起こす懸念がある。特に，カーボンリーケージが起こると，CP による排出量削減の効果が相殺されてしまう。そうした影響を排除する動きとして，炭素国境調整措置が検討されている。ここでは，カーボンリーケージへの対策として具体的な制度が提案された，EU の CBAM（Carbon Border Adjustment Mechanism）を概観する。

　2021年 7 月，EU から CBAM の提案が発表された。対象は，セメント，鉄鋼，電力，アルミニウム，肥料の 5 業種で，輸入業者に対して EU ETS 価格で排出許可証の購入を義務付ける形となっている。炭素価格を決定するための排出量の計測は，EU で認証された検証機関が製品の製造事業所で行うとしている。計測できない場合，EU の同種製品の中で下位10％の値を用いるとしていた。

　しかし，2022年 6 月に CBAM の範囲を広げる提案が欧州議会を通過し，新たに化学，ポリマー，水素，アンモニアの 4 業種と電力利用による間接排出も対象へ含まれることになった。さらに，現行の EU ETS で実施している無償配分を2032年までに CBAM へ置き換えるべきとしている。また，計測できない場合の対応も変更され，輸出国の下位10％の平均値からさらに上乗せされることになった。EU から輸出される製品に対する補助金（輸出還付）も検討されたが，CBAM には含まれないこととされた。

　なお，輸出国で実施されている ETS が EU ETS とリンクしている国は対象除外になるとされている。また，輸出国の対象製品に炭素税や排出枠価格が課されている場合，その金額が減免され，実施された CP が ETS

価格を上回った国も CBAM の対象外となる。例えば，EU ETS と連携し
ているスイスは CBAM から除外される。ただし，CBAM が免除される
条件を満たす国は，現時点ではスイスのみであると思われる。なお，日本
の場合であれば，温対税（298円／tCO_2）の分が減免されると考えられる。
しかし，CBAM では明示的な炭素税と排出量取引のみが減免対象となっ
ており，エネルギー税である石油石炭税そのものは免除されない。この点
は日本の CP における課題であると言える。

　EU による CBAM は，今回だけでなく2010年ごろにもアメリカのブッ
シュ政権が京都議定書から離脱したことに対する措置として提案されたこ
とがある。日本でも，CBAM による影響が懸念され，財務省や研究者に
よってその影響が議論された（財務省 2010；有村・蓬田・川瀬 2012）。その
後，いったんは議論が落ち着いたものの，脱炭素へ向けた動きが活発にな
るにつれてカーボンリーケージを防止する観点から炭素国境調整措置につ
いて EU 内で再び議論され，今回の CBAM の提案へ至っている。今回の
CBAM 提案においても日本への影響が懸念されており，その影響が分析
されている（Takeda and Arimura 2023）。

　以上のように，EU では CBAM の導入へ向けて検討が進められている。
もし CBAM が導入されると，対象製品を EU へ輸出している国から CP
の分だけ利益が流出することになる。そうならないように自国で CP を導
入する動きが，近年の途上国における CP の導入・検討情報に表れている
といえる。

4　日本のカーボンニュートラル戦略

　世界で CP の導入が進み，EU では炭素国境調整措置の導入へ向けて検
討が行われている。一方，日本もカーボンニュートラルへ向けて手をこま
ねいているわけではない。本節では，日本のカーボンニュートラル戦略と
して，カーボン・クレジット市場と GX-ETS の創設，水素・アンモニア

の活用，二酸化炭素分離回収・貯留・利用技術（CCUS）について，それぞれ概観する。

(1)　カーボン・クレジット市場と GX-ETS の創設

　2022年6月，筆者（有村）が座長を務める経済産業省の検討会から「カーボン・クレジット・レポート」（経済産業省 2022a）が公表された。「カーボン・クレジット・レポート」では，カーボン・クレジットの活用へ向けた課題や意義をもとに，活用の方向性と具体策について主に3つ提示されている。まず，クレジットの価値を適切に訴求するためには情報開示が重要とし，開示すべき情報としてモニタリング開始・終了日，創出地域，排出削減か炭素吸収・除去の別，認証機関などを挙げている。このために，地球温暖化対策の推進に関する法律での報告，公共調達や GX リーグでの排出量取引など，目的に応じて活用すべきクレジットを整理することを念頭に，日本での排出量削減に資する視点からカーボン・クレジットを分類している。次に，既存のクレジットのさらなる活用を求めている。具体的には，中小企業による J−クレジットの活用に向けた制度改善や方法論の新規検討・見直し，民間資金を中心とする二国間クレジット（JCM）を通じた取り組みの加速，炭素吸収・除去などのネガティブエミッション技術由来のクレジット創出促進，将来のクレジット創出への投資や調達を評価・推奨できる枠組みの創設などが言及されている。最後に，カーボン・クレジット市場の創設が言及されており，J−クレジットを起点に将来的には他のクレジットへ市場を拡大すべきとしている。加えて，クレジットに係る法・会計・税務的取扱いの明確化も必要としている。

　「カーボン・クレジット・レポート」を受け，東京証券取引所では，カーボン・クレジット市場の実証事業が実施された。実施期間は2022年9月22日から2023年1月31日までで，取引の対象は相対取引のみであった J-クレジットである。参加には東京証券取引所への登録が必要であり，2023年1月6日時点において183者が実証事業に参加者登録を完了している。実

証実験は既に終了しており，今後の展開が待たれる状況である。

　一方，経済産業省では，2023年度のグリーントランスフォーメーション（GX）リーグの始動へ向けた準備が進められている。その中で，GX リーグ賛同企業による自主的な排出量取引である GX-ETS の概要が2023年2月14日に公表された（経済産業省 2022b）。まず，直接排出（Scope1）と間接排出（Scope2）における①2030年度排出削減目標，②2025年度の排出削減目標，③第1フェーズ（2023年度〜2025年度）の排出削減量総計の目標をそれぞれ設定する。排出量の実績報告では，第三者検証を受ける必要がある。直接排出（Scope1）での排出削減が NDC 水準（例：基準年度が2013年の場合，基準年度排出量からの削減率が2023年度27.0%，2024年度29.7%，2025年度32.4%）を超えると，超過した分の排出枠を他社へ売買できる。一方，排出実績が③第1フェーズ（2023年度〜2025年度）の排出削減量総計の目標を上回った場合，排出枠やカーボン・クレジットの調達，または未達理由を説明する必要がある。そして，排出削減目標の達成状況やクレジットの売買状況は「GX ダッシュボード」において公開されることになっている。

(2) 水素・アンモニアの活用

　カーボンニュートラルの達成においては，産業・運輸・家庭における電化によって化石燃料の使用を抑制する必要がある。しかし，電化にあたって発生する大量の電力需要のすべてを再生可能エネルギーのみで確保するのは困難である。例えば，将来的に実現可能な発電における再生可能エネルギーの割合について，風力・太陽光発電のポテンシャルが高いとされるアメリカでは約55%，世界最大の洋上風力発電力を有するイギリスでも最大で約65%とされている（経済産業省 2020：5）。アメリカやイギリスよりも国土の制約が大きい日本において，電力需要のすべてを再生可能エネルギーによって賄うことは困難といえよう。そこで，CO_2 を排出しないエネルギー源として，水素とアンモニアが注目されている。また，再生可能エ

ネルギーによる発電の余剰電力を水素に変換して保存することで，再生可能エネルギーを最大限に活用することができる。

　日本では，カーボンニュートラルの実現へ向けて水素・アンモニアの活用を掲げており，発電における水素・アンモニアの割合を2030年までに10%とすることを目指している。これにあたって，2017年12月に「水素基本戦略」が発表された。同戦略は，菅首相によるカーボンニュートラル宣言を受けて2021年に改訂され，水素利用拡大の重点分野として，電力（水素・アンモニアによる発電），製造（特に石油化学での利用や水素還元製鉄），運輸（ゼロエミッション車両），一般消費者（低コストの水素電池など）の4つが掲げられた。以下，資源エネルギー庁（2022：11,17）に基づいて，日本の水素・アンモニア活用のロードマップを2020年前半，2030年まで，2030年から2050年まで，2050年（カーボンニュートラル達成目標）の4つの時期に分けて概観する。

　まず，2020年代前半においては，大半が化石燃料由来である石油精製工程で使用される脱硫用水素を使った燃料電池自動車（FCV）や定置用燃料電池（FC）の実用化を目標としている。この目標において，年間200万トン程度と見込まれる水素需要に対して，水素価格は100円／Nm^{3}を見込んでいる。一方，アンモニアの製造技術は工業プロセスにおける肥料としての位置付けにとどまっており，水素と同様に化石燃料から製造されている。アンモニアの需要量は年間約100万トン，価格は20円／Nm^{3}H$_2$（0.18米ドル）を見込んでいる。

　続いて，2030年までにおいては，出荷技術の開発と需要増に備えたサプライチェーンの必要性が強調されている。水素については，商用水素の拡大，海外からの水素の安定供給，大規模発電所における水素発電の導入，国内の再生可能エネルギー由来で水を電気分解することによる水素製造などが計画されている。一方，アンモニアにおいても，電力分野での火力発電所におけるアンモニア混焼やサプライチェーンの整備，アンモニア利用船舶の技術開発が進むとしている。2030年には，水素とアンモニアの年間

需要がそれぞれ300万トン（水素換算で約50万トン）に増加する見込みで，水素価格は30円／$Nm^{3-}H_2$，アンモニア価格は10円台後半／$Nm^{3-}H_2$（0.27米ドルと0.09米ドル）を見込んでいる。

　2030年から2050年にかけては，電力分野での水素コストのさらなる低減と燃料としての水素の急速な拡大と同時に，製造プロセス（特に製鉄）における水素の導入，再生可能エネルギーや水電解槽による水素の国産化を目標としている。また，アンモニア専焼の火力発電所の実用化・拡大や，海外における混合アンモニアプラントの展開によって，アンモニアの役割が大きくなるとしている。さらに，生産効率の向上によるコストの低減，ブルーアンモニアやグリーンアンモニアの供給拡大を目指すとしている。

　そして，カーボンニュートラルの達成目標としている2050年には，鉄鋼や熱供給などのあらゆる産業分野で水素が利用されるようになるとしている。安定したエネルギー供給を保証するために，水素の供給源の多様化が進んでいると思われる。また，アンモニアは，海運や電力分野を中心にさまざまな産業分野で重要な役割を果たすと予想される。具体的には，火力発電におけるアンモニア専焼化（アンモニア火力発電）などが挙げられる。水素の需要は年間2000万トン，アンモニアの需要は年間3000万トン（水素換算で約500万トン）に達し，水素価格は20円／$Nm^{3-}H_2$（0.18米ドル）以下まで低減すると予測されている。

(3)　二酸化炭素分離回収・貯留・利用技術（CCUS）の促進

　日本では，二酸化炭素分離回収・貯留・利用技術（CCUS）をカーボンニュートラル達成に向けた重要な要素としている。CCUSは二酸化炭素分離回収・貯留（CCS）と二酸化炭素分離回収・利用（CCU）の2つに分けられる。

　CCSとは，化石燃料の発電所や石油精製所から排出されるCO_2を回収し，地中や海洋の下などへ貯留する技術である。また，二酸化炭素の直接回収（DAC：Direct Air Capture）など，電力や鉄鋼といったエネルギー集

約産業に限定されるものではないことも注目されている。CCSについては、2010年以降、負の排出源または吸収源の分野における主要な技術的選択肢となっている。経済産業省は2022年に改訂したCCSのロードマップの中で、2030年にはCCSを実施したうえで徐々にその容量を増やしていき、2050年までに1億2,000万～2億4,000万トンのCO_2貯留を目指すという（経済産業省 2022c）。また、オーストラリアを中心とした地域間でのCCSの連携も進められている（第5節第2項で詳述）。

一方、CCUにおけるCO_2の利用方法としては、EOR（Enhanced Oil Recovery）、直接利用、カーボンリサイクルの3つが挙げられる。1つ目のEORは、CO_2を油田に注入してより効率的に石油を産出する技術であるが、油田がほとんどない日本での利用は限定的である。2つ目の直接利用では、ドライアイスなど一部製品にCO_2が使用されている。3つ目のカーボンリサイクルは、ここ数年で特に注目されている。

CCUSの1つであるカーボンリサイクルは、化学品、燃料、鉱物類という3つの利用に大きく分類される。化学品への利用としては、ポリカーボネート（自動車や航空機の窓やランプ、光ファイバーなどに使用）、ポリウレタン（塗料、スポンジ、衣料、合成皮革などに使用）が商業レベルとなっている。燃料への利用としては、微細藻類を用いたバイオ燃料が既に実証段階に入っており、e-fuel（合成燃料）やSAF（持続可能な燃料）などの生産へ向けた研究開発も行われている。鉱物への利用としては、コンクリートやセメントなどが挙げられ、CO_2を吸収するコンクリートなどが開発されている。化学品、燃料、鉱物類への利用の他にも、ネガティブエミッションに関わる技術が利用先としてある。

一方で、カーボンリサイクルには課題も多い。例えば、カーボンリサイクルを行う過程において必要な一酸化炭素（CO）、合成ガス、メタノールなどを安価にかつ効率よく大量生産する方法が課題となっている。また、商用レベルとなっているカーボンリサイクル製品であっても、化石燃料を用いて製造した場合と比べたときの製造コストの高さが課題となっている。

さらに，カーボンリサイクルを始めとした CCUS に係る技術が普及するためには，安価な水素の入手も課題となっている。

先に述べたように，日本では安価な水素を生産するためのさまざまな取り組みが行われている。また，本章第5節で後述するが，水素を安定的に確保するために海外との協力も行われている。カーボンリサイクルの成功は，日本における水素産業の成功にも依存しているといえるだろう。

5　カーボンニュートラルへ向けた地域間協力

日本のカーボンニュートラル戦略を達成するためには，国を越えた地域間協力が不可欠であるのはいうまでもないであろう。日本は，アジア・オセアニアを中心に地域間協力を進めている。本節ではその一例として，二国間クレジット（JCM），水素・アンモニアの活用，二酸化炭素分離回収・貯留・利用技術（CCUS）での地域間協力を紹介する。

(1)　二国間クレジット（JCM）による連携

日本では，二国間クレジット（JCM）と呼ばれる，海外と連携して行われるクレジット制度が存在する。JCM では，まず日本政府がホスト国と日本との間で協定を結び，日本企業が海外でのエネルギーの効率化や再生可能エネルギープロジェクト等へ投資する。そして，投資によって実現した排出削減・吸収から発生したクレジットをホスト国と日本で分けることになる。JCM では，省エネルギーや再生可能エネルギー，エネルギーの有効利用などさまざまな事業が実施されている（図5）。

JCM は，京都議定書におけるクリーン開発メカニズム（CDM）の後継として創設された。2013年にモンゴルとの間で最初の JCM が結ばれ，2015年にインドネシアのプロジェクトで最初のクレジットが発行された。そして，2021年10月の閣議決定では，JCM によって2030年までの累積で1億 t-CO_2程度の国際的な排出削減・吸収量の確保を目標としている。

図5 JCMで実施されている事業例

省エネルギー

冷凍機（タイ）関西電力

実証ボイラー（ベトナム）エースコック

インバーター制御冷水ポンプ（ベトナム）荏原アジア

バイオガス回収・燃料転換（フィリピン）伊藤忠商事

省エネルギー

アモルファス変圧器（ラオス）地球技研

高効率システム（メキシコ）サントリーホールディング

バイナリー地熱発電（フィリピン）三井物産

LPGボイラー（モンゴル）サイサン

エネルギーの有効利用

計器用変圧器（ミャンマー）グローバルエンジニアリング

小水力発電（インドネシア）トーヨーエナジーソリューション

メタンガス回収発電（メキシコ）JFEエンジニアリング

ガスコジェネレーション冷房装置（タイ）関西電力

太陽光発電（デリ）ファームランド

廃棄物

未利用熱発電（ミャンマー）NTTデータ経営研究所

太陽光発電（ラオス）シャープエネルギーソリューション

交通

公共バスCNG温暖装置（インドネシア）JＰ東

再生可能エネルギー

再生可能エネルギー

出典 地球環境センター（2022：4）

8 カーボンプライシングと地域間関係 205

2022年11月時点において，日本は東南アジア諸国を中心に25カ国とJCM協定を結んでいる。

CDMとJCMを比較すると，JCMはCDMよりも簡易で，効率的で，柔軟な制度である（資源エネルギー庁2018）。例えば，全体で一括管理されており調整等が難しかったCDMに対して，二国間で協定を結んで管理するJCMは調整面やコスト面で優れている。他にも，クレジットの発行が認められる対象プロジェクトが拡大される，排出量削減の計算が簡素化されるといったことも，CDMと比較して優れた点といえる。

JCMのスキームを用いて，日本は東南アジアを中心に省エネルギー化への協力を進めてきた。ここでは，JCMの事例として，フィリピン・ルソン島南部での地熱発電（地球環境センター2022：7），タイの発電所における高度なデジタル・ソリューション導入による効率化（NEDO 2021）の2つを紹介する。フィリピン・ルソン島南部の事例では，既設の地熱発電所に，従来の地熱発電では利用できない低温の蒸気・熱水を利用して発電する地熱発電設備を新規に導入している。化石燃料の燃焼をしない再生可能エネルギーであるため，化石燃料由来の電力を代替でき，温室効果ガス（GHG）排出量の削減に貢献している。一方，タイの事例では，火力発電所でAIやビッグデータ解析といった高度なデジタル・ソリューションの活用へ向けた実証事業を2021年3月から開始している。これによって，温室効果ガスの排出削減とともに，発電所全体の熱効率の改善や発電設備の信頼性向上を目指している。そして，二国間クレジット制度（JCM）による温室効果ガス排出削減効果の定量化と情報発信も行うとしている。

このように，日本ではCDMやJCMを通じて，国内だけでなく海外の省エネルギー化や温室効果ガスの削減を進めてきている。日本だけで温室効果ガスを削減するだけでは地球全体でカーボンニュートラルの達成は困難であり，国を越えた地域間の協力が求められる。JCMによる二国間連携の広がりは，カーボンニュートラルの達成へ向けた地域間共生の一例といえるだろう。

(2) 水素・アンモニアの活用における連携

　前節第2項で述べたように，日本はカーボンニュートラルの実現へ向けて水素やアンモニアを活用するとし，水素の需要は年間2,000万トン，アンモニアの需要は年間3,000万トンに達すると予測している。しかし，こうした水素やアンモニア需要のすべてを国内だけで賄うことには限界がある。すなわち，日本におけるカーボンニュートラルの実現は，適切な技術の開発，水素とアンモニアのコスト削減の予測，そして水素とアンモニアが2030年もしくは2050年までに競争力のあるエネルギー源となれるかどうかに大きく依存する。そこで，水素やアンモニアの安定調達を目指し，東南アジアを中心としたアジア各国やオーストラリアとの協力を進めている。特に，水素やアンモニアの大規模サプライチェーン構築などにおいてはグリーンイノベーション（GI）基金による支援も行われている（資源エネルギー庁 2022：9-10, 22）。

　水素の大規模サプライチェーンの確立に向けては，海外での水素製造から日本への水素輸送が実証実験されている（図6）。まず，水素の製造については，2021年1月にHySTRA（日本企業（ENEOS, 川崎重工業, 丸紅, シェルジャパン）のコンソーシアム）が，2021年1月にオーストラリアのビクトリア州に高効率の水素プラントを建設し，実証試験を開始した（馬場・高木 2021）。さらに，水素の輸送についても，世界初の液化水素運搬船「すいそ ふろんてぃあ」が，オーストラリアから日本への水素輸送の実証試験を完遂させている（岩谷産業他 2022）。一方，比較的扱いやすい成分であるMCH（メチルシクロヘキサン）をブルネイ・ダルサラームで製造したうえで日本へ輸送し，MCHから水素を回収する先行試験も行われており，副産物として産出されるトルエンは，ブルネイ・ダルサラームに送り返されたうえでMCHの製造に再び使用される計画となっている（馬場・高木 2021）。この大規模水素サプライチェーンの構築では，経済産業省のGI基金による支援も行われている（資源エネルギー庁 2022：9-10）。

　一方，アンモニアを利用した省エネルギーにおいても国際間の協力が始

図 6　大規模水素サプライチェーンのイメージ

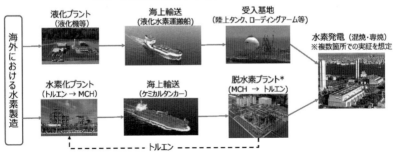

出典　資源エネルギー庁（2022：10）

　められている。まず，アンモニアを用いた省エネルギー事業がタイやイン
ドネシアといった東南アジアを中心に進められている。具体的には，アン
モニアを冷媒とした冷蔵庫・冷凍庫・冷却システムを用いることで，電力
消費量と CO_2 の排出を削減する事業が挙げられる。このアンモニアを用
いた省エネルギー事業は，前項で紹介した JCM としても行われている。
二国間クレジット制度（JCM）ウェブサイトでは，自然冷媒（アンモニア
及び CO_2）を利用した高効率の冷却装置による高効率冷却装置の導入（イ
ンドネシア），食品工場への太陽光発電及び高効率冷凍機の導入（タイ）な
どが紹介されている。

　さらに，燃料アンモニアのサプライチェーン構築についても，国を越え
た地域間での協力が進められている。経済産業省が主導する「燃料アンモ
ニア会議」が開催され，インドネシア，シンガポール，タイといった東南
アジア諸国とアンモニア利用を含んだエネルギー・トランジションに関す
る政府間 MOE（協力覚書）が締結された（資源エネルギー庁 2022：18）。特
に，インドネシアにおいては，石炭火力発電におけるアンモニア混焼が事
業化されている（IHI 2022a；IHI 2022b）。また，UAE のアブダビ国営石油
会社と燃料アンモニアおよびカーボンリサイクル分野における MOE を締
結し，協力を拡大している。燃料アンモニアサプライチェーンの構築にお
いても，水素と同様に GI 基金による支援が行われている（資源エネルギー

庁 2022：22)。

　カーボンニュートラルを実現するためには，化石燃料に変わるエネルギーとなる水素やアンモニアの活用が必要であることはいうまでもないだろう。しかし，水素やアンモニアを日本のみで調達することは困難である。そこで，日本のエネルギーを確保する供給拠点としての機能だけでなく，水素・アンモニアの活用を含むエネルギー・トランジションも含めた国際間での協力が進んでいる。

(3)　二酸化炭素分離回収・貯留・利用技術（CCUS）での連携

　日本が実用化を目指している CCUS においても，海外との協力が進んでいる。これまで，日本は東南アジアやオーストラリアを中心とした CCUS に係る国際協力を進めてきた。そして，日本が主導するアジア・エネルギー・トランジション・イニシアティブ（AETI）を通じたアジア諸国やオセアニアへのカーボンニュートラルへ向けた支援が，2021年に開催された COP26 において表明された。これらの国際協力は，アジア・オセアニア CCUS プロジェクト MAP として図 7 のようにまとめられている。

　図 7 で示されているように，日本は東南アジアやオセアニア（特にオーストラリア）を中心に CCS の事業を進めている。直近の例として，インドネシアでは，天然ガス田における CCS の事業化へ向けた調査が2021年から進められている（電源開発 2021；日揮ホールディングス 2021）。タイにおいても，CCS の可能性を探ることを目的とした覚書が交わされている（INPEX・日揮ホールディングス 2022）。東南アジアでは，図 7 に示された事業の他にも，ベトナムとの CCUS に関する協力も始められている（JOGMEC 2022）。一方，オセアニアへ目を向けると，オーストラリアとの地域間協力が活発であり，前述した水素やアンモニアの生産も見据えた CCS の共同調査が進められている。例えば，オーストラリア北部や北西部での CCS（JOGMEC・INPEX 2022；三井物産 2022），アンモニア生産を見据えた CCS の調査（JOGMEC 他 2022）などが行われている。

図7 アジア・オセアニア CCUS プロジェクト MAP (2022年9月時点)

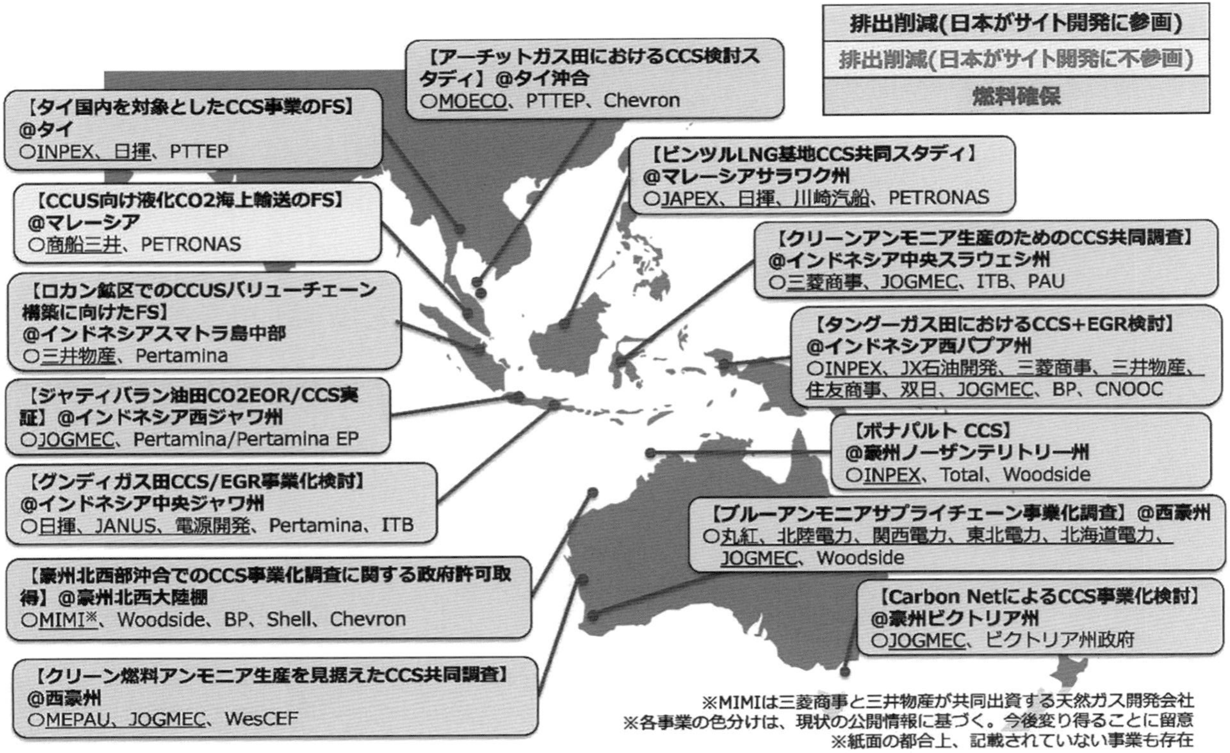

排出削減(日本がサイト開発に参画)
排出削減(日本がサイト開発に不参画)
燃料確保

[アーチャット・ガス田におけるCCS検討スタディ] @タイ沖合
○MOECO、PTTEP、Chevron

[ピンツルLNG基地CCS共同スタディ]
@マレーシアサラワク州
○JAPEX、日揮、川崎汽船、PETRONAS

[グリーンアンモニア生産のためのCCS共同調査]
@インドネシア中央スラウェシ州
○三菱商事、JOGMEC、ITB、PAU

[タングー・ガス田におけるCCS+EGR検討]
@インドネシア西パプア州
○INPEX、JX石油開発、三菱商事、三井物産、住友商事、双日、JOGMEC、BP、CNOOC

[ボナパルトCCS]
@豪州ノーザンテリトリー州
○INPEX、Total、Woodside

[ブルーアンモニアサプライチェーン事業化調査] @西豪州
○丸紅、北陸電力、関西電力、東北電力、北海道電力、JOGMEC、Woodside

[Carbon NetによるCCS事業化検討] @豪州ビクトリア州
○JOGMEC、ビクトリア州政府

[タイ国内を対象としたCCS事業のFS]
@タイ
○INPEX、日揮、PTTEP

[CCUS向け液化CO2海上輸送のFS]
@マレーシア
○商船三井、PETRONAS

[ロカン鉱区でのCCUS/バリューチェーン構築に向けたFS]
@インドネシアスマトラ島中部
○三井物産、Pertamina

[ジャティバラン油田CO2EOR/CCS実証] @インドネシア西ジャワ州
○JOGMEC、Pertamina/Pertamina EP

[グンディガス田CCS/EGR事業化検討]
@インドネシア中央ジャワ州
○日揮、JANUS、電源開発、Pertamina、ITB

[豪州北西部沖合でのCCS事業化調査に関する政府許可可取得] @豪州北西大陸棚
○MIMI※、Woodside、BP、Shell、Chevron

[グリーン燃料アンモニア生産を見据えたCCS共同調査]
@西豪州
○MEPAU、JOGMEC、WesCEF

※MIMIは三菱商事と三井物産が共同出資する天然ガス開発会社。今後変わり得ることに留意
※各事業の色分けは、現状の公開情報に基づく。記載されていない事業も存在

出典 経済産業省 (2022d：6)

このように，カーボンニュートラルへの実現へ向けて，東南アジアやオーストラリアと協力しながら CCUS の技術開発が進められている。今後もエネルギーセキュリティや燃料確保の観点だけでなく，東南アジアやオーストラリアにおけるカーボンニュートラルの実現という地域間協力にも貢献していくものと思われる。

6　おわりに

　以上のように，カーボンニュートラルの実現へ向けた動きが加速している。確かに，ロシアとウクライナの間で起こった戦争は脱炭素戦略やエネルギー政策に大きな影響を与えたことは間違いないだろう。しかし，EUによる CBAM の提案など，カーボンニュートラルの実現へ向けた動きは続いていくだろう。

　日本においても，カーボンニュートラルの実現へ向けて，国内でのカーボン・クレジット市場や GX-ETS などといった CP の実施へ向けて動き出した。さらに，既存の省エネルギー技術だけでなく，水素・アンモニアや CCUS といった新たな技術において，東南アジアやオセアニアを中心に，国を越えた地域間協力が進められている。これらは，自国のエネルギー確保だけでなく，協力国のカーボンニュートラルの実現にも貢献していくだろう。さらに，中国では，日中韓での排出量取引市場をリンクさせる構想もあるという。カーボンニュートラルの実現へ向けた日本の役割は，より大きくなっていくと思われる。今後の日本のカーボンニュートラルへ向けた地域間協力に期待したい。

注

　1　2000年以降，東京都で自動車排ガス規制に関する条例が実施されて以降，2003年までに埼玉県，千葉県，神奈川県，さいたま市，千葉市，横浜市，川崎市でも同様の条例が実施され，地域間で協力しながら自動車

の排ガス対策に取り組んでいる。これらの政策効果を検証した文献として，有村・岩田（2011）が挙げられる。

参考文献

IHI［2022a］,「日アセアン経済産業協力委員会（AMEICC）拠出金事業による，インドネシアにおけるアンモニア混焼・専焼の検討を本格開始～ASEAN 諸国の脱炭素化につなげる～」https://www.ihi.co.jp/ihi/all_news/2022/resources_energy_environment/1198000_3473.html 2023年 4 月 6 日閲覧。

IHI［2022b］,「ASEAN 初となる事業用発電設備での燃料アンモニアの小規模混焼を実施～東南アジアでの社会実装の早期化につなぐ～」https://www.ihi.co.jp/ihi/all_news/2022/resources_energy_environment/1198041_3473.html 2023年 4 月 6 日閲覧。

INPEX・日揮ホールディングス［2021］,「INPEX と日揮ホールディングスがタイにおける CCS プロジェクト開発に向けた協業覚書を PTTEP と締結」https://www.inpex.co.jp/news/assets/pdf/20220425_b.pdf 2023年 4 月 6 日閲覧。

JOGMEC［2022］,「ベトナム国営石油会社と覚書を締結～CCS ／ CCUS 事業に関する協力の発展に合意～」https://www.jogmec.go.jp/news/release/content/300382660.pdf 2023年 4 月 6 日閲覧。

JOGMEC・INPEX［2022］,「豪州 LNG 事業における CO2排出低減のための CCS 事業に向けた共同研究の開始について」https://www.jogmec.go.jp/news/release/content/300381276.pdf 2023年 4 月 6 日閲覧。

JOGMEC・丸紅・北陸電力・関西電力・Woodside Energy［2022］,「豪州から日本への低炭素燃料アンモニアサプライチェーン構築に関する事業化調査（第 2 フェーズ）実施について」https://www.jogmec.go.jp/news/release/content/300379836.pdf 2023年 4 月 6 日閲覧。

NEDO［2021］,「タイの発電所で高度なデジタル・ソリューションの導入による実証運転を開始―熱効率改善や発電設備の信頼性向上により温室効果ガス排出量削減を目指す―」https://www.nedo.go.jp/news/press/AA5_101429.html 2023年 4 月 6 日閲覧。

Takeda, Shiro and Arimura, T. H.［2023］, "A Computable General Equilibrium Analysis of EU CBAM for the Japanese Economy," *RIETI Discussion Paper Series*, 23-E-006 https://www.rieti.go.jp/jp/publications/dp/23e006.pdf（Accessed April 6, 2023）.

The World Bank "Carbon Pricing Dashboard" https://carbonpricingdash
　board.worldbank.org/ 2023年4月6日閲覧。

有村俊秀・岩田和之［2011］，『環境規制の政策評価：環境経済学の定量的
　アプローチ』上智大学出版。

有村俊秀・森村将平・木元浩一［2022］，「カーボンプライシングの基本的
　な考え方と論点」有村俊秀・杉野誠・鷲津明由編著『カーボンプライシ
　ングのフロンティア―カーボンニュートラル社会のための制度と技術』
　日本評論社，1-23頁。

有村俊秀・蓬田守弘・川瀬剛志（編）［2012］，『地球温暖化対策と国際貿易
　―排出量取引と国境調整措置をめぐる経済学・法学的分析』東京大学出
　版会。

岩谷産業・川崎重工業・シェルジャパン・電源開発・丸紅・ENEOS・川崎
　汽船［2022］，「世界初，褐炭から製造した水素を液化水素運搬船で海上
　輸送・荷役する実証試験の完遂式典を開催」https://www.jpower.co.jp/
　news_release/2022/04/news220409.html 2023年4月6日閲覧。

経済産業省［2020］，「2050年カーボンニュートラルに伴うグリーン成長戦
　略」https://www.meti.go.jp/press/2020/12/20201225012/20201225012-1.
　pdf 2023年4月6日閲覧。

経済産業省［2021］，「カーボン・クレジットに係る論点」，https://www.m
　eti.go.jp/shingikai/energy_environment/carbon_credit/pdf/001_05_00.p
　df 2023年4月6日閲覧。

経済産業省［2022a］，「カーボン・クレジット・レポート」https://www.
　meti.go.jp/press/2022/06/20220628003/20220628003-f.pdf 2023年4月6
　日閲覧。

経済産業省［2022b］，「GX-ETS の概要」https://gx-league.go.jp/topic/
　2023年4月6日閲覧。

経済産業省［2022c］，「CCS 長期ロードマップ検討会中間とりまとめ」http
　s://www.meti.go.jp/shingikai/energy_environment/ccs_choki_roadmap
　/pdf/20220527_1.pdf 2023年4月6日閲覧。

経済産業省［2022d］，「海外 CCS の推進について」https://www.meti.go.jp
　/shingikai/energy_environment/ccs_choki_roadmap/jisshi_kento/pdf/
　004_05_02.pdf 2023年4月6日閲覧。

財務省［2010］，「環境と関税政策に関する研究会（議論の整理）」https://
　www.mof.go.jp/about_mof/councils/enviroment_customs/report/index.
　html 2023年4月6日閲覧。

資源エネルギー庁 ［2018］,「『二国間クレジット制度』は日本にも途上国にも地球にもうれしい温暖化対策」https://www.enecho.meti.go.jp/about/special/johoteikyo/jcm.html 2023年4月6日閲覧。

資源エネルギー庁 ［2022］,「水素・アンモニアを取り巻く現状と今後の検討の方向性」https://www.mlit.go.jp/common/001480248.pdf 2023年4月6日閲覧。

地球環境センター ［2022］,「二国間クレジット制度（JCM）促進のための取組み 2022年度版」https://gec.jp/jcm/jp/publication/JCM2022Oct_Web.pdf 2023年4月6日閲覧。

電源開発 ［2021］,「東南アジア初となるインドネシア・グンディ CCS 実証プロジェクトの事業化調査を開始〜プルタミナ社，国立バンドン工科大学と共同スタディ契約を締結し，プロジェクト実現に向けた体制を強化〜」https://www.jpower.co.jp/news_release/2021/07/news210719.html 2023年4月6日閲覧。

二国間クレジット制度（JCM）ウェブサイト,「コールドチェーンへの高効率冷却装置導入」https://gec.jp/jcm/jp/projects/13pro_ina_03/ 2023年4月6日閲覧。

二国間クレジット制度（JCM）ウェブサイト,「食品工場への0.8MW 太陽光発電及び高効率冷凍機の導入」https://gec.jp/jcm/jp/projects/18pro_tha_05/ 2023年4月6日閲覧。

日揮ホールディングス ［2021］,「東南アジア初となるインドネシア・グンディ CCS 実証プロジェクトの事業化調査を開始」https://www.jgc.com/jp/news/2021/20210719_02.html 2023年4月6日閲覧。

馬場未希・高木邦子 ［2021］,「エネルギー，商社，機会が先陣切る群雄割拠の『水素』ビジネス」『日経 ESG』（270），24-42頁。

三井物産 ［2022］,「豪州北西部沖合での CCS 事業化調査に関する政府許可取得」https://www.mitsui.com/jp/ja/topics/2022/1244545_13393.html 2023年4月6日閲覧。

［森村将平／早稲田大学環境経済・経営研究所研究助手］
［モルタ・アリン／早稲田大学大学院経済学研究科，日本学術振興会特別研究員-DC］
［有村俊秀／早稲田大学政治経済学術院教授，経済産業研究所ファカルティフェロー］

V　地域間共生と政策

イギリスの近年の科学技術・産業と
イノベーション政策

小林　直人

1　はじめに

　イギリスでは近年政治や経済，さらには学術研究や科学技術・産業まで大きな変化が起こっている。2016年の国民投票で決定して2020年1月に正式に実施された Brexit（欧州連合離脱：欧州連合を以下，EU と略す）が影響を及ぼしているのがその大きな要因であるが，同時に2019年暮れから始まった COVID-19パンデミックおよび2022年2月に始まったウクライナ戦争による影響も無視はできない。Brexit による影響は，①物価高，②労働力不足，③物不足，④学術研究への影響などであるが，上記の複合的な影響に伴う際立って高いインフレのため，2022年秋から2023年夏にかけて，鉄道，医療機関，救急サービス，学校，郵便などでストライキが多発し，大きな経済的・社会的な影響が出た。ボリス・ジョンソン元首相の辞任による保守党党首選が2度行われて首相が短期に交代したことも異例であり，今後の政局も先が見通せない。また2022年9月には70年間在位したエリザベス女王が逝去し，国の象徴的人物が亡くなったことによる社会的変化も予想される。

　本稿ではそのような厳しい情勢にあるイギリスが，Brexit を経て今後世界の中で地域共生の観点からどのような方向に進もうとしているかを知る手掛かりとして，イギリスの現在の学術研究・科学技術や産業の面から

その影響を考えたいと思う。最初にイギリスが今でも世界をリードする実績を誇る学術研究の特徴を探るとともに，さらに科学技術，産業の面から地域共生への影響を考察する。またイギリスの科学技術・イノベーション政策についても概観し，その大きな柱となる AI（人工知能）やネット・ゼロ戦略についても言及する。これらを通して，「EU を離れて世界へ」向かおうとするイギリスの実情に迫りたいと思う。

2　イギリスの学術研究事情

(1)　イギリスの学術研究の特徴

イギリスは学術研究において常に世界をリードしてきた歴史がある。際立った貢献をした人々として，物理学分野では「万有引力」を発見したアイザック・ニュートン（1643～1727年），「古典電磁気学」を確立した J. C. マックスウェル（1831～1879年），「相対論的量子力学」を確立したポール・デイラック（1902～1984年），「ブラックホール」の理論を開拓したスティーブン・ホーキング（1942～2018年）などが有名である。また生物学・生命科学分野では「種の起源」のチャールズ・ダーウィン（1809～1882年），「ペニシリン」のアレクサンダー・フレミング（1881～1955年），「二重螺旋」のフランシス・クリック（1916～2004年）など枚挙にいとまがない。さらに数学・計算機科学分野では「AI の父」のアラン・チューリング（1912～1954年），経済学分野では「国富論」のアダム・スミス（1723～1790年），「有効需要の原理」の J. M. ケインズ（1883～1946年）など綺羅星のごとく優れた学者を輩出している。また自然科学分野におけるノーベル賞受賞者はアメリカ（2022年までで275人）に次いでイギリス（同85人）が多く，数学のフィールズ賞受賞者も世界で 4 番目に多い 6 名など，その学術レベルは極めて高い。

イギリスの大学は，2020年当時で163校あり，その99％が国立大学である。一方日本では，大学が786校あり，その77％が私立大学である。また

図1　イギリスの主要大学の位置

出典　筆者作成

イギリスの大学の学部生は178万人，大学院生は57万人である。それに対して日本ではそれぞれ261万人，25万人であり，大学院生数で日本はイギリスに大きく水を開けられている。なおイギリスの場合，学部生・大学院生には外国人留学生の比率が高くそれぞれ16％，39％である[1,2]。また，イギリスの大学は国立大学であっても，授業料は約9,000ポンド（約144万円）程度で日本の私立大学の授業料並みである。

　図1にイギリスの主要大学の位置を示すが，その中にはオックスフォード大学，ケンブリッジ大学，エディンバラ大学のような伝統大学（Ancient universities，8校），19世紀後半に設立されたマンチェスター大学やリーズ大学のような赤煉瓦大学（Red Brick universities，9校），1960年代前半に創られたヨーク大学やニューカッスル大学のような板ガラス大学

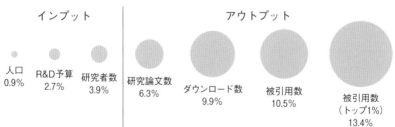

図2　イギリスの研究に関するインプットとアウトプットの世界シェア

インプット　　　　　　　　　　　　　　アウトプット

人口
0.9%

R&D予算
2.7%

研究者数
3.9%

研究論文数
6.3%

ダウンロード数
9.9%

被引用数
10.5%

被引用数
（トップ1%）
13.4%

出典　BEIS の資料をもとに筆者作成

（Plate Glass universities，24校）などがある。また1992年にそれまでのポリ
テクニクスやスコットランドの中央教育機関が大学に昇格した post-1992
大学（79校）というものがある。またラッセル・グループと呼ばれる24の
研究大学が全国に広がっており，各種の世界大学ランキングでは多くの大
学が上位を占めている。

　イギリスの大学の研究は効率性が良いことが特徴である。図２に示すの
は，人口，研究開発予算，研究者数などの研究遂行のためのインプット指
標に対して，研究論文数，論文の被引用数，被引用数（トップ１％）など
のアウトプット指標の世界シェアを示している。研究開発予算が2.7%，
研究者数が3.9%のシェアに対して，被引用数，被引用数（トップ１％）が
それぞれ10.5%，13.4%であることはその研究推進及び成果創出の効率性
の高さを示している[3]。筆者がイギリスの大学の研究者・関係者に取材・
調査した限りでは，この理由として（１）綿密な研究戦略・計画の作成，
（２）優秀な博士課程学生やポスドクの集積，（３）研究設備，研究機器な
どの効率的運用，（４）研究補助者の充実，（５）効率的な研究時間使用，
などが挙げられるとのことである。

　これに対して日本では研究者数のシェアが約10%に対して研究論文数の
シェアが約５％と逆転している[4]。ただし，これは統計の取り方にも依存
し，例えば日本の研究者には70％以上の企業研究者が含まれているのに対
して，イギリスの場合は大学以外の研究者数は40％以下である。また日本

図3 基礎研究，応用研究，開発研究の予算（GDPの%）

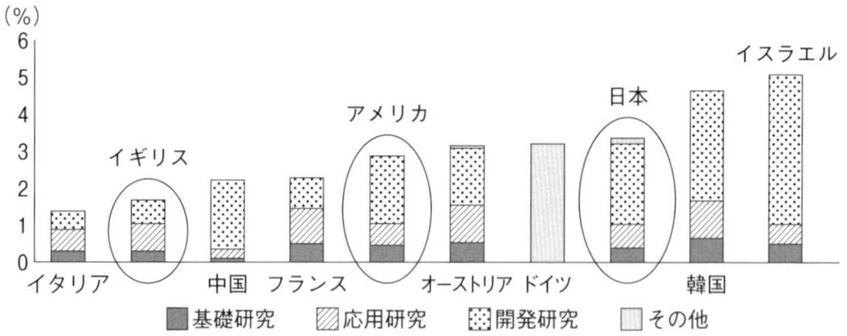

出典 HM Government "UK Research and Development Roadmap"

の和文の論文数がカウントされにくいなどの影響がある。それにしても，両国は大きな対照を示している。日本の学術研究界の大きな課題であろう。

一方，図3に見られる通りイギリスの研究開発予算のGDP比率は1.7%程度であり，アメリカの3.0%，日本の3.5%，韓国の4.2%などに比べてかなり低い。そのためイギリス政府は2017年に「2027年までにGDP比率を2.4%に増加する」という政策を発表した[5,6]。イギリスの研究開発予算が少ないことの主要な理由は，他国に比べて製造業の比率が少なく，企業における研究開発予算が少ないことによるものであろう。またイギリスの研究開発予算に占める基礎研究，応用研究，開発研究の割合は1：2：2程度で，アメリカの1：1：4，日本の1：1：5などに比べると開発研究の比率が少ないが，その理由も同じであると考えられる。またイギリスにはドイツにおけるマックス・プランク研究所，フラウン・ホーファー研究所や日本における理化学研究所，産業技術総合研究所のような国立の大規模研究所がなく応用まで含めた主要な研究が大学で行われているというのが実情である。

(2) 研究評価-REF

イギリスにとって大学は重要な存在である。すなわち大学は卓越した研究成果によって世界的に大きな学術的評価と名声を得，それによって世界

中から優秀な学生，大学院生，ポスドクを誘引して教育を施し，研究を行わせ，社会に送り出している。また優れた研究成果をイノベーションに結びつけるように，社会に還元するのも大学の大きな役割である。そのためもあって大学における研究評価が精緻に組み立てられている。

REF（Research Excellence Framework）はサッチャー政権下の1986年に開始された大学研究評価 RAE（Research Assessment Exercise）が2014年にREFに名前を変えて継続されているものであり，2021年に実施されたREF2021はREFとして2回目の評価である。REFはイングランド，スコットランド，ウェールズ，北アイルランドの4つの高等教育資金助成機関が共同で実施している。その目的は，（1）研究への公的投資に対する説明責任を明らかにし，投資効果のエビデンスを提示すること，（2）大学に関する公開のベンチマーク情報を提供し，評価の基準を確立すること，（3）評価結果を元に，2022〜2023年の大学への研究助成金額を決定すること，であるが，今回はさらに（4）国の研究の優先順位の戦略的決定のための豊富なエビデンスを提供すること，（5）大学と個々の研究者に強力な研究インセンティブを与えること，（6）個々の大学内での研究資源割り当てに利用すること，が付け加えられた[7]。

研究評価は，アウトプット，インパクト，研究環境の3項目で行われる。アウトプットは論文，著書，制作物，ソフトウェアなどの直接的な研究成果であるが，インパクトは，社会，経済，文化，環境，健康，生活等の便益として広く定義され，純粋に学術分野でのものは含まれない。また研究環境には研究収入や研究施設，博士号取得者数などが含まれる。

REF2021と前回の REF2014との大きな違いは，アウトプット60％，インパクト25％，研究環境15％の重みづけで評価がされたことである（REF2014では，それぞれ65％，20％，15％）。

表1にREF2021とREF2014の指標のさまざまな比較を示すが，今回の最も大きな特徴の1つは，全研究成果（アウトプット＋インパクト＋研究環境）のうち 4*（世界をリードする研究）に該当するものが41％（アウトプッ

表1　REF2021とREF2014のさまざまな指標の比較
（4*, 3*の（　）内はアウトプットの割合）

	REF2021	REF2014
参加大学数	157	154
成果提出研究者数	76,132	52,061
成果提出数	1,878	1,911
アウトプット数	185,594	191,150
インパクト事例研究数	6,781	6,975
4*（世界をリードする研究）の割合	41%（36%）	30%（22%）
3*（国際的に優れた研究）の割合	43%（47%）	46%（50%）
UoA（Unit of Assessment）の数	34	36
評価パネル参加者数	900	898
インパクト評価に関わるユーザー数	220	259

出典　REF2021ウェブサイトをもとに筆者作成

トの分野のみでは36%）と大幅な増加をしたことである。今回は研究者数
が前回に比べて1.5倍に増えた代わりに各人の提出成果数が平均4報から
2.5報に減ったので，一概の比較はできないが，大学関係者は研究の質
（Quality of Research）が向上したことを喜んでいる。

　表2に上位大学の評価結果を示す。GPA（Grade Point Average）とは，
その大学の4*, 3*, 2*, 1*の割合（%）にそれぞれ4, 3, 2, 1を乗じ，
それらの和を100で割った値である。また研究力（Research Power）とは
GPAにFTE（Full-Time Equivalent, 常勤換算）研究者数を乗じたもの
（1,000を上限として正規化）になる[8]。この結果を見ると，GPAに関しては
オックスフォード大学，ケンブリッジ大学，ユニバーシティ・カレッジ・
ロンドン（UCL）などの大規模大学，インペリアル・カレッジ・ロンドン
やロンドン・スクール・オブ・エコノミクス（LSE）のような中規模大学，
がん研究所やロンドン衛生熱帯医学大学院のような小規模大学がそれぞれ
上位に入っているのは望ましい結果だと思われる。またブリストル大学や
マンチェスター大学，ヨーク大学などは前回から大きく順位を上げている。
　2014年に始まった当初のREFは，大学の評価にインパクトという要素

表2　質的指標（GPA）および研究力で示された REF2021 での上位大学の結果

GPA 順位	大学名	UoA の数	GPA	GPA 2014	同左 順位	研究力	同左 順位	助成資金占有率 (%)
1	インペリアル・カレッジ・ロンドン	11	3.63	3.36	2	473	9	2.89
2	がん研究所	2	3.58	3.40	1	31	101	0.18
3	ケンブリッジ大学	30	3.53	3.33	5	846	3	4.99
3	ロンドン・スクール・オブ・エコノミクス（LSE）	15	3.53	3.35	3	193	33	1.11
5	ブリストル大学	28	3.51	3.18	11	441	10	2.49
6	ユニバーシティ・カレッジ・ロンドン（UCL）	32	3.50	3.22	8	935	2	5.34
7	オックスフォード大学	31	3.49	3.34	4	1,000	1	5.75
8	マンチェスター大学	31	3.47	3.16	17	620	5	3.44
9	キングス・カレッジ・ロンドン	25	3.46	3.23	7	547	6	3.04
10	ヨーク大学	24	3.45	3.17	14	275	22	1.50
10	ロンドン衛生熱帯医学大学院	2	3.45	3.20	10	131	48	0.71

出典 "REF2021：NEWS", 12 MAY 2022, Times Higher Education

を入れたということで非常に注目されたが，今回はさらに多くの事例研究で多様性，豊富さ，精確性などで向上が見られたという報告がされ，インパクトの 4* の割合は前回の 44% から今回は 50% に増加している。今回のREF の結果を見ると，イギリスが大学の研究評価に関して常に改善を行っていることが分かる。一方で，「REF は目先のすぐ成果の出やすい研究に研究者の目を向けさせ長期的な挑戦的課題への取り組みが疎かになる」，「REF に関わることは大学研究者・職員の時間と資源の浪費である」「評価に基づく資金提供は構造的な不平等を定着させる」，「REF は大学や部門を「勝者」または「敗者」として恣意的に指定する研究文化を助長している」，などの批判も寄せられている。このような批判を踏まえつつ，次の実施に向けてすでに改善の作業も開始されている。REF という研究評価システムはイギリスの研究力向上に一定の貢献をしていると言えよう。

3 イギリスの科学技術と産業

イギリスは世界に先駆けて産業革命を起こした国である。1733年のジョン・ケイによる飛び杼の発明，1764年のジェームズ・ハーグリーブスによるジェニー紡績機の発明などの紡織機の革命に端を発し，1765年のジェームズ・ワットによる蒸気機関の改良開発，1804年のリチャード・トレビシックによる蒸気機関車の開発などの動力革命によりイギリスは世界に先駆けて工業を興隆させた。

1851年ロンドンのハイドパーク「水晶宮」で第1回万国博覧会が開催され，世界34カ国から延べ600万人以上が来場したが，この時イギリスはこの万博を開催することで，その圧倒的な工業力を世界に示した[9]。出展者は約1万5,000人，展示物は約100,000個で，そのうち半数以上をイギリスからの出展が占め，賞を独占した。出展品は，鉱物・化学薬品，機械・土木，ガラス・陶器，美術部門などである。中心人物はこの万博を取り仕切ったヴィクトリア女王の夫アルバート公であるが，現在もハイドパークに残る彼の記念碑の周囲には Agriculture（農業），Commerce（商業），Manufactures（製造）に加えて Engineering（工学，技術）と刻まれた石碑があったことは注目すべきである。

一方，この後ドイツやアメリカに技術開発の主導権が移り，「世界の工場」であったイギリスの産業は重工業化（第2次産業革命）に遅れを取り，次第に凋落をたどることになった。その原因の1つとして「技術教育の遅れ」（金融サービスを重視するジェントルマン資本主義の影響）が挙げられる。また新たな技術導入への抵抗，熟練労働者不足等もその一因であろう。イギリスは発明・発見の進取の気性には富んでいるが，実用化や商業化は不得手と見なされている。

表3にONS（イギリス統計局）のデータなどから得たイギリス社会の各種の指標を示す。人口や就業人口は日本の半分近くであるが，一人当たり

表3　イギリス社会の各種指標と日本との比較（1＄＝120円で計算）

項目	内容	日本（参考）
国名	United Kingdom of Great Britain and Northern Ireland	日本国
総面積	242,495 平方 km	377,974 平方 km
総人口	6,861 万人（2022 年）	1 億 2,484 万人
平均寿命	81.77 歳	84.36 歳
出生率	11.4 人 /1000 人	6.6 人 /1000 人
就業人口	3,251 万人（2021 年）	6,667 万人
失業率	4.2%	2.8%
GDP	3 兆 1,876 億 ＄（〜 382 兆円）（世界第 5 位）	4 兆 9,374 億 ＄（3 位）
一人当たり GDP	47,203＄（〜 566.4 万円）（世界第 22 位）	39,340 ＄（28 位）（〜 472 万円）
対日輸出額	73.11 億 ＄（〜 8,773 億円）（2020 年）	101.28 億 ＄
対日輸入額	101.28 億 ＄（〜 1 兆 2,154 億円）（2020 年）	73.11 億 ＄

出典　World Bank "world development indicators" をもとに筆者作成

の GDP（2021年）はイギリスのそれが日本のそれの約20％多い。また相互の貿易額はイギリスの約38億ドルの輸入超過になっている。

　一方，産業構造を見てみるとイギリスは GDP に占める工業の割合が約14％と低い代わりに金融業・サービス業が42％と大きな値を示している。アメリカもそれぞれ15％，39％と同様な傾向である。これに対して日本は工業の割合が約24％と高く，金融業・サービス業は37％程度である。またドイツはそれぞれ約25％，35％と日本と同じ傾向を示している。[10]

　表4にイギリス製造業の2018〜2020年の 3 年間の売上高を示す[11]。これを見ると食品，自動車，化学品，輸送機械などが大きな売上高を示している。その中でも自動車は，その大半が外国資本であるとは言え，イギリス産業の主力の一部である。また輸送機械の主力は航空機であり，航空機産業も主要産業の 1 つである。近年伸びが大きいのが医薬品であり，これにはイギリスの旺盛な研究開発の成果が活かされていると考えられる。

　ここでは現在のイギリスの製造業の主力であるライフサイエンス産業を紹介するが，その前に他の産業の状況を概観する。イギリスの製造業の大

表 4 イギリスの製造業の売上高 2018～2020年（1 £＝160円で計算）

		2018 年		2019 年		2020 年	
		M£	兆円	M£	兆円	M£	兆円
1	食品	73,639	11.78	75,147	12.02	73,128	12.02
2	自動車	56,738	9.08	52,631	8.42	39,535	8.42
3	化学品	24,968	3.99	26,018	4.16	25,805	4.16
4	機械	28,351	4.54	28,544	4.57	24,981	4.57
5	輸送機械	30,603	4.90	31,058	4.97	24,578	4.97
6	ゴム・プラスティック	20,466	3.27	19,921	3.19	19,024	3.19
7	医薬品	13,560	2.17	13,835	2.21	14,942	2.21
8	飲料・タバコ	14,619	2.34	15,150	2.42	14,150	2.42
9	電子・光	14,096	2.26	15,021	2.40	13,250	2.40
	その他	124,399	19.90	124,859	19.98	109,316	19.98
	総計	401,439	64.23	402,184	64.35	358,709	64.35

出典 イギリス統計局 "UK manufactures' sales by product"

半は1970年～1980年代に急速に国際競争力を失った。その典型が造船業である。イギリスの造船業は第 2 次世界大戦後まで世界一の約35％の建造量を誇ったが，1970年代以降，縮小・衰退の一途を辿った。たとえば1970年代初頭には建造量が約120万総トンであったが，1980年代になると約30万総トン，1990年代には約10万総トンまで減少した。その主な要因として，技術的優位性の低下，複雑な労使関係，産業政策の欠如，製品開発から財務手法による成長路線への切り替え等があるとされている[12,13]。

　イギリスの自動車産業もかつて世界に先駆けて機能が優秀でデザイン性に優れた自動車を多品種・大量に生産していたが，1960年代以降に労働争議の多発，労働党政権時代の失策，特に国有化による競争力喪失により急速にその競争力を低下させた。しかしサッチャー政権時代（1979～1990年）に，造船業とは対照的に民営化や日本企業の誘致など再活性化が図られた。これによって自動車産業は一定程度の回復があり，辛うじて国際競争力を回復した。ただほぼ全ての企業が外国資本の所有となっているため，多くの自動車産業は国内に研究開発拠点が少なく，技術革新への対応が不足し

ている。なおロールス・ロイス，ジャガー，ローバーなどイギリス発祥の車のブランド力は現在でも健在で，外国資本の下で生産が増加している。最近では，イギリスを電気自動車（EV）の開発拠点にする動きがあり，高度な生産技術を必要とする新製品の生産を担っている[15,16]。

　一方，航空機産業は現在でもイギリスの主要産業の1つであり，アメリカに次ぐ世界第2位の規模を誇っている。イギリスには航空機製造に関する非常に成熟したサプライチェーンがあり，航空機エンジン，ヘリコプター，翼，構造物，航空機システムの設計・製造の世界的な中心地である。2019年，2020年はCOVID-19のために売上が落ちたが，2021年は約280億ポンド（約4.5兆円）まで回復した。また航空機製造業に加えて，保守・修理およびオーバーホール部門（MRO：Maintenance, Repair and Operations）と航空宇宙支援・補助設備があり，毎年イギリスを出入りする膨大な数の航空機にサービスを提供している[17]。

　さらにイギリス宇宙産業の売上規模は2021年で約165億ポンド（約2.6兆円）である。そのうち輸出は53億ポンド（約8,500億円）に上り，直接雇用も4.7万人など大きな産業分野である。イギリスの宇宙産業は現在急速に成長している分野であり，その売上高は2000年以来3倍に成長したと推定されている。またイギリスの宇宙産業は，特に衛星データと画像を通じて，災害救助，通信，全地球測位システム（GPS），天気予報など，さまざまな公共サービスをサポートしている[18]。

(1) ライフサイエンス産業

　イギリスの多くの製造業が力を失う中で，ライフサイエンス産業は現在イギリスの最も重要な産業の1つである。特にイギリスはこの分野の学術研究に早くから戦略的に力を入れており，世界のリーダーの1つとしてノーベル賞受賞者も多い。2001〜2022年のノーベル医学・生理学賞受賞者数は，アメリカ26名，イギリス11名，日本4名，フランス3名，オーストラリア・ノルウェー各2名などであり，研究者一人当たりの受賞者数ではイ

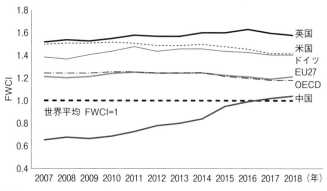

図4　ライフサイエンス分野における主要国の論文の FWCI

出典　HM Government "Life Sciences Vision"

ギリスは世界でほぼトップである。また，イギリスの GVA（総付加価値）
の約18％がライフサイエンス関係である。図4には2007〜2018年に発行さ
れたライフサイエンス分野の論文の FWCI（Field-weighted Citation Im-
pact）の値を示すが，イギリスがアメリカを凌駕して長期にわたって質の
高い論文を出し続けていることが分かる[19]。

　また医薬品製造業はイギリスの中の巨大産業である。特にグラクソ・ス
ミスクライン（GSK）やアストラゼネカ（AZ）が世界企業として有名であ
り，売上高も2019年でそれぞれ310億ドル，250億ドルと突出している。日
本以上にイギリスの医薬品産業の存在感が大きいのは，大学や外部企業の
研究成果をうまく利用したオープン・イノベーションが一因と言われてい
る。さらには基礎研究からトランスレーショナル研究（基礎研究から臨床
現場への橋渡しをする研究），臨床試験，承認，販売に至る医薬品開発過程
に沿った，イギリス医薬品産業を取り巻くスムーズなシステム・インフラ
がよい環境を提供していることも主要因の1つである。イギリスのライフ
サイエンス産業の実情を表5に示す[20,21]。

　なお，武田薬品工業（2019年売上高290億ドル）やアステラス製薬（同120
億ドル）など日本の医薬品産業も相応の売上を上げており，また2019年に

表5　イギリスのライフサイエンス産業の実績（1＄＝120円，1￡＝160円で計算）

セクション	指標	実績値（報告年）
イギリスサイエンス支援強化	健康研究開発への政府支出	34 億 ＄（4,080 億円）（2019 年）
	英国の医薬品業界研究開発費	48 億 ￡（7,680 億円）（2019 年）
	ライフサイエンス分野学術論文引用数シェア	12%（2014 年）
	ライフサイエンス分野 最も引用された学術論文（上位 1%）のシェア	18%（2014 年）
成長インフラ	基本的な医薬品及び医薬品調剤製造の従事者数	50,126 人（2018 年）
	医療技術製品製造の従事者数	41,791 人（2017 年）
	医薬品製造業の粗付加価値額（GVA）	146 億 ＄（1.75 兆円）（2018 年）
	医薬品の輸出	259 億 ＄（3.11 兆円）（2020 年）
	医療技術製品の輸出	47 億 ＄（5,640 億円）（2020 年）
	医薬品の輸入	268 億 ＄（3.22 兆円）（2020 年）
	医療技術製品の輸入	68 億 ＄（8,160 億円）（2020 年）

出典 "Life Science Competitiveness Indicators 2021", 医薬産業政策研究所「日本市場における医薬品売上高上位品目の創出企業国籍」をもとに筆者作成

おける世界医薬品売上高上位100品目に入る医薬品創出企業の国籍別医薬品数は，アメリカ49品目，スイス10品目に次いでイギリスも日本も9品目を創出している[21]。

　オープン・イノベーションの一例としてオックスフォード大学とアストラゼネカ社による COVID-19のためのワクチン開発がある。2020年4月30日オックスフォード大学は同大学のサラ・ギルバート教授が研究開発中の COVID-19ワクチン候補に関して，アストラゼネカ社との共同開発，大規模製造，および流通に関する合意を発表した。この新しいパートナーシップは，ワクチン候補の研究，製造，流通をサポートすることとなり早期のワクチン実用化に繋がった[22]。

イギリスは国としてもライフサイエンス分野の研究開発と疾病治療を特に重要視しているが，2021年に発行された"Life Science Vision"の中では，（1）COVID-19以降の新たな疾病治療，（2）科学および臨床研究のインフラ整備，（3）イギリス独自のゲノムおよび健康データ，（4）NHS（National Health System）による革新的技術の迅速採用，（5）企業が成長する適切なビジネス環境，などを通してイギリスの産業が成長し，患者とNHSが真の利益を享受できる環境を作ることを目指すとしている[19]。

(2)　金融サービス業

イギリスの金融サービス業の売上高がGDPに占める割合は8％以上の大きな値を示している。特に2021年はCOVID-19の影響が残っている中で1,736億ポンド（約28兆円）（GDPの8.3%）の経済的貢献をしている。またロンドンが最大の金融サービス業の地域であり，イギリス全体の約半分の売上を記録している。世界的にも図5に示すようにイギリスはOECD加盟国の中で4番目の大きな金融サービス業の割合を示している[23]。また2021年のイギリスの金融サービスの輸出額は613億ポンド（約9.8兆円），輸入額は166億ポンド（約2.7兆円）であり，金融サービス貿易では447億ポンド（約7.2兆円）の黒字となっている。

Brexitの影響により，2018年から2021年の間にイギリスのEUへの金融サービスの輸出額は現金換算で19%減少したものの，逆に非EU諸国への金融サービスの輸出は4％増加した。2022年第1四半期で，イギリスのEUへの金融サービス輸出は全体の34%を占めたが，アメリカへのそれは31%を占め，ほぼEUと並ぶ実績が上がっている[23]。イギリスは国際的にも依然として特別な地位を占めており，表6に示すように国際金融取引のシェアでは多くの項目で世界の首位を占めている[24]。また金融サービス業は，イギリス経済で最も生産性の高い業界の1つである。このセクターの生産性は，経済全体の生産性の2倍以上である[25]。

図5　OECD 加盟国の金融サービス業が全経済に占める割合（2021年）

国	割合
ルクセンブルグ	25%
スイス	9%
アメリカ	8%
イギリス	8%
オーストラリア	8%
カナダ	7%
アイスランド	6%
韓国	6%
ベルギー	6%
ニュージーランド	6%
オランダ	6%
コロンビア	5%
デンマーク	5%

出典　The House of Common Library "Financial services"

表6　国際金融分野における主要国のシェア（%）

項目	時期	イギリス	アメリカ	日本	フランス	ドイツ	シンガポール
クロスボーダー銀行貸付	2022 年 （第 1 四半期）	15.0	9.3	11.6	11.8	9.3	2.3
外国為替取引	2022 年 （4 月）	38.1	19.4	4.4	2.2	1.9	9.4
金利店頭デリバティブ取引	2022 年 （4 月）	45.5	29.3	0.9	3.5	4.7	2.7
保険プレミアム	2021 年 （年末）	5.8	39.6	5.9	4.3	4.0	0.6
国際債権取引残高	2022 年 （第 1 四半期）	12.0	8.7	1.9	5.1	4.8	0.7

出典　The City UK "key facts about the uk as an international financial centre 2022"

　イギリスの金融サービス業の中でも近年その成長が著しいのが，フィンテック（FinTech）である。フィンテックとは，金融（Finance）と技術（Technology）を組み合わせた造語で，金融サービスと情報技術を結びつけたさまざまな革新的な動きを指す。フィンテック分野の多くの企業は，ソフトウェアへの依存度が低い従来の金融システムや企業に取って代わる目的で設立されたスタートアップである。2021年の時点で，イギリスには

約1,600のフィンテック企業があり，この数は2030年までに2倍になると予測されている。また2021年，イギリスは12の新しいフィンテック・ユニコーン企業を生み出し，この種の企業の創設においてアメリカに次ぐ第2位の国になっている。またフィンテック企業の数を中心とした世界の都市ランキングでは，ロンドンがサンフランシスコに次ぐ2位である。またマンチェスターが34位，ケンブリッジが38位など有名大学都市が高い順位をつけている。これはフィンテックのスタートアップが大学を中心に生まれていることを示すものであり，情報技術や金融に詳しい若い頭脳が多く結集していることが見てとれる[26]。

4　イギリスの科学技術・イノベーション戦略と政策

第1節でも述べたが，イギリスは科学に関する基礎研究ではほぼ世界トップの実績を示しているものの，製造業が弱いこともあって，研究成果の実用化・商業化は他の先進国に比べて遅れている。そのため政府は大学等における研究成果をできるだけ有効に社会で活用できるように産業戦略，研究開発ロードマップ，イノベーション戦略などを矢継ぎ早に出してこの分野での研究開発および商業化・産業化の発展を強力に支援している。

(1)　産業戦略

イギリス政府は2017年11月に産業戦略（Industrial Strategy - Building a Britain fit for the future）を発表した[5]。ここで示されたビジョンは次のとおりである。すなわち，（1）イギリスを世界で最も革新的な経済があり，すべての人にとって良い仕事とより大きな収益をもたらす国にする，（2）イギリスの産業インフラの大規模なアップグレードを行う，（3）イギリスをビジネスを開始し成長させるのに最適な場所とする，（4）イギリス全土を豊かなコミュニティとする，である。そのための5つの基盤として次のことが謳われている。（1）アイデア（Idea）：世界で最も革新的な経

済を作るために，2027年までに研究開発投資をGDPの2.4％まで引き上げ，世界の課題解決や成長のための産業戦略課題に17億ポンド（約2,700億円）を投資する。（2）人々（People）：すべての人に良い仕事とより大きな収益を提供する。そのため世界クラスの技術教育システムを目指して数学，情報，技術教育に4.1億ポンド（約660億円）を注ぎ込む。（3）インフラストラクチャー（Infrastructure）：イギリスのインフラを大規模にアップグレードするためにディジタル・インフラに10億ポンド（約1,600億円）以上の投資を行い，EV（電気自動車）の充電設備などに5億ポンド（約800億円）投資する。（4）ビジネス環境（Business Environment）：革新的で潜在能力の高いビジネスに200億ポンド（約3.2兆円）の投資を行う。生命科学，建設，AI，自動車などの業界と政府の間に産業連携を結ぶ。（5）地域（Places）：都市変革基金17億ポンド（約2,720億円）を立ち上げ，都市間交通を整備，地域産業戦略策定を行う。またその上で4つのグランド・チャレンジとして，政府は①AIの発展とディジタル・エコノミー，②クリーン成長，③高齢化社会，④将来のモビリティー，を掲げた。このように具体的な目標に相当額の投資をするという姿勢が明確である。

(2) 研究開発ロードマップおよびイノベーション戦略

イギリス政府は2020年7月に，研究開発の道筋を明らかにするということで，研究開発ロードマップ（UK Research and Development Roadmap）を発表した[6]。その中で上記の2027年までに研究開発投資をGDPの2.4％に増加する方針を改めて確認し，2024年から2025年までに研究開発への公的資金を年間220億ポンド（約3.5兆円）に増やして，イギリスの研究開発への国内外の事業投資を増やすこととした。またこのロードマップを通じて次のことを行うことを目標としている。例えば，（1）研究投資を増やし，研究成果によって政府・業界・社会全体で最も差し迫った問題を解決する，（2）研究からイノベーション，商品化，ビジネスの間の相互作用を強化し，イノベーション・システム全体をサポートする，（3）起業家や新興

企業を支援し，研究投資を実施する企業への資本の流れを増やし，企業の規模拡大を可能にする，（4）才能のある多様な人々とチームを引き付け育成する，（5）イギリス全体の研究投資から地域の成長と社会的利益を引き出す，（6）世界をリードする大学，研究機関の大規模なインフラ，施設，リソースおよびサービスの整備を進める，などである。

　さらに2021年7月22日には，イノベーション戦略（UK Innovation Strategy：Leading the future by creating it）を発表した[27]。その骨子は以下の通りである。すなわち，（1）イノベーションを望むビジネスを活性化するために研究開発への年間公共投資を220億ポンド（約3.5兆円）へ増額する（上記ロードマップと同じ），（2）イギリスをイノベーション人材にとって最もエキサイティングな場所にして，才能のある人材を世界から引きつける。（3）大学・研究機関が企業と地域のニーズに確実に対応するために特別助成1.25億ポンド（約200億円）を用意する，（4）イノベーションを促進して，イギリスと世界が直面する主要な課題に取り組み，主要な技術の能力を向上させる。将来のための7分野を特定する，などである。

　その7分野とは，次のものである。①先端材料と製造，②AI，ディジタルおよび高度コンピューティング，③バイオインフォマティクスとジェノミクス，④エンジニアリング生物学，⑤エレクトロニクス・フォトニクス・量子，⑥エネルギーおよび環境技術，⑦ロボット工学とスマートマシン，である。

　また，それと並行してカタパルト・ネットワークという複数の産学官連携開発拠点を設定している。なお，これはドイツのフラウン・ホーファー研究所が見本と言われている。その目的は，（a）最先端テクノロジーと専門知識へのビジネスアクセスの強化，（b）世界をリードする科学・技術の研究拠点を支援，（c）企業との共同応用研究プロジェクトを推進，（d）企業の委託研究を実施，（e）高度に専門的な精神でビジネスに重点を置く，（f）全てのレベルでスキル開発を提供，である。図6にその配置図を示す[28]。

図6　カタパルト・ネットワークの複数の産学官連携開発拠点

■　中核拠点
◎　センター

出典　カタパルト・ネットワークウェブサイトをもとに筆者作成

◆カタパルト・ネットワークは英国全土の50か所以上にまた
　がる主要な中核拠点・センターのネットワーク。

◆研究と産業の間のギャップを埋めることで，社会と産業が
　直面している最大の課題への取り組みを支援。

◆2011年から活動を開始し，現在以下の9分野で活動。
　　・細胞・遺伝子治療
　　・デジタル技術
　　・創薬
　　・地域連結
　　・エネルギー・システム
　　・洋上再生可能エネルギー
　　・化合物半導体応用
　　・高付加価値製造
　　・人工衛星応用

またイギリス最大の研究助成機関である UKRI（UK Research and Innovation：イギリス研究イノベーション機構）の傘下にある Innovate UK は，学術研究界と産業界を結びつけるための研究開発助成を使命としており，2021年には Strategic Delivery Plan 2022–2025という文書を発行している[29]。その中では，（1）将来の経済，（2）大規模な成長，（3）グローバルな機会の活用，（4）イノベーション・エコシステム，（5）政府の支援，ということを謳って，上記の研究開発やイノベーションに関する戦略に則って，研究開発をイノベーションや産業化に結びつける実績を上げることを目標にしている。

　さらにイギリス政府は革新的な技術変化，科学分野のパラダイムシフトを生み出す可能性のあるプロジェクトを推進し国家的課題解決へ繋げる機能を持つ自律的組織として ARIA（Advanced Research and Invention Agency：高等研究発明局）を2023年1月25日に発足させた。これは UKRI とは独立した組織であり，アメリカの DARPA（Defense Advanced Research Projects Agency：国防高等研究計画局）をモデルとして設計された。その特徴は，ハイリスク研究に焦点を当て，戦略的，科学的，文化的な自律性を発揮し，才能のある人々に投資することによって画期的な成果を生み出すことを目標としていることである[30]。

(3)　イギリスの AI 戦略

　イギリスは「コンピュータ科学と人工知能（AI）の父」と呼ばれるアラン・チューリング（1912〜1954年）を生み出した国であり，碁のプロ棋士を初めて破って AI ブームを起こした人工知能 AlphaGo を作り上げた Deep Mind という会社が生まれた国でもある。このようにイギリスは世界でも先駆的な AI 推進の国であるが，その研究開発実績も大きい。各国の産学連携事業から発表された AI 関連の査読論文数は，イギリスは2015〜2019年の5年間で約1,500報程度を発表し国別で米中に次いで第3位につけているが，人口一人当たりにすると英米はほぼ同数程度になる[31]。

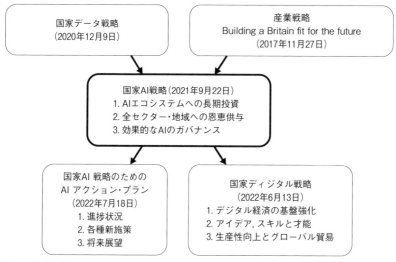

図7　英国の「国家 AI 戦略」と他の戦略の関係図

国家データ戦略
（2020年12月9日）

産業戦略
Building a Britain fit for the future
（2017年11月27日）

国家AI戦略（2021年9月22日）
1. AIエコシステムへの長期投資
2. 全セクター・地域への恩恵供与
3. 効果的なAIのガバナンス

国家AI 戦略のための
AI アクション・プラン
（2022年7月18日）
1. 進捗状況
2. 各種新施策
3. 将来展望

国家ディジタル戦略
（2022年6月13日）
1. デジタル経済の基盤強化
2. アイデア, スキルと才能
3. 生産性向上とグローバル貿易

出典　筆者作成

またアカデミックな国際会議での発表論文数や，AI 分野への官民の投資額も米中に次いで概ね第３位になっている。

またイギリスはディジタル技術や AI の研究開発と利用に非常に敏感で，近年矢継ぎ早に色々な戦略を出して実行している（図７参照）。前述した2017年11月の「産業戦略」を踏まえて，2021年９月には「国家 AI 戦略」が発表された[32]。ここでは３本柱として，（１）AI エコシステムの長期的なニーズへの投資，（２）AI がすべてのセクターと地域に恩恵を供与すること，（３）国内および国際的に適切な AI 技術のガバナンス，を目指している。また世界的に優れた人材を育成し，また引き付ける政策を重視しており，特に AI の分野で最高の才能を誘引し維持するためにチューリング AI フェローシップが設けられ，総額で4,600万ポンド（約74億円）が投入された[33]。

なお，この AI 戦略に引き続いて2022年７月には，戦略の進捗状況を確認し，その後の具体的な方針を更新するアクション・プランが出され，ま

た同年6月には国家ディジタル戦略も策定されている。以上のようにイギリスは時代の動きに敏感で，常にその動きの最先端で世界を主導しようという意欲と仕組み作りに長けている。これがイギリスの強みの1つであると言えよう。

(4) ネット・ゼロ戦略

2021年10月から11月にイギリスグラスゴーでCOP26（第26回国連気候変動枠組条約締約国会議）が開催されたが，それに先立ち同年10月にイギリス政府は「ネット・ゼロ戦略（Net Zero Strategy：Build Back Greener）」を発表した[34]。一方，イギリスではすでに2008年に気候変動法（CCA：Climate Change Act）が施行され，2020年および2050年の炭素削減目標が決定された。また，その目標達成に向けた活動を監視し進捗状況を議会に報告する独立機関として気候変動委員会（CCC：Climate Change Committee）が設置された。2019年にはCCAを改正して「2035年までに炭素排出量を1990年のレベルと比較して78％削減し，2050年までに『ネット・ゼロ（正味の炭素排出量をゼロにする)』を実現する」ことを義務付けた。これは先進経済国の中では初めてのことであった。

その後も，「グリーン・ファイナンス戦略」(2019年)，「第6次カーボン・バジェット」(2020年)，「エネルギー白書」(2020年)，「グリーン産業革命」(2020年)，「産業脱炭素戦略」(2021年）と立て続けに戦略や方針を決定し，その集大成が「ネット・ゼロ戦略」となった。この中では，特に（1）洋上風力発電の推進，（2）低炭素水素の開発，（3）ゼロ・エミッション車への移行，（4）建物の熱効率改善，（5）炭素回収・利用・貯蔵（CCUS）への投資，（6）自然環境保護等，を通して2018年の時点で年間481メガトンのCO_2排出量を2050年には年間80メガトン程度にまで減らし，残りの部分を温室効果ガス除去で減らして実質的に「ネット・ゼロ」実現を目標としている。

特に注目したいのは点検・評価の作業である。具体的には上述のCCC

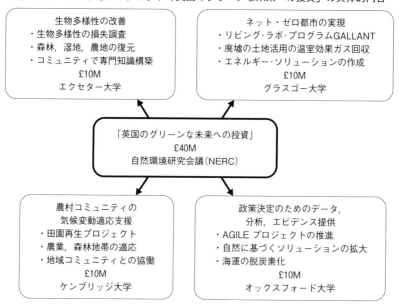

図8　NERC によるプロジェクト「英国のグリーンな未来への投資」の具体的内容

生物多様性の改善
・生物多様性の損失調査
・森林，湿地，農地の復元
・コミュニティで専門知識構築
£10M
エクセター大学

ネット・ゼロ都市の実現
・リビング・ラボ・プログラムGALLANT
・廃墟の土地活用の温室効果ガス回収
・エネルギー・ソリューションの作成
£10M
グラスゴー大学

「英国のグリーンな未来への投資」
£40M
自然環境研究会議（NERC）

農村コミュニティの
気候変動適応支援
・田園再生プロジェクト
・農業，森林地帯の適応
・地域コミュニティとの協働
£10M
ケンブリッジ大学

政策決定のためのデータ，
分析，エビデンス提供
・AGILE プロジェクトの推進
・自然に基づくソリューションの拡大
・海運の脱炭素化
£10M
オックスフォード大学

出典　筆者作成

が2022年に「ネット・ゼロ戦略」の進捗状況に関する報告書を議会に出して警告を発している[35]。この中では，2050年に「ネット・ゼロ」を達成するためには，（1）市民の関与，（2）政府のガバナンスの明確化，（3）労働におけるスキルの向上，（4）温室効果ガス除去への過度の依存是正等の改善策を提言している。これらの提言を受けて，政府が今後どのような対応策を講じるのかは注目の的である。

　一方，「ネット・ゼロ」に向けた研究開発も大学を中心に活発に行われている。それには UKRI 傘下の自然環境研究会議（NERC：Natural Environment Research Council）が数10年にわたって中心的な役割を果たしてきたが，2022年2月には「イギリスのグリーンな未来に4,000万ポンド（約64億円）を投資する」という発表を行った[36]。図8にそのプロジェクトの概略を示すが，（1）生物多様性の改善（エクセター大学），（2）ネッ

ト・ゼロ都市の実現（グラスゴー大学），（3）農村コミュニティの気候変動への適応支援（ケンブリッジ大学），（4）政策決定のためのデータ，分析，エビデンスの提供（オックスフォード大学）の4プロジェクトに対して，それぞれ1,000万（約16億円）ポンドの助成金が支援されている。

　以上，概観したようにイギリスではその極めて水準の高い基礎研究を振興し，その成果をイノベーションを通して産業化に結びつけるための政策や戦略形成に熱心である。特に戦略に関しては，「①入念な検討の上に，②早く作成し，③具体案を提示して，④意見を求める，というプロセスを経て，⑤決定する」のが得意であり，それを実行に移した後で，さらに評価を取り入れて改訂していくプロセスも明確にできているのが特徴である。この点は我が国の科学技術戦略や政策にとっても大変参考になると考えられる。

5　地域間共生に及ぼす効果について

　これまでイギリスの学術研究，科学技術，産業等について述べてきたが，それらの戦略や政策が地域間共生にどのような効果を及ぼしてきたであろうか。最近では，2016年に国民投票で決定し，2020年に実現したBrexitが良くも悪くもイギリスの地域間共生のあり方に大きな影響を及ぼしている。本節ではその影響について言及したい。

(1)　Brexitの影響
　Brexitの経緯は以下の通りである。2015年に保守党のデービッド・キャメロン首相がイギリス総選挙中にEU離脱の是非を問う国民投票を約束した。実際に2016年6月23日に国民投票が行われた結果，投票者の51.9%がEU離脱を選択した。ただし地域的には差がありスコットランドでは62.0%がEU残留に投票した一方，ウェールズでは52.5%がEU離脱を選択し，逆に北アイルランドでは55.8%がEU残留に投票した。

この結果を受けてキャメロン首相は辞職し，テリーザ・メイが後継首相となった。しかし2019年1月より3月までに「離脱協定案」が議会で3度否決されたため，同年7月24日にメイ首相が辞任し，ボリス・ジョンソン前外相が後任の首相に就任した。2019年10月17日にイギリスとEUが北アイルランドの新通商ルールなどを盛り込んだ離脱協定案で合意し，2019年12月12日には総選挙で「離脱実現」を公約に掲げたジョンソン首相が率いる保守党が大勝した。その結果2020年1月31日EU離脱が実現し12月31日までの移行期間を経て，2020年12月31日にイギリス・EUが貿易協定で合意して，完全離脱となった。

　Brexitが実施される前から，種々の懸念材料があった。それらは，（1）EUからの移民が大きく制限され，単純労働者やサービス業で労働力不足が起こる，（2）通関手続きや検疫・検査に手間と時間がかかり，輸入食品など物価上昇につながる，（3）EUとの自由な往来やビジネスが制限され，ロンドンを含むイギリスの魅力が薄れ，企業が撤退・移転する，（4）Horizon Europe（EU内の研究開発プログラム）などのEUの研究助成が受けられなくなり，研究が停滞する。イギリス留学の人気が陰り，EUからの入学への出願が減少する，などである。結果的には程度の差はあるもののどれもがほぼ的中した。

　学術研究界に具体的に影響が及んだ例は次のとおりである。イギリスの大学へのEUからの入学者数を2020年と2021年で比較してみると，UCL，KCL（キングス・カレッジ・ロンドン），マンチェスター大学のような有名大学を含めて軒並み半分以下に減っている[37]。この理由は，EUとの人の移動の自由が終了し，EUからの学生が移動の制限を受けること，授業料がこれまでのイギリス人学生と同額から外国人の授業料へ増額されることである。なお学生数だけではなく，研究を推進する上で最も重要な役割を果たすポスドクの受け入れ数なども減少していることが明らかになっている。

　さらにEUからの研究助成金獲得の減少も大きな課題となっている。図

図9　過去の EU 研究プログラムにおいて各国が EU から得た研究助成金額

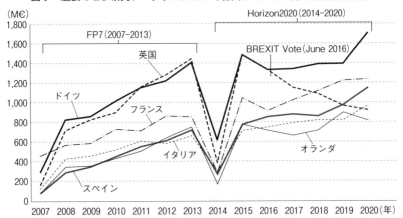

出 典　https://www.chemistryworld.com/news/uk-share-of-horizon-2020-funds-dropped-15bn-since-brexit-vote/4013901.article

9 に見られる通り，2016年まではイギリスとドイツはほぼ同額の EU から の研究助成金額を受け取っていたが，同年に Brexit が決定したのち， "Horizon2020" の助成金額が顕著に減少し始めた[38]。またその後のプログ ラム "Horizon Europe" には準加盟国として参加可能な予定であったが， イギリス―EU 間の「北アイルランド議定書（グレートブリテン島と北アイ ルランド島との間の通商上の検査の仕組みに関するもの）」の合意が遅れてい るため2023年春においても保留状態になっている。

(2)　新たな地域連携の試み〜Science Superpower と ISPF を例として

　Brexit を契機として，イギリスは科学技術分野においてもさまざまな 政策を実施してきた。その一例が2021年6月に首相への科学技術に関する 助言組織である CST（Committee of Science and Technology（科学技術委員 会））が示した "Science Superpower" の提言である[39]。この文書では「世 界的な科学技術の超大国としてのイギリスの地位を強化する」ために，

（1）政府の科学技術への投資を継続的に50％以上増加する，（2）産業界からの科学技術への投資を55％から75％に増やす，（3）リソースを選択的に集中，（4）研究とイノベーションのクラスターを強化する，（5）世界中から有能な人材をビジネスや学界に引き付ける，（6）研究とイノベーションの国内外のパートナーシップを強化する，ことが提言されている。これは Brexit 後の現在のイギリスの重要な指針の１つである。

　この最後の提言（6）に沿って学術研究の国際連携についてもさまざまな対策を講じている。その一例がイギリス政府が EU 以外（アメリカ・日本・スイス・カナダ・オーストラリア等）との国際共同研究のために立ち上げた新たな研究助成資金 ISPF（International Scientific Partners Fund）である[40]。

2022年12月13日東京でイギリスの科学・技術・イノベーション担当大臣のフリーマン氏がこの ISPF の発表を行った。その趣旨は，世界が直面している最も差し迫った問題の解決のため世界中の仲間と協力するために，日本のような科学技術大国との間の国際研究協力を進めることである。初期投資は1.19億ポンド（約190億円）である。

　同大臣はさらに同日慶應義塾大学で講演を行い，特に象徴的な言葉として次のように表現した。"If we cannot play in the European Cup of Science, we must play in the World Cup of Science"。すなわち "Horizon Europe" などに参加できないなら，日本，アメリカ，カナダ，スイスなどと国際研究協力をどんどん進めて世界的な研究協力をすると宣言したのである[41]。またなぜこの宣言をわざわざ日本で行ったかに関しては，以下のように述べた。「研究開発に関して，日本に匹敵する国は数少ない。イギリスと日本には，長く優れた研究の歴史がある。イギリスは，日本にとって４番目に大きな研究協力国であり，日本はイギリスにとって14番目に大きな研究協力国である。また，イギリスと日本の研究の質の高さは世界平均の3.5倍で，これは，アメリカ，ドイツ，中国の平均よりも高くなっている。さらに医学では平均の6.5倍以上である。」

この"from European Cup to World Cup"という標語は，イギリスの今後の地域協力をグローバルに展開するということを象徴的に示すものだと考えられる。その中で，優れた学術研究・科学技術の成果を通してアストラゼネカのCOVID-19ワクチンのような創薬，AlphaGoのような先進AI，洋上風力発電のような先端環境技術などの「グローバルな公共財」を生み出すことによって「グローバルな公共圏」構築への貢献を目指そうとするイギリスの姿勢は注目に値すると考えられる。

6　おわりに

　本章ではイギリスの学術研究や科学技術，イノベーション政策や産業政策を概観することによって，イギリスの地域間共生に及ぼす影響を考察してきた。一言で言えば，イギリスはこの数年間で自身の国際的位置づけを大きく変化させてきたと言えよう。かつて産業革命を世界に先駆けて実現し，それをもとに世界貿易もリードして7つの海を支配した大英帝国の経験を持つイギリスは，やはり現在でもグローバルな視点を常に持っていると感じられる。

　その一例が第2節で述べた学術研究事情である。イギリスの学術研究は世界でもトップクラスであり，その底力や効率性は極めて大きい。またREFのような透明性のある評価システムもその質の維持に大きな効果を果たしていると思われる。

　またその学術研究に対してBrexitの影響が大きくなると，第5節（2）で述べたようにEUに捉われず広く，日本・スイス・英語圏の国々との連携を目指すというように素早く方針を転換するのも特徴である。

　一方で，第3節で述べたように，自動車産業・航空機産業・ライフサイエンス産業等を除くと，製造業は日独等と比べると見劣りがする。他方で，金融業を中心とするサービス産業の生産性は高く，世界をリードする力を依然として保持している。そのようなイギリスの今後の大きな課題は，

Brexitにより EU の制約の枠から離れて如何に新たな「グローバル公共圏」で活動を展開できるか，であろう。そのため第 4 節で述べたイノベーションに向けた戦略とその実行に大きな力を注いでいる。今後もその動向は注目すべき点である。

注

1　文部科学省「諸外国の教育統計」令和 2（2020）年版
https://www.mext.go.jp/content/20200821-mxt_chousa02-000009501-01.pdf

2　HESA Higher Education Student Data:
https://www.hesa.ac.uk/data-and-analysis/students

3　BEIS 資料（2020年のデータ，ダウンロード数は2016年のデータ）より：
https://assets.publishing.service.gov.uk/government/uploads/system/uploads/attachment_data/file/1078073/international-comparison-uk-research-base-2022-accompanying-note.pdf

4　令和 4 年版科学技術・イノベーション白書
https://www.mext.go.jp/b_menu/hakusho/html/hpaa202201/1421221_00003.htm

5　UK Industrial Strategy A leading destination to invest and grow（2017）https://assets.publishing.service.gov.uk/government/uploads/system/uploads/attachment_data/file/664563/industrial-strategy-white-paper-web-ready-version.pdf

6　https://www.gov.uk/government/publications/uk-research-and-development-roadmap/uk-research-and-development-roadmap

7　REF2021ウェブサイト https://www.ref.ac.uk/

8　"REF2021：NEWS", 12 MAY 2022 Times Higher Education, p.9
https://flipbooks.timeshighereducation.com/19712/72961/index.html?3604

9　https://www.bl.uk/victorian-britain/articles/the-great-exhibition

10　https://databank.worldbank.org/source/world-development-indicators

11　イギリス統計局（ONS）のデータより：
https://www.ons.gov.uk/businessindustryandtrade/manufacturingandproductionindustry/datasets/ukmanufacturerssalesbyproductprodcom

12 「欧州における造船業・舶用工業等の変遷と関連政策の変遷調査」
（2021年3月）日本船舶技術研究協会・日本中小型造船工業会
https://www.jstra.jp/PDF/7889577298163909a8105245f317b00ec7b8d7c1.
pdf

13 Edward H. Lorenz, The Journal of Economic History, Vol. 51, No. 4
(Dec., 1991), pp.911-935
https://www.jstor.org/stable/2123398

14 https://assets.publishing.service.gov.uk/government/uploads/system
/uploads/attachment_data/file/1061201/_CP_605___National_Shipbuild
ing_Strategy_Refresh.pdf

15 藤原貞雄「イギリスの自動車産業と日系自動車企業(2)」
https://core.ac.uk/download/pdf/35424467.pdf

16 UK Automotive
https://www.smmt.co.uk/industry-topics/uk-automotive/

17 https://www.statista.com/statistics/625712/uk-aerospace-output-turn
over/

18 https://researchbriefings.files.parliament.uk/documents/CBP-9202/C
BP-9202.pdf

19 Life Science Vision:
https://assets.publishing.service.gov.uk/government/uploads/system/
uploads/attachment_data/file/1013597/life-sciences-vision-2021.pdf

20 Life Science Competitiveness Indicators 2021:
https://www.gov.uk/government/publications/life-science-sector-data-
2021（和訳は AMED による）

21 医薬産業政策研究所　政策研ニュース
https://www.jpma.or.jp/opir/news/065/10.html

22 https://www.bbc.co.uk/news/health-55041371

23 https://researchbriefings.files.parliament.uk/documents/SN06193/SN
06193.pdf

24 https://www.thecityuk.com/media/wympuijs/key-facts-about-the-uk-
as-an-international-financial-centre-2022.pdf

25 https://www.thecityuk.com/media/ubgldxnm/key-facts-about-uk-bas
ed-financial-and-related-professional-services-2022.pdf

26 https://www.events.great.gov.uk/ehome/innovation-jpn/fintech/

27 UK Innovation Strategy:

https://assets.publishing.service.gov.uk/government/uploads/system/uploads/attachment_data/file/1009577/uk-innovation-strategy.pdf

28　https://catapult.org.uk/

29　https://www.ukri.org/wp-content/uploads/2022/09/IUK-080922-InnovateUKStrategivDeliveryPlan.pdf

30　https://www.gov.uk/government/organisations/advanced-research-and-invention-agency

31　https://aiindex.stanford.edu/wp-content/uploads/2021/11/2021-AI-Index-Report_Master.pdf

32　https://www.gov.uk/government/publications/national-ai-strategy

33　https://www.gov.uk/government/publications/turingartificial-intelligence-fellowships/

34　"Net Zero Strategy: Build Back Greener"
https://www.gov.uk/government/publications/net-zero-strategy

35　"Progress in reducing emissions 2022 Report to Parliament"
https://www.theccc.org.uk/wp-content/uploads/2022/06/Progress-in-reducing-emissions-2022-Report-to-Parliament.pdf

36　NERC invests £40 million in a green future for the UK
https://www.ukri.org/news/nerc-invests-40-million-in-a-green-future-for-the-uk/

37　https://www.timeshighereducation.com/news/european-recruitment-down-90per-cent-some-uk-universities

38　https://www.chemistryworld.com/news/uk-share-of-horizon-2020-funds-dropped-15bn-since-brexit-vote/4013901.article

39　https://www.gov.uk/government/publications/the-uk-as-a-science-and-technology-superpower

40　https://www.gov.uk/government/news/uk-science-and-technology-minister-launches-new-global-international-science-partnership-funding-in-tokyo-with-initial-119m-of-funding

41　https://www.gov.uk/government/speeches/science-minister-speech-at-keio-university-in-japan

［小林 直人／日本学術振興会ロンドン研究連絡センター長］

VI　結　論

10 グローバルな公共圏の創生に向けて

吉野　孝

須賀　晃一

　本書の目的は，現代の科学技術がどのようなものであり，地域間共生とどのような関係があるのか，また，それらの成果としての技術がどのようなものであり，どのような意味で地域間の共生を促進あるいは阻害するのかを分析し，地域間の共生に対する技術の影響と効果を多面的に考察することにあった。ここではこれまでの議論を繰り返すことなく，情報，医療，環境という3領域の技術をどのように捉え直し，どのように地域間共生の促進につなげるべきかを考えたい。

　現代の政治社会と技術の関係を考えると，3技術に共通する2つの問題が存在するように思われる。第1はコストの問題であり，第2は「負の外部性（negative externality）」の問題である。

(1) コストの問題

　まず，3技術に共通するコストの問題を考えよう。情報技術は，サイバー空間における情報獲得と伝達の迅速性・利便性を確保することにより，医療技術は，苦しみからの解放と健康を維持することにより，そして環境技術は，環境悪化を抑制することにより，多大な便益を創出することが可能であり，それらは国・社会が共有し，個人に享受されるべきものである。しかし，現在のところ，それらが安全や治安維持などの旧来型の公共財とは異なる結果，誰がどのような仕組みに基づいてどの程度のコストを支払

うかのルールがない。その結果，個人はフリーライダー（free-rider）となり，予想外の問題も発生している。

　たとえば，情報の領域においては，インターネットの利用者はアクセスが無料であることと引き替えに，同意なしに個人情報が収集され，商品開発や社会管理に利用されている。また，地球規模で活動する巨大プラットフォーム企業は相応の税金を支払ってはおらず，各国が個人情報の保護や規制にかかわるコストを支払わなければならない。医療分野においては，経済的に豊かな先進諸国とその国民は，たとえ高額であっても新しい医療技術を購入し，その便益を享受することができる。しかし，経済的に豊かでない途上国では，地球規模あるいは地域規模のコスト負担の仕組みが存在しない限り，新しい医療技術を購入し，その便益を享受することはできない。さらに，環境分野においては，大気汚染や地球温暖化の阻止をめぐり，先進国と途上国の間で，どのようなルールのもとでどちらがどの程度のコストを負担するのかがまだ決まっていない。要するに，各国がそれぞれの領域の最新技術から便益を受けようとするなら，技術を適切に利用するルールを決定し，必要なコスト負担の仕方を考える必要がでてくる。

　コストの問題を理論的に考えると，3つの領域で供給される財がコモンズであり，公共財としての性質を部分的にもつことから生じるといえる。純粋公共財の場合，非排除性（当該財がある個人に供給されたとき他の個人の使用を排除できない）と非競合性（ある個人が当該財をいくら消費しても他の個人の消費可能量は不変にとどまる）により，費用負担をしなくてもその財の消費から排除されることはないし，消費可能量も以前と同じであることから，積極的に費用負担に応じるインセンティブをもたない。すなわち，フリーライダーが生じる。コモンズでは非排除性が成り立つため費用負担をせずとも当該財の消費から排除されることはないものの，消費における競合性が成り立つため，費用負担をしなければコモンズの供給量は減少してしまう。これを「コモンズの劣化」という。もちろん，すべての個人が費用負担をしなければコモンズはまったく供給されないかもしれない。こ

れが「コモンズの悲劇（Tragedy of the commons）」と呼ばれる現象である。したがって，コモンズを維持・拡大するためには参加者に費用負担させることが不可欠であり，そのためのルールを作成しなければならない。

　どのような費用負担のルールが必要かについては，当該コモンズの性質とルールに関する人々（国家や国民）の選好や価値判断に依存するし，人々の倫理観や道徳観にも依存する。平等な負担が望ましいこともあれば，便益に応じた負担が望ましいこともある。コモンズは非排除性をもつフリーアクセスを許容するので，負担も無料であるのが原則である。しかし，コモンズの維持・拡大を図るときその利用可能性はすべての参加者に与えられるので，均等な費用負担はもっともらしい。他方において，利用の結果どれだけの便益を得るかは各個人の能力にも依存するので，獲得する便益に見合う費用負担も説得的である。コモンズの性質や各個人の能力・状況に応じて望ましい費用負担のあり方は異なる。

(2)　負の外部性の問題

　次に，負の外部性の問題を考える。ある国や地域が，自国の努力によりサイバー空間の安全，人間の健康，地球環境の保全を確保しようとしても，現在では，他の国や地域を拠点とするサイバー犯罪の蔓延，他の国や地域からの感染症の拡大，他の国や地域からの温室効果ガス排出による気候変動の加速化といったマイナスの影響を受ける可能性がきわめて高い。結果として，「負の外部性」は，現在では，環境だけではなく，情報と健康の政策領域にまで拡大している。

　たとえば，情報の領域においては，フェイクニュースの流布やネットシステムへの侵入をつうじて，ある国の政府が敵対する国の国政選挙に介入し，選挙結果を自国に有利にしようと試みる場合がある。現在交戦状態にあるウクライナとロシアは，驚くほどの情報戦を展開している。また，医療分野においては，ある国が国民の衛生管理に留意し国民の健康管理に配慮したとしても，他国からの帰国者や旅行者から病気や感染症が持ち込ま

れることがあり，他国には新しい医療技術の便益を享受していない途上国が含まれている。さらには，渡り鳥によって鳥インフルエンザが持ち込まれ，外来動物によって口蹄疫などの感染症が流行することもある。

　ここで，もう少し理論的に外部性の問題を考えてみよう。ある個人の行動が直接に他の個人の状況に影響を及ぼすとき外部性が発生するという。経済学では通常は意図的にそのような外部性を発生させる行動は存在しない，あるいはどのような行動でも外部性の発生自体を目的とはしないと考えられている。ところがコモンズの場合，意図的に負の外部性を発生させることによりコモンズの劣化が生じ，社会全体にマイナスの影響を及ぼす可能性がある。たとえば，サイバー空間における負の外部性の例として先に挙げたフェイクニュースの場合，標的とされた人々はそれによって直接に誤った意思決定に導かれることもあるので，フェイクニュースを流す個人にとっては利益をもたらす行動かもしれない。さらに，フェイクニュースの存在自体はサイバー空間に流通する情報の信憑性に疑義を生じさせ，サイバー空間そのものの価値を低下させるし，システム侵入による情報遮断も不十分な情報に基づく意思決定へと導くので，社会的に重大な被害が発生する可能性がある。

　また，医療分野における負の外部性の例として，新型コロナウイルス感染症のさいに他国からの帰国者あるいは旅行者によって日本の感染症拡大がもたらされた事例では，医療管理や健康管理を担う医療空間において，意図的ではないにしろ，感染症の拡大によって国民のリスク（負の外部性）が増大したのであり，コモンズの劣化が生じたことは間違いない。古典的な環境問題の事例である工場からの煤煙では，工場の周辺住民の健康にマイナスの影響を及ぼすことが外部性と考えられている。地域住民が享受する環境というコモンズが工場の排出する煤煙により劣化すると捉えれば，問題の構造は情報や医療の場合と同じである。

　このように負の外部性はコモンズの劣化をもたらし，人々の生活にマイナスの影響をもたらすのであり，人々の生活を支える公共圏の悪化となる。

他方において，情報の獲得と伝達の迅速性が高まるような情報技術の進歩によって生じる正の外部性はサイバー空間の改善をもたらし，すべての人々にアクセス可能性とそれによる利便性を提供するものとなる。医療における予防接種の拡大や，環境における植林やリサイクル活動などでも同様のコモンズの改善が生じる。

　現在，一方において，地域間または国家間での政治的な対立が続き，他方において，多くの国は一国では対応できない困難な状況に直面している。また，たとえさまざまな便益を提供する可能性があるとしても，技術が魔法のように国家間または地域間の協調を実現するわけではない。むしろ，われわれに必要なのは，少なくとも情報，医療，環境という3技術が「新しい公共財（コモンズ）」を創出することを改めて認識し，「グローバルな公共圏」という概念のもとに，国家・企業・個人がこれらの技術が創出する便益を適正なコスト負担のもとによりよく享受する仕組みを構築する必要がある。こうすることにより，国家・企業・個人が新しいルールのもとにこれらの技術が創出する便益を適正なコスト負担のもとによりよく享受することが可能になり，さらに，このような協調の場を確保することをつうじて，国家間や地域間の対立や軋轢をより小さな範囲に限定することもできるであろう。

　なお，本章で考える外部性は，通常の経済学で前提とされている外部性（市場を経由しないで直接に他者の意思決定に影響を及ぼすこと）だけでなく，コモンズの劣化や改善をつうじて他者の意思決定に影響を及ぼすことも含めて考えており，個人等の意図的な行動によりコモンズの劣化が生じることで他者に影響を及ぼすことが重要であると主張している。公共財のフリーライダーと同じくコモンズにもフリーライダーが生じる。他方において，公共財では消費における非競合性が働くものの，コモンズでは（部分的に）競合性が成立するため，コモンズの劣化が生じる。コモンズに対するフリーライド以外にも，直接的なコモンズの劣化を引き起こす行動（負の外部性）が意図的・非意図的に取られることがある。フェイクニュースを

254

流す行為は意図的であるが，誤情報をそれと認識しないまま流すこともある。意図的か非意図的かによって費用分担を求める理由付けも異なるかもしれない。コモンズに基づくグローバルな公共圏の生成・発展には費用負担方式に関する合意が不可欠であり，コモンズの性質だけでなく追加的な費用負担を求められる人々（フェイクニュースを流す人々など）の行動にも注意を向けなければならない。

(3)　グローバルな「公共圏」の創生の難しさ

　現実には，技術をベースに「グローバルな公共圏」を創生することはそれほど簡単ではない。そもそも現代の科学は，「政府主導の総動員活動」，「科学者集団内部の競争」という特徴をもつ結果，通常時には国家間・地域間の協調を生み出すことはない（第1章）。また，これまである程度まで進んでいた協力関係に，政治対立が影を落としている領域もある。たとえば，情報技術は国家の覇権競争の舞台となっている。アメリカでは，2010年代初頭のインターネットフリーダムに基づく外交が「スプリンターネット」に取って代わられ，現在ではインターネット上の自由な情報の流れという考えそれ自体が疑われている（第2章）。国・地域のデータの取り扱いをめぐるルールが異なり，それが地域間・国家間の対立の原因となっている（第3章）。また，権威主義体制の国ではインターネットが国民監視の手段となり，民主主義体制の国でも情報管理が進んでいる（第4章）。したがって，情報技術の領域では，サイバー空間の信頼という資源が枯渇するのを阻止し，少なくともインターネットを「1つ」にとどめておくという最小限の努力が必要となる。

　情報技術の領域と比較して相対的に「国家・企業・個人がこれらの技術が創出する便益を適正なコスト負担のもとによりよく享受する仕組みを構築する」ことが容易と思われるのは，医療技術と環境技術の領域であろう。医療技術の領域では，まずアクターの多様化とガバナンスの分散化（WTOの求心力の低下）によりグローバルな協力が地域協力，二国間協力，

有志間協力に移行し，これらはグローバルな協力を補完する機能を果たしている（第5章）。EUの医科学研究政策にジェンダー平等の概念が導入された結果，医療，福祉・介護，教育，雇用・労働，社会保障などの公共政策レベルで新しいイノベーションの可能性が拡がっている（第6章）。環境技術の領域では，気候変動政策をめぐり再生エネルギー開発の動きが始まり（第7章），そして，カーボンプライシングをめぐり主要国ですでにさまざまな対策が始まっているだけでなく，地域単位のカーボンニュートラル戦略が実行に移されている（第8章）。

国家間・地域間の対立が深刻化している現在，まず「リージョナルな公共圏」の形成をつうじて，地域における情報・医療・環境の領域での共生を可能にし，次に，それを基礎に「グローバルな公共圏」を少しずつ形成し，共生の範囲を拡大するというのが現実的であろう。

最後に，日本政府には技術開発の重要性をより正しく認識することが求められる。これまで日本政府は，アメリカとの密接な関係のもとに安全保障政策を実施し，技術力を外交に戦略的にもちいることはほとんどなかった。これと対称的なのがイギリスであり，同国政府はEU脱退後に「サイエンススーパーパワー戦略」を立案し，その影響力の拡大を図っている（第9章）。

近い将来に政治と経済の対立がある程度緩和されることがあるとしても，米ソ冷戦終結直後の約20年間のように，特定の価値観や理念のもとで地域や国家が協調する可能性はかなり低い。しかし，情報，医療，環境という3領域の技術には，国家間・地域間共生を促進する潜在力がある。ウクライナとロシアの戦闘状態が終結し，ウクライナの復興，エネルギー危機・世界食糧危機への対応が，そのような仕組みづくりの最初の機会になることを期待したい。

［吉野　孝／早稲田大学政治経済学術院教授］

［須賀　晃一／早稲田大学政治経済学術院教授］

あとがき

　本書は，早稲田大学の地域・地域間研究機構の研究会の成果をとりまとめたものである。地域・地域間研究機構は2015年に設立され，「アジア，アメリカ（北米・中南米），欧州，アフリカ，中東諸国の地域間関係と共生可能性」という長期的な研究テーマを設定し，地域間の軋轢の発生理由の解明とそれを緩和し解決する方法を探求してきた。本機構は，そのような活動の一環として2021年に，「地域間共生の可能性」を探るため，「地域間共生と技術」研究会を設置した。すでに本書の序でも記したように，現在の地域間・国家間対立の背景に政治・経済対立が存在するのは厳然とした事実であり，もしそうであれば政治・経済と直接的な関係が少ない科学技術とその成果である技術が地域と地域，国家と国家を近づける可能性があるのではないかと，考えたからである。

　研究会は2021年5月に始まり，以降，6月・前嶋和弘先生，7月・須田祐子先生，10月・詫摩佳代先生，11月・福田八寿絵先生，12月・太田宏先生，2022年2月・有村俊秀先生，5月・綾部広則先生，6月・山本達也先生，7月・小林直人先生の順番で研究報告が続いた。

　各報告は，それぞれ専門性を活かした素晴らしい内容であった。本書では，各章は内容において独立し完結したものであるので，読者は自身の関心にしたがってどこからでも自由に読んでもらって構わない。ただし，それでは全体のまとまりがなくなるので，執筆を依頼するにあたり，各章の執筆者にそれぞれ最後に「地域間共生への効果」といった項目を設けてほしいとお願いした。今から考えると少し無理なお願いであったにもかかわらず，全員に執筆を快く（？）お引き受けいただいた。

　また，本書を企画するにあたり，全体としてどのような結論を引き出すのかも大きな問題であった。本研究会の設立趣旨に照らして，3領域の技

術が提供する便益を活用するために「グローバルな公共圏」の創生を提案することにし，須田祐子先生と意見交換をし，技術が「公共圏」を形成するさいの問題点として「コスト」と「負の外部性」を取り上げることにした。さらに，このように議論を展開すると当然ながら経済学の領域に入ることになるので，須賀晃一先生にご専門の厚生経済学の立場から結論を補強していただくことにした。先生には，ご多忙中にもかかわらず，結論を共同執筆することをお引き受けいただいた。もし結論が理論的に精緻化され，思考の整理に役立つものになっているとするなら，それは須田先生と須賀先生のおかげである。深く感謝したい。

　本書の刊行にあたり，早稲田大学の地域・地域間研究機構から出版助成をいただいた。ここであらためてお礼を申し上げたい。最後に，この出版企画を持ち込んだときに，いろいろ相談に乗っていただき，その上で快く出版をお引き受けいただいた早稲田大学出版部の八尾剛己さん，武田文彦さんに感謝したい。また，校正を含む編集作業では，畑ひろ乃さんに大変にお世話になった。心よりお礼を申し上げたい。

　　　2023年8月　編著者を代表して

　　　　　　　　　　　　　　　　　　　　　　　　　吉野　孝

索　引

執筆者紹介（掲載順）

吉野　孝（よしの　たかし） 編著者，序，第10章，あとがき

編著者紹介（266頁）参照。

綾部広則（あやべ　ひろのり） 第1章

1968年生まれ。九州大学理学部卒業，東京大学大学院総合文化研究科博士課程単位取得退学。博士（学術）。東京大学大学院総合文化研究科助手などを経て，2007年より早稲田大学理工学術院准教授，2013年同教授。専門は科学社会学，科学技術史。著書に『よくわかる現代科学技術史・STS』（共編著，ミネルヴァ書房），『［新通史］日本の科学技術──世紀転換期の社会史（1995年〜2011年）』（共編著，原書房）。

前嶋和弘（まえしま　かずひろ） 第2章

1965年生まれ。上智大学外国語学部英語学科卒業，ジョージタウン大学大学院政治学部修士課程修了（MA），メリーランド大学大学院政治学部博士課程修了（Ph.D.）。文教大学などを経て上智大学教授，総合グローバル学部長，アメリカ学会会長。専門は現代アメリカ政治外交。主な著作は『キャンセルカルチャー──アメリカ，貶めあう社会』（小学館），『アメリカ政治とメディア』（北樹出版）。『アメリカ政治』（共著，有斐閣）。

須田祐子（すだ　ゆうこ） 第3章

1965年生まれ。上智大学外国語学部卒業。上智大学大学院外国語学研究科国際関係論博士後期課程満期退学。博士（国際関係論）。カリフォルニア大学サンディエゴ校客員研究員を経て，現在，東京外国語大学非常勤講師，青山学院大学非常勤講師。専門は国際関係論。著書に『通信グローバル化の政治学──「外圧」と日本の電気通信政策』（有信堂）。『データプライバシーの国際政治──越境データをめぐる対立と協調』勁草書房。

山本達也（やまもと　たつや） 第4章

1975年生まれ。慶應義塾大学総合政策学部卒業。慶應義塾大学大学院政策・メディア研究科後期博士課程修了。博士（政策・メディア）。専門は国際関係論，公共政策論，情報社会論。名古屋商科大学コミュニケーション学部准教授などを経て，2013年清泉女子大学文学部准教授，2018年同教授。著書に『暮らしと世界のリデザイン──成長の限界とその先の未来』（花伝社）など。

詫摩佳代（たくま かよ） 第5章

1981年生まれ。東京大学法学部卒業。東京大学大学院総合文化研究科国際社会科学専攻国際関係論博士課程単位取得退学。博士（学術）。東京大学東洋文化研究所助教などを経て，2015年首都大学東京法学政治学研究科法学部准教授，2020年東京都立大学法学部教授。著書に『人類と病──国際政治から見る感染症と健康格差』（中公新書）など。

福田八寿絵（ふくだ やすえ） 第6章

大阪大学薬学部卒業，慶應義塾大学大学院医学研究科修士課程修了，大阪大学大学院医学系研究科予防環境医学専攻博士課程修了。博士（医学）。専門は社会医学，医療管理学，医療系社会学。帝京大学医療共通教育研究センター准教授を経て，2019年鈴鹿医療科学大学薬学部教授。著書に『EU・欧州統合研究（改訂版）』（共著，成文堂），『EU・国境を越える医療』（共著，文眞堂）など。

太田　宏（おおた ひろし） 第7章

1953年生まれ。日本大学法学部，上智大学文学部卒業。コロンビア大学大学院政治学部国際関係学専攻博士課程修了。Ph.D.（政治学）。専門は国際関係論。青山学院大学国際政治経済学部教授を経て，2007年早稲田大学国際教養学部教授。2009年早稲田大学国際学術院教授。著書に『主要国の環境とエネルギーをめぐる比較政治──持続可能社会への選択』（単著，東信堂），『持続可能な地球環境を未来へ──リオからヨハネスブルクまで』（太田宏・毛利勝彦編著，大学教育出版）など。

森村将平（もりむら しょうへい） 第8章

1988年生まれ。東洋大学経済学部卒業。早稲田大学経済学修士。東洋大学経済学部非常勤講師などを経て，現在，早稲田大学環境経済・経営研究所研究助手，LEC東京リーガルマインド大学院大学特任講師。専門は応用経済学，環境経済学。著書に『カーボンプライシングのフロンティア』（第1章担当，日本評論社）。

MORTHA Aline（モルタ アリン） 第8章

1998年生まれ。パリ政治学院及び慶應義塾大学経済学部卒業。早稲田大学経済学修士。早稲田大学大学院経済学研究科博士課程在学中。早稲田大学環境経済・経営研究所研究助手を経て，現在，日本学術振興会特別研究員（DC2）。専門は環境経済学，環境政策，応用経済学など。International Journal of Hydrogen Energy, International Review of Economics & Finance, Economic Analysis and Policy 等に論文を公刊。

有村俊秀（ありむら としひで） 第 8 章

1968年生まれ。東京大学教養学部卒業。筑波大学環境科学修士。ミネソタ大学 Ph.D.（Economics）。上智大学・経済学部教授などを経て，2012年早稲田大学政治経済学術院教授。専門は環境経済学。著書に『カーボンプライシングのフロンティア』（共編著，日本評論社），『入門 環境経済学　新版―脱炭素時代の課題と最適解』（共著，中公新書）など。環境経済・政策学会会長（2022-2023年度）。

小林直人（こばやし なおと） 第 9 章

1950年生まれ。京都大学理学部物理系卒業，同工学研究科博士課程修了，博士（工学）。1978年通商産業省電子技術総合研究所入所。2001年産業技術総合研究所光技術研究部門長，2003年同理事。2009年早稲田大学研究戦略センター教授（のち所長），研究院副研究院長兼務，2020年定年退職，参与・名誉教授。2021年から日本学術振興会（JSPS）ロンドン研究連絡センター長。専門は光工学，半導体材料工学，量子ビーム科学，研究戦略・評価論。著書に『場のイノベーション――異なるコト・モノの協創のための理論と実践』（共編著，中央経済社，2018年）など。

須賀晃一（すが こういち） 第10章

1954年生まれ。一橋大学経済学部卒業，一橋大学大学院経済学研究科博士課程単位取得。博士（経済学）。1984年亜細亜大学経済学部専任講師，1988年福岡大学経済学部助教授，2000年早稲田大学政治経済学部教授。2004年早稲田大学政治経済学術院教授。2018年から早稲田大学副総長。専門は厚生経済学，社会的選択理論。著書に『世代間衡平性の論理と倫理』（共著，東洋経済新報社），『公共経済学』（共編著，勁草書房）など。

編著者紹介

吉野　孝（よしの　たかし）

1954年生まれ。早稲田大学政治経済学部卒業。早稲田大学大学院政治学研究科博士後期課程満期退学。早稲田大学政治経済学部助手，講師，助教授を経て，1995年教授。2004年早稲田大学政治経済学術院教授。1984年から1986年までウィスコンシン大学（マディソン）政治学大学院留学（MA）。1991年から1993年までジョンズ・ホプキンズ大学高等国際問題研究大学院（SAIS）客員研究員。2010年早稲田大学日米研究機構長，2015年早稲田大学地域・地域間研究機構長。専門は，英米政治学，政党論，アメリカ政治。著書に『現代の政党と選挙』（共著，有斐閣，2001年，2011年新版），『オバマ後のアメリカ政治──2012年大統領選挙と分断された政治の行方』（共編著，東信堂，2014年），『危機のアメリカ「選挙デモクラシー」──社会経済変化からトランプ現象へ』（共編著，東信堂，2020年）など。

地域間共生と技術
──技術は対立を緩和するか

2023年10月30日　　初版第 1 刷発行

編著者……………………吉 野　　孝
発行者…………………須 賀 晃 一
発行所…………………株式会社 早稲田大学出版部
　　　　　　　　　　169-0051 東京都新宿区西早稲田 1-9-12
　　　　　　　　　　TEL 03-3203-1551　　http://www.waseda-up.co.jp
装　丁……………………佐 藤 篤 司
印刷・製本…………精文堂印刷株式会社